EXAMPRESS®
運行管理者試験学習書

運行管理教科書

運行管理者

旅客 テキスト&問題集 第2版

特定社会保険労務士・行政書士 山田信孝 著

SE
SHOEISHA

本書内容に関するお問い合わせについて

このたびは翔泳社の書籍をお買い上げいただき、誠にありがとうございます。弊社では、読者の皆様からのお問い合わせに適切に対応させていただくため、以下のガイドラインへのご協力をお願い致しております。下記項目をお読みいただき、手順に従ってお問い合わせください。

●ご質問される前に

弊社Webサイトの「正誤表」をご参照ください。これまでに判明した正誤や追加情報を掲載しています。

正誤表　https://www.shoeisha.co.jp/book/errata/

●ご質問方法

弊社Webサイトの「書籍に関するお問い合わせ」をご利用ください。

書籍に関するお問い合わせ　https://www.shoeisha.co.jp/book/qa/

インターネットをご利用でない場合は、FAXまたは郵便にて、下記"翔泳社 愛読者サービスセンター"までお問い合わせください。
電話でのご質問は、お受けしておりません。

●回答について

回答は、ご質問いただいた手段によってご返事申し上げます。ご質問の内容によっては、回答に数日ないしはそれ以上の期間を要する場合があります。

●ご質問に際してのご注意

本書の対象を超えるもの、記述個所を特定されないもの、また読者固有の環境に起因するご質問等にはお答えできませんので、予めご了承ください。

●郵便物送付先およびFAX番号

送付先住所　〒160-0006　東京都新宿区舟町5
FAX番号　03-5362-3818
宛先　　　　（株）翔泳社 愛読者サービスセンター

はじめに

　本書は、運行管理者試験の必須の参考書として、（株）WING ジャパンが主催する合格率の高い WING 塾合格講座で使用している教材を基に 1 冊にまとめたものです。

　運行管理者は、輸送の安全を確保するため、事業用自動車の運転者に対して点呼を行い、報告を求め、確認を行い、運行の安全を確保するために必要な指示を与えるなど、現場の最前線において重要な任務を担っています。

　運行管理者になるためには、運行管理者資格者証の交付を受ける必要があります。その一つの方法として、年 2 回（3 月頃、8 月頃）実施される試験に合格することが求められます。

　平成 24 年 4 月の関越道の高速ツアーバス事故を契機として、運行管理者試験の大幅な見直しが行われた結果、運行管理者試験の難易度は上がり、平成 25 年 3 月の試験以降、合格率の低下が顕著になっています。

　コロナ禍の令和 3 年度の試験から CBT 試験方式に全面的に移行しました。

　そこで、本書は、事業用自動車の業務に従事する傍ら運行管理者試験を受験する皆様方が "一発合格" できるように、出題傾向の高い項目に要点を絞って、簡潔でわかりやすい文章にし、また、語呂合わせにより覚えやすいように工夫を凝らしています。

　本書は、合格するために必要としない法令の条項を使用しないで、わかりやすく解説しているところが特長です。

　運行管理者試験に合格するには、まずは、本書を重要度（5 つのランク）の高いランクから優先して、覚えるまで学習を繰り返してください。

　学習の効果をさらに上げるためには、過去問を解いたら、必ず本書に戻って、その出題箇所の確認をその都度行うことをお勧めいたします。

　本書における繰り返しの学習こそが、まさに「合格への近道」といえましょう。

　本書を十分にご活用いただきまして、運行管理者試験に合格されることをこころより祈念しています。

株式会社 WING ジャパン代表取締役
特定社会保険労務士・行政書士
山田 信孝

🚌 Contents

第 1 章 道路運送法 ･･･････････････････････････ 001

第 2 章 道路運送車両法 ･･････････････････ 093

本書の使い方

　本書は第1章から第5章、付録、模擬試験で構成されています。

　第1章から第5章は試験の出題範囲に沿った知識解説部分です。以下のような様々な工夫を施しています。

■重要度

　各単元の重要度を5段階で表しています。"5"が最も重要度が高い項目です。優先して取り組みましょう。

重要度

…送事業の運営を 適正かつ合理的 な
…するこの法律及びこの法律に基づく

■よく出る間違い項目

　誤った情報に置き換えられて試験に出題される文言に「†」を示しています。「×」がよくある誤りです。

…する者は、国土交通大臣の 許可† を
×認可†

…ら5年を経過していない者は許可
×3年†

■チェック

　よく問われる項目をピックアップしています。覚えているかをチェックしておきましょう。

☑チェック

□道路運送事業は、3種類（旅客…
　自動車道事業）

■アドバイス

　やや理解が難しい項目について解説しています。また、注意が必要な関連情報を紹介しています。

アドバイス

疾病に起因した運転中の事…
づく措置が義務付けられ…

■重要

　必ずマスターしておきたい、重要な項目について、わかりやすく整理しています。

重要

　事業者は、休憩または…
いますが運行管理者は、…
いません。

■定義

法律に定められた言葉や専門的な用語など、意味を正確に理解しておきたい項目を挙げています。

> **📖 定 義**
>
> 「許可」…禁止されている行為を、

■覚えるコツ

重要項目を楽に頭に入れるためのコツや数字を、覚えやすい語呂合わせなどで紹介しています。

> **覚えるコツ！**
>
> 事故の報告は、まず速報を覚えて
>
> 1 速報は "にごじゅう"（2 ×

■囲み

穴うめ問題として出題されたことがあるまたは重要な語句・数字をあらわします。

> 必要となる員数 の**運転者の確保**、
> は**睡眠**のために利用することができ
> 適切な 勤務時間 及び 乗務時間 の

■確認テスト

本試験に実際に出題された問題をもとにした確認テストを単元ごとに掲載しています。赤いシートで答えを隠して、問題を解いてください。□（チェックボックス）は、問題が解けたかを設問ごとにチェックできます。

■過去問にチャレンジ

誤りやすい過去問を厳選していますので、分野ごとに理解力を測ることができます。

■特別講座

覚えるだけでは正解できない難問の対策として、例題とともにポイントを詳しく解説しています。じっくり読み込んで、計算問題の解き方や、事例を読み解く力をつけてください。どれもすべて重要度5の内容です。

■付録

1．事業者と運行管理者の業務の整理
　事業者の遵守すべき事項と、それに対応する運行管理者の業務を一覧表とし

てまとめています。

2. 数字総まとめ

試験で出題される「人数」「期間」「距離」などの数字を一覧表にまとめています。

■ 模擬試験

これまでの出題を分析して狙われやすい問題を最新傾向にアレンジして作成しています。合格点がとれるように挑戦しましょう。

■ 赤いシート

本書には赤く着色された透明のシートが付属しています。重要な項目や穴うめ問題の答えの部分は**赤色のインク**で印刷されているので、赤いシートを重ねて読むと消えて見えます。暗記にお役立てください。

読者特典

本書の読者特典として、以下の2つを提供しています。

1. PDF ファイル

下記の PDF ファイルをダウンロードすることができます。

・スマホで使える暗記チェックシート

・試験の最新傾向の解説（書籍刊行後に変更があった場合に提供いたします）

提供サイトの URL

https://www.shoeisha.co.jp/book/present/9784798184579

2. CBT 試験対応の Web アプリ

過去問3回分、模擬試験1回分に、スマホやタブレットからチャレンジできます（過去問題は書籍に掲載のものと重複しています）。

※実際の CBT 試験の画面と同じではありませんが、パソコン上で行われる試験を体感することができます。

Web アプリの URL

https://www.shoeisha.co.jp/book/exam/9784798184579

PDF ファイルのダウンロード及び Web アプリのご利用にあたっては、SHOEISHAiD への登録と、アクセスキーの入力が必要になります。お手数ですが、画面の指示に従って進めてください。

　アクセスキーは本書の**各章の最初のページ下端**に記載されています。画面に示された記載ページのアクセスキーを、**半角英数字**で、**大文字、小文字を区別**して入力してください。

運行管理者試験の概要

1. 試験の回数及び時期

　毎年 2 回（8 月初旬～9 月初旬、3 月初旬～4 月初旬）、公益財団法人運行管理者試験センター（https://www.unkan.or.jp/）により実施されています。

2. 出題分野、出題数、最低正解数、試験時間

出題分野	出 題 数	最低正解数	試験時間
（1）道路運送法	8	1	
（2）道路運送車両法関係	4	1	1 時間
（3）道路交通法関係	5	1	30 分
（4）労働基準法関係	6	1	（90 分）
（5）実務上の知識及び能力	7	2	
合　　計	30	6	

3. 合格率

　概ね 30％前後

4. 合格基準

合格基準は、次の①と②を同時に満たすこと。

①総得点が満点の60%（30問中18問）以上であること

②正解が各分野1問（ただし、実務上の知識及び能力は2問）以上であること

5. 受験資格

(1) 実務経験1年以上

試験日の前日において、自動車運送事業（貨物軽自動車運送事業を除く）の用に供する事業用自動車又は特定第2種貨物利用運送事業者の事業用自動車（緑色のナンバーの車）の運行の管理に関し、1年以上の実務の経験を有する方。

(2) 基礎講習修了

国土交通大臣が認定する講習実施機関※において、平成7年4月1日以降の試験区分に応じた基礎講習を修了した方。

①貨物自動車運送事業輸送安全規則（以下「安全規則」という）に基づき国土交通大臣から認定された講習実施機関で基礎講習を受講された方は、貨物試験の受験資格となります。

②旅客自動車運送事業運輸規則（以下「運輸規則」という）に基づき国土交通大臣から認定された講習実施機関で基礎講習を受講された方は、旅客試験の受験資格となります。

※著者の株式会社WINGジャパンも国土交通大臣の認定機関です。

(3) 基礎講習修了予定

国土交通大臣が認定する講習実施機関において、試験区分に応じた基礎講習を受講予定の方（試験日の一定前日までに基礎講習を修了予定の方）。

6. 受験料

（1）受験手数料：6,000円（非課税）

（2）新規受験申請：660円（税込）（システム利用料）

再受験申請　：860円（税込）（システム利用料、事務手数料）

（3）採点結果通知手数料：140円（税込）（希望者のみ）

7．試験方式

（1）CBT試験によりパソコン教室等の会場で実施されます。

　CBT試験とは、Computer Based Testingの略で、テストセンターに行って、問題用紙やマークシートを使用せず、パソコンの画面に表示される問題を見てマウス等を用いて解答する試験です。

（2）CBT試験の流れ

①メールアドレスを登録し、受験に必要な申請情報（本人確認書類・顔写真等）を入力します。

②運行管理者試験センターにおいて書類審査を行います。

③運行管理者試験センターから、書類審査完了の案内が届きます。

④CBT試験専用サイトにアクセスします。

⑤試験会場と試験日時を予約し受験手数料を支払います。

⑥入金完了後、試験会場の案内等の受験確認メールが届いたら申請手続き完了となります。

⑦顔写真付き身分証明書（運転免許証等）及び受験確認書メール（スマートフォンに表示も可）を持参のうえ、予約した試験会場で受験します。

CBT試験の体験版（運行管理者試験センターのホームページより）

https://www.prometric-jp.com/personal/unkan/procedure/

学習する前に知っておきたい法令用語等

許可	法令により禁止されている行為を、特定の場合に限りその禁止を解除して適法にこれをすることができるようにする行政行為をいう （例）一般旅客自動車運送事業を経営しようとするとき
認可	行政庁の同意が得られなければ法律行為が有効に成立しない場合、行政庁が同意を与えてその効果を完成させる行政行為をいう （例）車庫の新設、運送約款の定めまたは変更
届出	行政庁に対し一定の事項の通知をする行為（申請を除く）であって法令により直接に通知が義務付けられているものをいう （例）営業所の名称の変更、運行管理者の選任
以上	**その数を持って上がること** （例）10 以上（10，11，12…）
以下	**その数を持って下がること** （例）10 以下（10，9，8…）
超える	**その数を含まずそれより大きいこと** （例）10 を超える（11，12，13…）
未満	**その数を含まず、それより小さいこと** （例）10 未満（9，8，7…）
遅滞なく	事情の許す限りできるだけ早いこと 「直ちに」、「速やかに」よりも時間の即時性は弱い （例）営業所の名称の変更（届出）、運行管理者の選任（届出）
あらかじめ	物事の始まる前に備えておくこと（法令用語ではない） （例）事業用自動車の数の変更（届出）

第 1 章 道路運送法

学 習 の ポ イ ン ト

総 括

道路運送法は、試験では 30 問中 8 問と一番出題数が多い分野です。出題範囲が広いため、単元ごとにマスターし、少しずつ知識の定着を図ることが必要となります。

目 安

出題 8 問のうち、5 問は正解しましょう。

頻 出

毎回出題されている「点呼」「運行管理者の業務」「自動車事故報告書」のほか、「運転者の指導監督・特別な指導」「過労運転の防止」「輸送の安全」「運転者の遵守事項」「記録（業務、事故、運行記録計等）」などが頻出問題です。

1 法の目的、事業の種類

「道路運送事業」及び「旅客自動車運送事業」の種類とそれぞれの定義を押さえましょう。

●道路運送法の目的

重要度

貨物自動車運送事業法と相まって、道路運送事業の運営を 適正かつ合理的 なものとし、並びに道路運送の分野における**利用者の需要の多様化及び高度化**に的確に対応した**サービスの円滑かつ確実**な提供を促進することにより、 輸送の安全 を確保し、道路運送の 利用者の利益 の保護及びその利便の増進を図るとともに、道路運送の 総合的な発達 を図り、もって公共の福祉を増進することを目的としています。

●道路運送事業の種類

重要度

道路運送事業には、旅客**自動車運送事業**、貨物**自動車運送事業**、自動車道事業の３種類があります。

表 1.1　道路運送事業の種類

事業の種類	内容
旅客**自動車運送事業**	他人の需要に応じ、有償で、**自動車を使用して旅客を運送する事業**であって、一般旅客**自動車運送事業**及び特定旅客**自動車運送事業**
貨物**自動車運送事業**	貨物自動車運送事業法による**貨物自動車運送事業**
自動車道**事業**	一般自動車道を専ら自動車の交通の用に供する**事業**

旅客**自動車運送事業**と貨物**自動車運送事業**を、自動車運送事業といいます。

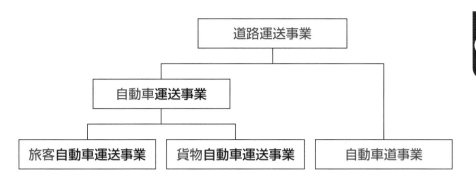

● 旅客自動車運送事業の種類

重要度

旅客自動車運送事業には、表 1.2 のように**一般旅客自動車運送事業**と**特定旅客自動車運送事業**の **2 種類**[†]があります。　×1 種類[†]（一般旅客のみ）

表 1.2　旅客自動車運送事業の種類

事業の種類	内　容	
一般旅客自動車運送事業	**特定旅客自動車運送事業以外**の旅客自動車運送事業をいい、次の **3 種類**があります。	
	①一般**乗合**旅客自動車運送事業	乗合旅客を運送する一般旅客自動車運送事業をいいます（路線バスなど）。
	②一般**貸切**旅客自動車運送事業	一個の契約により乗車定員 **11 人以上**の自動車を貸し切って旅客を運送する一般旅客自動車運送事業をいいます（観光バスなど）。
	③一般**乗用**旅客自動車運送事業	一個の契約により乗車定員 **11 人未満**の自動車を貸し切って旅客を運送する一般旅客自動車運送事業をいいます（ハイヤー、タクシー）。
特定旅客自動車運送事業	**特定の者**の需要に応じ、一定の範囲の旅客を運送する旅客自動車運送事業をいいます（会社の送迎バスなど）。	

☑チェック

☐道路運送事業は、3種類（旅客自動車運送事業、貨物自動車運送事業、自動車道事業）

☐自動車運送事業は、2種類（旅客自動車運送事業、貨物自動車運送事業）

☐旅客自動車運送事業は、2種類（一般旅客自動車運送事業、特定旅客自動車運送事業）

☐一般旅客自動車運送事業は、3種類（一般乗合旅客自動車運送事業、一般貸切旅客自動車運送事業、一般乗用旅客自動車運送事業）

確認テスト

☑欄	空欄に入るべき字句を答えなさい。	解答
☐	1. _____ 事業とは、旅客自動車運送事業、貨物自動車運送事業及び自動車道事業をいう。	道路運送
☐	2. _____ 事業とは、一般自動車道を専ら自動車の交通の用に供する事業をいう。	自動車道
☐	3. 旅客自動車運送事業とは、他人の需要に応じ、有償で、自動車を使用して旅客を運送する事業であって、一般旅客自動車運送事業及び _____ 旅客自動車運送事業をいう。	特定
☐	4. 一般貸切旅客自動車運送事業とは、一個の契約により乗車定員 _____ 以上の自動車を貸し切って旅客を運送する一般旅客自動車運送事業をいう。	11人

「許可」「認可」「届出」の違いを理解し、それぞれ「許可」「認可」「届出」によらなければならないものを覚えましょう。特に、「事業計画の変更」については、「原則」と「例外」があることを押さえましょう。「運送引受書」の保存期間は必ず押さえましょう。

● 一般旅客自動車運送事業の許可

重要度

一般旅客自動車運送事業を経営しようとする者は、国土交通大臣の**許可**†を受けなければなりません。　　　　　　　　　　　　　　　　×認可†

許可の取消しを受け、その**取消しの日**から**5年**†を経過していない者は、新たに一般旅客自動車運送事業の許可を受けることができません。　　×2年†

● 事業許可の更新

重要度

一般**貸切**旅客自動車運送事業の**許可**は、**5年**ごとにその**更新**を受けなければ、その期間の経過によって、その効力を失います。

● 一般旅客自動車運送事業の許可申請

重要度

一般旅客自動車運送事業の**許可**を受けようとする者は、次に掲げる事項を記載した申請書を国土交通大臣に提出しなければなりません。

一　氏名又は名称及び住所並びに法人にあっては、その代表者の氏名

二　経営しようとする一般旅客自動車運送事業の種別

三　路線又は営業区域、営業所の名称及び位置、営業所ごとに配置する事業用自動車の数その他の一般旅客自動車運送事業の種別（一般乗合旅客自動車運送事業にあっては、路線定期運行（路線を定めて定期に運行する自動車による乗合旅客の運送をいう。）その他の国土交通省令で定める運行の態様の別を含む。）ごとに国土交通省令で定める事項に関する**事業計画**

● 事業計画の変更

重要度

　一般旅客自動車運送事業者は、**事業計画の変更**（次に規定するものを除く）をしようとするときは、国土交通大臣の**認可**を受けなければなりません。

> ①営業所ごとに配置する**事業用自動車の数**その他の国土交通省令で定める事項に関する**事業計画の変更**をしようとするときは、**あらかじめ**その旨を国土交通大臣に**届け出**なければなりません。
>
> ②営業所の名称その他の国土交通省令で定める**軽微な事項**に関する**事業計画の変更**をしたときは、**遅滞なく**その旨を国土交通大臣に**届け出**なければなりません。
>
> ③路線定期運行を行う一般乗合旅客自動車運送事業者は、**路線**（路線定期運行に係るものに限る）の**休止**または**廃止**に係る**事業計画の変更**をしようとするときは、その**6カ月前**（旅客の利便を阻害しないと認められる法令で定める場合にあってはその**30日前**）までにその旨を国土交通大臣に**届け出**なければなりません。　×認可†

表 1.3　事業計画の変更

認　可 （原則）		①**自動車車庫**の**位置・収容能力**の変更 ②**営業区域**の変更
届　出 （例外）	あらかじめ （事前）	①営業所ごとに配置する**事業用自動車の数**の変更 （増車・減車）
	軽微な事項は 遅滞なく （事後）	①**主たる事務所の名称・位置**の変更 ②**営業所の名称**の変更 ③**停留所・乗降地点の名称・位置、停留所間・乗降地点間のキロ程**の変更等
	6カ月前 （例外）**30日前**	路線定期運行に係る**路線の休止・廃止**の変更（乗合）

● 運送約款

重要度

一般旅客自動車運送事業者は、**運送約款**を定め、国土交通大臣の**認可**†を受けなければなりません（変更しようとするときも同様）。

×届出†

標準運送約款と同一の運送約款を定めた場合には、国土交通大臣の**認可**を受けたものと**みなされます**（同一のものに変更したときも同様）。

● 運行計画

重要度

路線定期運行を行う**一般乗合**旅客自動車運送事業者は、**運行計画**（運行系統、運行回数その他の国土交通省令で定める事項に関する計画）**を定め、あらかじ**め国土交通大臣に**届け出**なければなりません。

✒重 要

1. 行政の権限の強さは、**許可＞認可＞届出**の順です。
2. **許可・認可・届出のまとめ**

許 可	認 可	届 出
事業を経営しようとするとき	1. 事業計画の変更（原則） ①自動車車庫の位置・収容能力 ②営業区域 2. 運送約款を定めるとき（変更）	1. 事業計画の変更（例外） ①**あらかじめ**　事業用自動車の数 ②**遅滞なく**（軽微な事項）主たる事務所の名称・位置 ③**6ヵ月前**　路線定期運行に係る路線・休止・廃止 2. 路線定期運行に係る運行計画を定めるとき（乗合）**あらかじめ**

道路運送法

● 運送引受書（貸切）

重要度

（1）一般**貸切**旅客自動車運送事業者は、**運送を引き受けた場合**には、遅滞なく、当該**運送の申込者**に対し、次に掲げる事項を記載した**運送引受書を交付**しなければなりません。

> ≪運送引受書の記載事項≫
> ①**事業者の名称**
> ②運行の**開始・終了の地点・日時**
> ③運行の**経路、主な経由地**における**発車・到着の日時**
> ④旅客が**乗車する区間**
> ⑤運転者、車掌その他の乗務員及び特定自動運行保安員（以下「乗務員等」という。）の**休憩地点・休憩時間**（休憩がある場合に限る）
> ⑥乗務員等の運転・業務の**交替の地点**（運転又は業務の交替がある場合に限る）
> ⑦**運賃・料金の額**
> ⑧前各号に掲げるもののほか、国土交通大臣が告示で定める事項

（2）運送引受書の写しは、**運送の終了の日**[†]から**3年間保存**しなければなりません。

×運送を引き受けた日[†]

（3）運送の申込者に対して運送の引受けに際し手数料またはこれに類するものを支払った場合には、その額を記載した書類を、運送引受書の写しとともに、当該**運送の終了の日から3年間保存**しなければなりません。

● 運賃・料金等の掲示

重要度

　一般旅客自動車運送事業者（乗用を除く）は、**運賃・料金**及び**運送約款**を営業所その他の事業所において**公衆に見やすいように掲示**しなければなりません。

運賃・料金の設定、変更

重要度

旅客自動車運送事業の運賃・料金の設定、変更については、表 1.4 のとおりです。

表 1.4　旅客自動車運送事業の運賃・料金の設定、変更

業種	運賃・料金の設定、変更
一般**乗合**旅客自動車運送事業	運賃・料金（旅客の利益に及ぼす影響が比較的小さいものとして国土交通省令で定める運賃・料金を除く）の**上限を定め**、国土交通大臣の**認可**を受けなければなりません（変更も同様）。 **認可**を受けた運賃・料金の**上限の範囲内**で運賃・料金を定め、**あらかじめ**、その旨を国土交通大臣に**届け出**なければなりません（変更も同様）。
一般**貸切**旅客自動車運送事業	運賃・料金を定め、**あらかじめ**、国土交通大臣に**届け出**なければなりません（変更も同様）。
一般**乗用**旅客自動車運送事業	運賃・料金（旅客の利益に及ぼす影響が比較的小さいものとして国土交通省令で定める料金を除く）を定め、国土交通大臣の**認可**を受けなければなりません（変更も同様）。

禁止行為

重要度

一般旅客自動車運送事業者は、**発地、着地**の**いずれも**がその**営業区域外**に存する旅客の運送（路線を定めて行うものを除く）を**してはなりません。**

乗合旅客の運送

重要度

一般貸切旅客自動車運送事業者及び**一般乗用旅客自動車運送事業者**は、次に掲げる場合に限り、**乗合旅客の運送をすること**ができます。

一　**災害の場合その他緊急を要する**とき。

二　一般乗合旅客自動車運送事業者によることが困難な場合、**一時的な需要**

のために国土交通大臣の許可を受けて**地域及び期間を限定**して行うとき。

● 名義の利用等の禁止

重要度

　一般旅客自動車運送事業者は、その**名義を他人に**一般旅客または特定旅客自動車運送事業のため**利用**させてはなりません。

　一般旅客自動車運送事業者は、**事業の貸渡し**その他いかなる方法をもってするかを問わず、一般旅客または特定旅客自動車運送事業を**他人にその名において経営**させてはなりません。

● 事業改善命令

重要度

　国土交通大臣は、**旅客の利便**その他公共の福祉を阻害している事実があると認めるとき、一般旅客自動車運送事業者に対し、**事業計画の変更**、運賃・料金の上限の変更、**運送約款の変更**などを**命ずる**ことができます。

確認テスト

☑欄	空欄に入るべき字句を答えなさい。	解答
☐	1. 一般旅客自動車運送事業を経営しようとする者は、国土交通大臣の 　　　 を受けなければならない。	許可
☐	2. 一般旅客自動車運送事業の許可の取消しを受けた者は、その取消しの日から 　　　 を経過しなければ、新たに一般旅客自動車運送事業の許可を受けることができない。	5年
☐	3. 一般旅客自動車運送事業者は「自動車車庫の位置及び収容能力」の事業計画の変更をしようとするときは、国土交通大臣の 　　　 を受けなければならない。	認可

☐	4. 一般旅客自動車運送事業者は、営業所ごとに配置する事業用自動車の数その他の国土交通省令で定める事項に関する事業計画の変更をしようとするときは、 ☐ 、その旨を国土交通大臣に届け出なければならない。	あらかじめ
☐	5. 一般貸切旅客自動車運送事業者は、「営業所の名称」の変更をしたときは、 ☐ 、その旨を国土交通大臣に届け出なければならない。	遅滞なく

コラム

自家用車活用事業（いわゆるライドシェア）

　タクシー事業者の管理の下で地域の自家用車や一般ドライバーによって有償で運送サービスを提供することを可能とする制度が、令和6年4月創設されました。タクシーが不足する地域・時期・時間帯におけるタクシー不足状態を、道路運送法第78条第3号の「公共の福祉のためやむを得ない場合」であるとして、地域の自家用車や一般ドライバーによって有償で運送サービスを提供することをいいます。

※道路運送法第78条（有償運送）

　自家用自動車（事業用自動車以外の自動車をいう。）は、次に掲げる場合を除き、有償で運送の用に供してはならない。

三　公共の福祉を確保するためやむを得ない場合において、国土交通大臣の許可を受けて地域又は期間を限定して運送の用に供するとき

3 輸送の安全、特定自動運行保安員

「輸送の安全」は穴うめの対策として、キーワードを覚えましょう。「輸送の安全にかかわる情報の公表・報告」についても押さえましょう。

● 輸送の安全

重要度  5

（1）一般旅客自動車運送事業者は、**輸送の安全の確保が最も重要であること**を**自覚**し、絶えず**輸送の安全性の向上**に努めなければなりません。

（2）一般旅客自動車運送事業者は、**事業計画**（路線定期運行を行う一般乗合旅客自動車運送事業者にあっては、事業計画及び運行計画）の遂行に 必要となる員数 の**運転者の確保**、事業用自動車の運転者がその 休憩 または**睡眠**のために利用することができる**施設の整備**、事業用自動車の運転者の適切な 勤務時間 及び 乗務時間 の設定その他の運行の管理その他事業用自動車の運転者の**過労運転を防止**するために**必要な措置**を講じなければなりません。

（3）一般旅客自動車運送事業者は、事業用自動車の運転者、車掌その他旅客または公衆に接する従業員の適切な**指導監督**、事業用自動車内における当該事業者の**氏名**または**名称の掲示**その他の旅客に対する適切な 情報の提供 その他の 輸送の安全 及び旅客の 利便の確保 のために必要な事項として国土交通省令で定めるものを遵守しなければなりません。

● 医学的知見に基づく措置

重要度  3

　一般旅客自動車運送事業者は、事業用自動車の運転者が**疾病**により**安全な運転ができないおそれがある状態**で事業用自動車を運転することを防止するために必要な 医学的知見 に基づく**措置**を講じなければなりません。

アドバイス

疾病に起因した運転中の事故が増加しているため、**医学的知見に基づく措置**が義務付けられました（平成 29 年 1 月施行）。

● 安全マネジメント

 重要度 **2**

　旅客自動車運送事業の運営において**輸送の安全の確保が最も重要**であるという意識を当該事業の**経営の責任者から全従業員に浸透**させることにより、輸送の安全に関する**計画の作成（P）、実行（D）、評価（C）、改善（A）**の一連の過程を定め、これを継続的に実施することにより、事業者全体の**輸送の安全の確保**及びその**安全性の向上を図る**仕組みをいいます。

● 輸送の安全にかかわる情報の公表・報告

 重要度 **4**

（1）旅客自動車運送事業者は、毎事業年度の経過後 **100 日** **以内**[†]に、**輸送の安全に関する基本的な方針**その他の輸送の安全にかかわる情報であって国土交通大臣が告示で定める次の事項について、**インターネットの利用その他の適切な方法**により**公表**し、かつ、遅滞なく、その内容を国土交通大臣に**報告**しなければなりません。　　　　　　　　　　　　　　　　× 200 日以内[†]

> ① 輸送の安全に関する**基本的な方針**
> ② 輸送の安全に関する**目標及びその達成状況**
> ③ **自動車事故に関する統計**（自動車事故報告規則第 2 条に規定する事故）
> 　　　　　　× 運行管理者の職務・権限[†]　　× 運行管理者の数[†]

（2）旅客自動車運送事業者は、**輸送安全の確保の命令、事業改善の命令**または**許可の取消等の処分**（輸送の安全に係るものに限る）を受けたときは、**遅滞なく、処分の内容、処分に基づき講じた措置及び講じようとする措置の内容**を**インターネットの利用その他の適切な方法**により公表しなければなりません。

● 事故の場合の措置

重要度

旅客自動車運送事業者は、事業用自動車の**運行を中断**したときは、当該自動車に乗車している旅客のために、次の各号に掲げる事項に関して適切な処置をしなければなりません。

①旅客の**運送を**継続する

②旅客を**出発地まで送還**する

③上記のほか、旅客を**保護**する

● 運送の引受け、継続の拒絶

重要度

一般**乗合**旅客自動車運送事業者または一般**乗用**旅客自動車運送事業者は、事業用自動車内において**法令の規定、公の秩序、善良の風俗に反する行為**をし、乗務員の制止または指示に従わない旅客については、**運送の引受け**、または**継続を拒絶**することができます。

● 公衆の利便を阻害する行為の禁止等

重要度

一般旅客自動車運送事業者は、旅客に対し、不当な運送条件によることを求め、その他**公衆の利便を阻害**する行為をしてはならず、また、特定の旅客に対し、不当な**差別的取扱いをしてはなりません。**

一般旅客自動車運送事業の**健全な発達を阻害する結果を生ずるような競争**をしてはなりません。

国土交通大臣は、これらの行為があるときは、一般旅客自動車運送事業者に対し、当該行為の**停止または変更**を命ずることができます。

● 特定自動運行保安員

重要度

特定自動運行旅客運送を行おうとする旅客自動車運送事業者は、**事業計画**

（路線定期運行を行う一般乗合旅客自動車運送事業者は、事業計画及び運行計画）の遂行に十分な数の**特定自動運行保安員**（**特定自動運行旅客運送の用に供する特定自動運行事業用自動車**（事業用自動車のうち、**旅客自動車運送事業の用に供する特定自動運行用自動車**）の運行の安全の確保に関する業務を行う者）を常時選任しておかなければなりません。

旅客自動車運送事業者は、**次の①②いずれかに掲げる措置**を講じなければ、**特定自動運行事業用自動車**を**旅客の運送の用**に供することはできません。

①**特定自動運行事業用自動車**に特定自動運行保安員を乗務させること

②次に掲げる措置を講ずること

ア **緊急を要する場合**において旅客が特定自動運行保安員に連絡することができる装置及び**特定自動運行事業用自動車を停止させることができる装置**を**特定自動運行事業用自動車に備える**

イ **営業所その他の適切な業務場所**に**特定自動運行保安員を配置**し、特定自動運行保安員に道路交通法施行規則に規定する**遠隔監視装置**その他の装置を用いて**遠隔から運行の安全の確保に関する業務を行わせる**

特定自動運行旅客運送を行う旅客自動車運送事業者は、上記その他輸送の安全に関する規定に基づく措置を適切に講ずることができるよう、必要な**体制を整備**しなければなりません。

1人の特定自動運行保安員が**複数台の特定自動運行事業用自動車の運行の業務に従事**することは差し支えありません。

特定自動運行保安員は、**運行管理者、整備管理者、運転者**、道路交通法に規定する特定自動運行主任者、現場措置業務実施者を**兼任する**ことは差し支えありません。この場合、**特定自動運行保安員**は、自らが業務に従事する特定自動運行事業用自動車の運行管理者を兼務することはできません。

なお、**1台の特定自動運行事業用自動車の運行の業務**を複数の特定自動運行保安員で分担し運行することは可能です。

☑欄	空欄に入るべき字句を答えなさい。	解答
A☐ B☐	1. 一般旅客自動車運送事業者は、事業計画（路線定期運行を行う一般乗合旅客自動車運送事業者にあっては、事業計画及び運行計画）の遂行に　A　の運転者の確保、事業用自動車の運転者がその休憩又は睡眠のために利用することができる施設の整備、事業用自動車の運転者の適切な勤務時間及び　B　の設定その他の運行の管理その他事業用自動車の運転者の過労運転を防止するために必要な措置を講じなければならない。	A：必要となる員数 B：乗務時間
☐	2. 一般旅客自動車運送事業者は、事業用自動車の運転者が疾病により安全な運転ができないおそれがある状態で事業用自動車を運転することを防止するために必要な　　　に基づく措置を講じなければならない。	医学的知見
☐	3. 旅客自動車運送事業者は、毎事業年度の経過後、　　　以内に、輸送の安全に関する基本的な方針その他の輸送の安全にかかわる情報であって国土交通大臣が告示で定める事項について、インターネットの利用その他の適切な方法により公表しなければならない。	100日

　「過労運転の防止」は重要ですので、キーワードを押さえましょう。「交替運転者の配置基準」は数字を覚えましょう。

● 過労運転の防止

重要度  1 2 3 4 → **5**

（1）旅客自動車運送事業者は、次に掲げる事項について講じなければなりません。

　①過労の防止を十分考慮して、国土交通大臣が告示で定める基準に従って、運転者の**勤務時間**[†]及び**乗務時間**[‡]を定め、運転者にこれらを遵守させなければなりません。

　　　　　　　　　　　　　　　　　　　　×勤務日数[†]　×乗務距離[‡]

　②乗務員等が**有効に利用**することができるように、**営業所、自動車車庫**その他営業所、自動車車庫**付近の適切な場所**に、**休憩に必要な施設を整備**し、乗務員等に**睡眠**を与える必要がある場合または乗務員等が勤務時間中に**仮眠**する機会がある場合は、**睡眠・仮眠に必要な施設**を整備し、これらの施設を適切に**管理**し、**保守**しなければなりません。

　③運転者に**1日の勤務時間中**に運転者の**属する営業所で勤務を終了することができない運行を指示**する場合は、運転者が有効に利用することができるように、**勤務を終了する場所の付近の適切な場所**[†]に**睡眠**に必要な施設を**整備**し、確保し、これらの施設を適切に**管理**し、**保守**しなければなりません。

　　　　　　　　　　　　　　　　　×車内に睡眠が可能な設備を設ける[†]

> ### ✏重要
>
> 　**事業者**は、**休憩、睡眠**または**仮眠に必要な施設**の「**整備**」、「**管理**」、「**保守**」を行います。
> 　**運行管理者**は、**休憩、睡眠**または**仮眠**に必要な**施設**の「**管理**」のみを行います。この違いを押さえておきましょう。

④**酒気を帯びた状態**にある乗務員等を事業用自動車の運行の業務に従事させてはなりません。

⑤乗務員等の 健康状態の把握 †に努め、**疾病、疲労、睡眠不足**その他の理由により**安全に運行の業務**を遂行し、またはその補助をすることができないおそれがある乗務員等を事業用自動車の運行の業務に従事させてはなりません。

×乗務状況の把握 †

⑥乗務員等が事業用自動車の**運行中に疾病、疲労、睡眠不足**その他の理由により**安全に運行の業務**を**継続**し、またはその補助を継続することができないおそれがあるときは、乗務員等に対する**必要な指示**その他**輸送の安全のための措置**を講じなければなりません。

⑦**天災その他の理由**や、**運行中**の乗務員等の体調変化等の際の措置その他の**輸送の安全**に関する規定に基づく**措置**を適切に**講ずることができる**よう、事業用自動車の**運行に関する状況**を**適切に把握**するための**体制を整備**しなければなりません。

（2）一般**乗合**旅客自動車運送事業者（乗車定員 10 人以下の運行のみを行う営業所を除く）、一般**貸切**旅客自動車運送事業者は、**運行中**は、**電話その他の方法**により、乗務員に対し**必要な指示等を行える連絡体制を整備**するほか、少なくとも 1 人の運行管理者は、運転業務に従事せずに、速やかに**運行の指示等を行える**体制を整備しなければなりません。

●**乗務距離の最高限度（乗用）**

重要度

交通の状況を考慮して地方運輸局長が**指定する地域内**に営業所を有する一般**乗用**旅客自動車運送事業者は、

①地方運輸局長が定める**乗務距離の最高限度を超えて**営業所に属する運転者を乗務させてはなりません。

②指定地域内にある営業所に属する運転者に、その収受する**運賃・料金の総額が一定の基準に達し、またはこれを超える**ように乗務を強制してはなりません。

交替運転者の配置（乗合・貸切）

重要度 1 2 3 4 →5

　一般**乗合**旅客自動車運送事業者及び一般**貸切**旅客自動車運送事業者は、運転者が**長距離運転**又は**夜間の運転**に従事する場合であって、 疲労等 により**安全な運転**を継続することができないおそれがあるときは、**あらかじめ、交替するための運転者を配置**しておかなければなりません。

貸切バスの交替運転者の配置基準について

　貸切バスにあって、ワンマン運行（交替運転者が同乗していない運行）ができるのは、次のとおりです。なお、表に定める実車距離、運転時間等を超えて引き続き運行する場合には、あらかじめ、交替運転者を配置しておかなければなりません。

貸切バスの交替運転者の配置基準

	夜間のワンマン運行	昼間のワンマン運行
1運行の実車距離（乗車可能な区間で、回送運行は含まない）	400km（次の①及び②に該当する場合には500km）まで ①運行直前に11時間以上の休息期間を確保している ②1運行の乗務時間（回送運行を含む乗務開始から乗務終了までの時間）が10時間以内であることまたは**実車距離100kmから400kmまでの間に運転者が身体を伸ばして仮眠することのできる施設**（車両床下の仮眠施設等）において仮眠するための**連続1時間以上の休憩**を確保している	500km（実車運行区間の途中に**合計1時間以上**（分割する場合は、1回連続20分以上）の**休憩**を確保している場合には、**600km**）まで
1運行の運転時間（回送運行を含む）	運行指示書上、9時間まで	運行指示書上、9時間まで

（次ページに続く）

夜間ワンマン運行の連続乗務回数	4回（1運行の実車距離が400kmを超える場合は2回）以内	―
連続運転時間	実車運行区間では、運行指示書上、概ね2時間まで	高速道路の実車運行区間では運行指示書上、概ね2時間まで
実車運行区間の途中における休憩の確保	運行指示書上、実車運行区間における運転時間概ね2時間ごとに連続20分以上（1運行の実車距離が400km以下の場合は実車運行区間における運転時間概ね2時間ごとに連続15分以上）の休憩を確保する	
1日の合計実車距離	1日の**合計実車距離**は600kmまで。ただし、1週間当たり2回まで、これを超えることができる	
1日の運転時間	1日の**運転時間**は運行指示書上、**9時間**まで。ただし、夜間ワンマン運行を除き、1週間当たり2回まで、運行指示書上、**10時間**までとすることができる	
乗務中の体調報告	運転者は次に掲げる実車距離の場合には、所属する営業所の**運行管理者等に電話等で連絡し、体調報告**を行う イ 1運行の実車距離が400kmを超える**夜間ワンマン運行**を行う場合には、実車距離100kmから400kmまでの間 ロ 1日の乗務の合計実車距離が500kmを超える**ワンマン運行**を行う場合には、1日の乗務の合計実車距離100kmから500kmまでの間	

☑欄	空欄に入るべき字句を答えなさい。	解答
☐	1. 旅客自動車運送事業者は、過労の防止を十分考慮して、国土交通大臣が告示で定める基準に従って、事業用自動車の運転者の ☐ 及び乗務時間を定め、当該運転者にこれらを遵守させなければならない。	勤務時間
A☐ B☐	2. 旅客自動車運送事業者は、乗務員等が有効に利用することができるように、営業所、自動車車庫その他営業所又は自動車車庫付近の適切な場所に、休憩に必要な施設を A し、及び乗務員等に睡眠を与える必要がある場合又は乗務員等が勤務時間中に仮眠する機会がある場合は、睡眠又は仮眠に必要な施設を A し、並びにこれらの施設を適切に管理し、及び B しなければならない。	A：整備 B：保守
☐	3. 旅客自動車運送事業者は、乗務員等の ☐ の把握に努め、疾病、疲労、睡眠不足その他の理由により安全に運行の業務を遂行し、又はその補助をすることができないおそれがある乗務員等を事業用自動車の運行の業務に従事させてはならない。	健康状態
☐	4. 一般乗合旅客自動車運送事業者及び一般貸切旅客自動車運送事業者は、運転者が長距離運転又は夜間の運転に従事する場合であって、 ☐ により安全な運転を継続することができないおそれがあるときは、あらかじめ、交替するための運転者を配置しておかなければならない。	疲労等

☐	5. 貸切バスの交替運転者の配置基準に定める夜間ワンマン運行（1人乗務）の1運行の運転時間は、運行指示書上、☐☐を超えないものとする。	9時間
A☐ B☐	6. 貸切バスの交替運転者の配置基準に定める夜間ワンマン運行（1人乗務）の実車運行区間においては、運行指示書上、実車運行区間における運転時間概ね2時間毎に連続 ☐A☐ 以上（1運行の実車距離が400キロメートル以下の場合にあっては、実車運行区間における運転時間概ね2時間毎に連続 ☐B☐ 以上）の休憩を確保しなければならない。	A：20分 B：15分
☐	7. ☐☐とは、旅客の乗車が可能として設定した区間の距離をいい、回送運行の距離を含まない。	実車距離

5 点呼

「点呼」は必ず出題されますので、重点的に学習しましょう。「業務前点呼」「業務後点呼」「業務途中点呼」におけるそれぞれの「報告」「確認」「指示」事項については必ず覚えましょう。

● 業務前点呼

重要度

旅客自動車運送事業者は、事業用自動車の**運行の業務に従事**しようとする運転者または**特定自動運行保安員**（以下「**運転者等**」という。）に対して**対面**により、または**対面による点呼と同等の効果を有するものとして国土交通大臣が定める方法***（**運行上やむを得ない場合****は電話その他の方法***）により点呼を行い、次の事項について**報告を求め**、及び 確認 を行い、並びに**事業用自動車の運行の安全を確保**するために 必要な指示 を与えなければなりません。

---

①**道路運送車両法**の規定による**日常点検の実施**またはその確認

②**運転者に対しては** 酒気帯び の**有無******

③**運転者に対しては** 疾病、疲労、睡眠不足 その他の理由により**安全な運転をすることができないおそれの有無**

④**特定自動運行保安員に対しては、特定自動運行事業用自動車による運送を行うために必要な**自動運行装置（道路運送車両法に規定する自動運行装置をいう。）の設定の状況に関する確認

重要

用　語	説　明
「対面による点呼と同等の効果を有するものとして国土交通大臣が定める方法」*とは	点呼告示に規定する①遠隔点呼、②業務後自動点呼のほか、③輸送の安全・旅客の利便の確保に関する取組が優良であると認められる営業所（旅客IT点呼実施営業所）において、**営業所の管理する**点呼機器を用い、**当該機器に備えられた**カメラ、ディスプレイ等によって、運行管理者等が**運転者の酒気帯びの有無、疾病、疲労、睡眠不足等の状況を随時確認でき、かつ、運転者の酒気帯びの状況に関する測定結果を、自動的に記録・保存するとともに運行管理者等が当該測定結果を直ちに確認できる方法、④1人で事業を行っている場合は、アルコール検知器を使った酒気帯び有無の確認や車両の日常点検等、法令で定める点呼に係る事項を自ら確認し、運行の可否を判断する方法をいいます。
「運行上やむを得ない場合」**とは	遠隔地で**業務を開始・終了するため、業務前点呼・業務後点呼**を運転者等が所属営業所において対面で実施できない場合等をいいます。 次の場合は、「**運行上やむを得ない場合**」には該当しないため、電話点呼は認められません。 ①車庫と営業所が離れている場合 ②早朝・深夜等において点呼執行者が営業所に出勤していない場合等
「電話その他の方法」***とは	携帯電話、業務無線**等により運転者等と直接対話できるものでなければなりません。**なお、**電子メール、FAX等一方的な連絡方法は、該当しません。**
「酒気帯びの有無」****とは	道路交通法で定める呼気中のアルコール濃度0.15mg／ℓ以上であるか、否かは問うものではありません。数値が検出されると乗務させてはなりません。

● 業務後点呼

重要度 5

旅客自動車運送事業者は、事業用自動車の**運行の業務を終了**した運転者等に対して**対面によりまたは対面による点呼と同等の効果を有するものとして国土交通大臣が定める方法**（運行上やむを得ない場合は電話その他の方法）により点呼を行い、

①当該業務に係る**事業用自動車、道路及び** 運行の状況 について**報告を求め**
②運転者に対しては**酒気帯びの有無**について**確認**を行わなければなりません。
③運転者等が他の運転者等と交替した場合には、当該運転者等が**交替した運転者等に対して行った事業用自動車、道路及び運行の状況の** 通告 についても**報告**を求めなければなりません。

図 1.1　交替運転者への通告（業務後点呼）

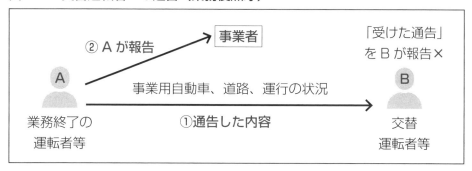

アドバイス

事業者から、**事業用自動車、道路及び運行の状況の通告**について**報告を求められるのは、運行の業務を終了した運転者等**であり、交替運転者等ではありません。
業務後点呼では、「運行の業務中の**健康状態**」についての**報告義務はありません**。

● 業務途中点呼（貸切）

 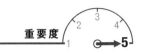

一般**貸切**旅客自動車運送事業者は、**夜間**において**長距離の運行**を行う事業用自動車の運行の業務に従事する運転者等に対して当該**業務の途中**において少なくとも1回**電話その他の方法**により**点呼を行い**、

①事業用自動車、道路及び運行の状況

②運転者に対しては**疾病、疲労、睡眠不足**その他の理由により**安全な運転をすることができないおそれの有無**について**報告を求め**、及び**確認を行い**

③**事業用自動車の運行の安全を確保**するために**必要な指示を与えなければ**なりません。

アドバイス

「**夜間における長距離の運行**」とは、運行指示書上、**実車運行**（旅客の乗車が可能として設定した区間の運行をいい、回送を含まない）する区間が**100km**を超える**夜間運行**（実車運行の**開始時刻・終了時刻**が**午前2時**から**午前4時**までの間の運行または当該**時刻をまたぐ運行**）をいいます。

● 点呼の報告・確認・指示のまとめ

業務前点呼、業務途中点呼及び業務後点呼における点呼の報告事項、確認事項及び指示事項については、次のとおりです。

点呼の報告・確認・指示事項のまとめ

報告・確認・指示事項	業務前点呼	業務途中点呼 （貸切のみ）	業務後点呼
日常点検の実施またはその確認	○	－	－
酒気帯びの有無（**運転者**）	○	－	○
疾病、疲労、睡眠不足その他の理由により安全な運転ができないおそれの有無（**運転者**）	○	○	－
事業用自動車、道路及び運行の状況	－	○	○
交替した他の運転者等に対して行った**事業用自動車、道路**及び**運行の状況**についての通告	－	－	○
自動運行装置の設定の状況に関する確認（**特定自動運行保安員**）	○	－	－
事業用自動車の運行の安全確保に必要な指示	○	○	－
（合　　計）	（5）	（3）	（3）

点呼の記録

重要度

（1）旅客自動車運送事業者は、業務前・業務後及び業務途中において**点呼を行い、報告を求め、確認を行い、指示をした**ときは、**運転者等ごとに**点呼を行った旨、報告、確認、指示の内容及び次に掲げる事項を記録し、その記録を**1年間保存**しなければなりません。

ただし、**一般貸切旅客自動車運送事業者**は、**その内容を記録した電磁的記録**（電子的方式、磁気的方式その他人の知覚によっては認識することができない方式で作られる記録であって、電子計算機による情報処理の用に供されるものをいう。）を**3年間保存**しなければなりません。

①点呼を行った者、点呼を受けた運転者等の氏名
②事業用自動車の自動車登録番号その他識別できる表示
③点呼の日時
④点呼の方法
⑤その他必要事項

点呼簿の記載事項については、次のとおりです。

赤字以外は、各点呼共通（業務途中点呼の「アルコール検知器の使用の有無」を除く）となっています。

（ア）業務前点呼

①点呼執行者名　②運転者等の氏名　③運転者等が従事する運行の業務に係る事業用自動車の自動車登録番号又は識別できる記号、番号等　④点呼日時　⑤点呼方法　イ．アルコール検知器の使用の有無　ロ．対面でない場合は具体的方法　⑥運転者の酒気帯びの有無　⑦運転者の疾病、疲労、睡眠不足等の状況　⑧日常点検の状況　⑨指示事項　⑩その他必要な事項

（イ）業務後点呼

①点呼執行者名　②運転者等の氏名　③運転者等が従事した運行の業務に係る事業用自動車の自動車登録番号又は識別できる記号、番号等　④点呼日時　⑤点呼方法　イ．アルコール検知器の使用の有無　ロ．対面でない場合は具体的方法　⑥自動車、道路及び運行の状況　⑦運転者の酒気帯びの有無　⑧交替運転者等に対する通告　⑨その他必要な事項

（ウ）業務途中点呼

①点呼執行者名　②運転者等の氏名　③運転者等が従事している運行の業務に係る事業用自動車の自動車登録番号又は識別できる記号、番号等　④点呼日時　⑤点呼の具体的方法（「アルコール検知器の使用の有無」なし）　⑥自動車、道路及び運行の状況　⑦運転者の疾病、疲労、睡眠不足等の状況　⑧指示事項　⑨その他必要な事項

（2）**一般貸切旅客自動車運送事業者**は、点呼（業務前・業務後・業務途中）を行ったときは、**その状況**を録音・録画（**電話その他の方法により点呼を行う場合**は、**録音のみ**）して**電磁的方法**により**記録媒体に記録**し、その記録を**90日間保存**しなければなりません。

（3）**一般貸切旅客自動車運送事業者**は、**アルコール検知器を用いて運転者の酒気帯びの有無について確認を行うとき**は、その確認に係る**呼気の検査を行っている状況の写真**（運転者を識別できるものに限る。）を**撮影して電磁的方法により記録媒体に記録**し、その記録を**90日間保存**しなければません。ただし、その状況を前述の規定により録画する場合はこの限りではありません。

● アルコール検知器

重要度

旅客自動車運送事業者は、**アルコール検知器**（呼気に含まれるアルコールを検知する機器であって、国土交通大臣が告示で定めるものをいう。以下同じ）を**営業所ごとに備え***、**常時有効に保持****しなければなりません。

酒気帯びの有無について確認を行う場合には、運転者の状態を**目視等で確認*****するほか、運転者の属する営業所に備えられたアルコール検知器を用いて行わなければなりません。

用　　語	説　　明
「アルコール検知器を営業所に備え」*とは	①営業所、車庫に設置 ②営業所に備え置き（**携帯型アルコール検知器等**） ③営業所に属する事業用自動車に設置　されたアルコール検知器をいう
「常時有効に保持」**とは	正常に作動し、故障がない状態で保持しておくことをいう
「目視等で確認」***とは	運転者の顔色、呼気の臭い、応答の声の調子等で確認することをいう。**対面でなく電話その他の方法で点呼をする場合**には、運転者の応答の声の調子等、**電話等を受けた運行管理者等が確認できる方法で行うもの**をいう

⚙ 重 要

　　酒気帯びの有無の確認を行うには、次の両方の要件を満たす必要があります。

　①運転者の状態を目視等で確認すること

　②営業所に備えられたアルコール検知器を使用すること

このため、アルコール検知器が故障で作動しないとき、

①**目視等のみ**で酒気帯びを確認する場合

②同等の性能を有する当該**営業所に備えられていない**アルコール検知器を使用する場合

は、**ともに酒気帯びの有無を確認したことにはなりません。**

　営業所と車庫が離れていて、運行管理者等を車庫へ派遣して点呼を行う場合は、

　①営業所の**車庫に設置**したアルコール検知器

　②運行管理者等が**持参**したアルコール検知器

　③**自動車に設置**されているアルコール検知器　を使用しなければなりません。

確認テスト

☑欄	空欄に入るべき字句を答えなさい。	解答
A☐ B☐ C☐	1. 旅客自動車運送事業者は、事業用自動車の運行の業務に従事しようとする運転者又は特定自動運行保安員（「運転者等」）に対して対面により、又は対面による点呼と同等の効果を有するものとして国土交通大臣が定める方法（運行上やむを得ない場合は電話その他の方法。）により点呼を行い、次の各号に掲げる事項について報告を求め、及び確認を行い、並びに事業用自動車の運行の安全を確保するために必要な指示を与えなければならない。 一　　A　の実施又はその確認 二　運転者に対しては、　B　の有無 三　運転者に対しては、疾病、疲労、　C　その他の理由により安全な運転をすることができないおそれの有無 四　特定自動運行保安員に対しては、特定自動運行事業用自動車による運送を行うために必要な自動運行装置（道路運送車両法に規定する自動運行装置をいう。）の設定の状況に関する確認	A：日常点検 B：酒気帯び C：睡眠不足

A□ B□	2. 旅客自動車運送事業者は、事業用自動車の運行の業務を終了した運転者等に対して対面により、又は対面による点呼と同等の効果を有するものとして国土交通大臣が定める方法（運行上やむを得ない場合は電話その他の方法）により点呼を行い、当該業務に係る ☐A☐ 、道路及び運行の状況について報告を求め、かつ、運転者に対しては酒気帯びの有無について確認を行わなければならない。この場合において、運転者等が他の運転者等と交替した場合にあっては、当該運転者等が交替した運転者等に対して行った法令の規定による ☐B☐ についても報告を求めなければならない。	A：事業用自動車 B：通告
A□ B□	3. 旅客自動車運送事業者は、アルコール検知器（呼気に含まれるアルコールを検知する機器であって、国土交通大臣が告示で定めるものをいう。）を営業所ごとに備え、常時有効に保持するとともに、酒気帯びの有無について確認を行う場合には、運転者の状態を ☐A☐ で確認するほか、当該運転者の属する ☐B☐ に備えられたアルコール検知器を用いて行わなければならない。	A：目視等 B：営業所

6 業務記録、運行記録計、事故の記録

「業務記録」「運行記録計」の記載事項を覚えたうえで、「事故の記録」の保存期間（3年間）を押さえましょう。

● 業務記録

重要度

事業用自動車の運転者等が事業用自動車の運行の業務に従事したときは、業務の実態を把握することを目的として業務記録が定められています。

（1）一般**乗合**旅客自動車運送事業者、**特定**旅客自動車運送事業者

運転者等が事業用自動車の運行の業務に従事したときは、次に掲げる事項を**運転者等**ごとに記録させ、かつ、その記録を **1 年間保存**しなければなりません。ただし、**10 分未満の休憩**はその記録を省略しても差し支えありません。

> ≪業務記録の記載事項≫
> ①運転者等名
> ②運転者等が従事した運行の業務に係る事業用自動車の自動車登録番号等当該自動車を識別できる記号、番号その他の表示
> ③業務の**開始、終了の地点・日時**及び**主な経過地点、業務に従事した距離**
> ×点呼を行った者の氏名[†]
> ④**業務を交替**した場合は、その**地点・日時**
> ⑤**休憩**または**仮眠**した場合は、その**地点・日時**
> ⑥睡眠に必要な施設で**睡眠**した場合は、当該施設の**名称・位置**
> ⑦道路交通法第 67 条第 2 項に規定する**交通事故**
> 　**自動車事故報告規則第 2 条**に規定する**事故** ｝その**概要と原因**
> 　**著しい運行の遅延**その他異常な状態が発生した場合
> ⑧運転者等が従事した運行の業務に係る事業用自動車（乗車定員 11 人以上に限る）に車掌が乗務した場合は、その車掌名
> ⑨車掌がその業務を交替した場合は、交替した車掌ごとにその地点・日時

（2）一般貸切旅客自動車運送事業者

（1）に掲げる事項のほか、**旅客が乗車した区間**を運転者等ごとに記録させ、かつ、その記録を**3年間保存**しなければなりません。

（3）一般乗用旅客自動車運送事業者

（1）①から⑦までに掲げる事項のほか、**旅客が乗車した区間**、運行の業務に従事した事業用自動車の走行距離計に表示されている業務の**開始時・終了時**における**走行距離**の**積算キロ数**を運転者等ごと[†]に記録させ、かつ、その記録を**事業用自動車ごとに整理して1年間保存**しなければなりません。

×事業用自動車ごと[†]

> ┌ **運転者等**ごとに： 　　走行距離の**積算キロ数を記録** 　┐
> └ **事業用自動車**ごとに：走行距離の**積算キロ数の記録を整理** ┘ } **1年間保存**

（4）旅客自動車運送事業者（一般乗用旅客自動車運送事業者は、事業用自動車について長期間にわたり業務の交替がない場合に限る）は、上記の業務記録に記録すべき事項の一部について、**運転者等ごとに記録させることに代え「運行記録計により記録」**することができます。この場合において記録すべき事項のうち「運行記録計により記録」された事項**以外の事項**を**運転者等ごと**に「**運行記録計による記録**」に付記させ、かつ、その付記に係る記録を**1年間**（一般乗用旅客自動車運送事業者にあっては、**事業用自動車ごとに整理して1年間**、一般**貸切**旅客自動車運送事業者にあっては**3年間**）**保存**しなければなりません。

● 運行記録計

重要度 4

　運行管理の適正化を図るため、運行記録計による記録を義務付けるとともに、記録の整理方法が定められています。

（1）一般**乗合**旅客自動車運送事業者、一般**貸切**旅客自動車運送事業者

運転者等が事業用自動車の運行の業務に従事した場合（**路線定期運行**または路線不定期運行を行う一般**乗合**旅客自動車運送事業の事業用自動車は**起点から終点までの距離**が 100km を超える運行系統を運行する場合に**限る**）は、当該自動車の**瞬間速度**、**運行距離**及び**運行時間**を**運行記録計**（**一般貸切旅客自動車運送事業者**にあっては、**電磁的方法により記録**することができるものとして国土交通大臣が告示で定めるものに**限る**。ただし、自動車の構造上の理由により当該告示で定める運行記録計を備えることが困難な場合は、この限りでない。）により**記録**し、**その記録を 1 年間**（**一般貸切旅客自動車運送事業者**にあっては、**その内容をデジタル式運行記録計により記録した電磁的記録を 3 年間**）保存しなければなりません。

（2）一般**乗用**旅客自動車運送事業者（個人タクシー事業者を除く）

地方運輸局長が指定する地域内に営業所を有する事業者は、地域の指定があった日から 1 年を超えない範囲内において地方運輸局長が定める日以後においては、**指定地域内にある営業所に属する事業用自動車の運転者等が事業用自動車の運行の業務に従事した場合**は、当該自動車の**瞬間速度**、**運行距離**及び**運行時間**を**運行記録計により記録**し、かつ、その記録を**運転者等ごと**[†]に整理して 1 年間保存しなければなりません。

×事業用自動車ごと[†]

●事故の記録

　旅客自動車運送事業者は、事業用自動車に係る事故が発生した場合には、次に掲げる事項を記録し、その記録を当該事業用自動車の運行を管理する営業所において **3 年間保存**しなければなりません。

≪事故の記録事項≫

①乗務員等の氏名

②自動車登録番号その他当該事業用自動車を識別できる表示

③事故の発生日時、場所

④**事故当事者**（乗務員等を除く）の氏名

⑤事故の概要（損害の程度を含む）

⑥**事故の原因**

⑦**再発防止対策**

アドバイス

事故は、加害事故、被害事故及び人身事故、物損事故を問わず記録しなければなりません。

確認テスト

☑欄	空欄に入るべき字句を答えなさい。	解答
A☐ B☐	1. 一般乗用旅客自動車運送事業者は、運転者等が事業用自動車の運行の業務に従事したときは、法令に定める事項のほか、旅客が乗車した区間並びに運行の業務に従事した事業用自動車の走行距離計に表示されている業務の開始時及び終了時における走行距離の積算キロ数を ☐A☐ ごとに記録させ、かつ、その記録を ☐B☐ ごとに整理して1年間保存しなければならない。	A：運転者等 B：事業用自動車
☐	2. 一般貸切旅客自動車運送事業者は、運転者等が事業用自動車の運行の業務に従事したときは、法令に定める事項のほか、旅客が乗車した区間を運転者等ごとに記録させ、かつ、その記録を ☐☐ 保存しなければならない。	3年間

☐	3. 一般貸切旅客自動車運送事業者は、運転者等が事業用自動車の運行の業務に従事した場合は、当該自動車の瞬間速度、運行距離及び運行時間を運行記録計（電磁的方法により記録することができるものとして国土交通大臣が告示で定めるものに限る。）により記録し、その内容を記録した電磁的記録を ☐ 保存しなければならない。	3年間
☐	4. 旅客自動車運送事業者は、事業用自動車に係る事故が発生した場合には、法令に定める事項を記録し、その記録を当該事業用自動車の運行を管理する営業所において ☐ 保存しなければならない。	3年間

7 運行基準図、運行表、運行指示書

「運行基準図」「運行表」「運行指示書」について理解し、それぞれ記載すべき事項を覚えましょう。また、「経路の調査」「地図の備付け」が必要な事業者も押さえましょう。

● 運行基準図（乗合）　重要度 4

一般**乗合**旅客自動車運送事業者は、次に掲げる事項を記載した**運行基準図**を作成して**営業所に備え**、かつ、これにより運転者等に対し、**適切な指導**をしなければなりません。

≪運行基準図の記載事項≫
① **路線定期運行**または路線不定期運行を行う事業者にあっては、
・停留所、乗降地点の名称・位置、**隣接する停留所間**または**乗降地点間の距離**
・道路の主な勾配、曲線半径、幅員、路面の状態
② **路線定期運行**を行う事業者にあっては、**標準の運行時分**、平均速度
③ 踏切、橋、トンネル、交差点、待避所、運行に際して**注意を要する箇所の位置**
④ その他運行の安全を確保するために必要な事項

● 運行表（乗合）　重要度 4

路線定期運行を行う一般**乗合**旅客自動車運送事業者は、①**主な停留所の名称**、②**停留所の発車時刻・到着時刻**その他運行に必要な事項を記載した**運行表を作成**し、かつ、これを**運転者等に携行**†させなければなりません。×営業所に備える†

● 経路の調査（貸切）

重要度

　一般**貸切**旅客自動車運送事業者は、**運行の主な経路における道路、交通の状況**を**事前に調査**し、かつ、当該経路の状態に適すると認められる**自動車を使用**しなければなりません[†]。ただし、許可を受けて乗合旅客を運送する場合はこの限りではありません。

　　　　　　　　　　　　　　　　　　　　　　　　×地図を備える[†]

● 運行指示書（貸切）

重要度

　一般**貸切**旅客自動車運送事業者は、**運行ごと**[†]に次に掲げる事項を記載した**運行指示書を作成**し、かつ、これにより事業用自動車の運転者等に対し**適切な指示**を行うとともに、これを**運転者等**に**携帯**させなければなりません。ただし、法令の規定による許可を受けて乗合旅客を運送する場合はこの限りではありません。

　運行指示書は、**運行の終了の日**[‡]から**3年間保存**しなければなりません。

　　　　　　　×業務前・業務後の点呼のいずれも対面で行うことができない業務の運行に限り[†]

　　　　　　　　　　　　　　　　　　　　　　　　×運行を計画した日[‡]

≪運行指示書の記載事項≫
① 運行の**開始、終了**の**地点・日時**
② 乗務員等の氏名
③ **運行の経路、主な経由地**における**発車・到着の日時**
④ 旅客が**乗車する区間**
⑤ 運行に際して**注意を要する箇所の位置**
⑥ 乗務員等の**休憩地点・休憩時間**（休憩がある場合に限る）
⑦ 乗務員等の運転・業務の交替の地点（運転または業務の交替がある場合に限る）
⑧ 法令に定める**睡眠**に必要な**施設の名称・位置**
⑨ **運送契約の相手方の氏名・名称**
⑩ その他運行の安全を確保するために必要な事項

≪運行の途中で運行指示書の記載事項に変更が生じた場合≫
①営業所において運行指示書の写しに**変更内容を記載**する。
②運転者等に対し、**電話その他の方法**により変更内容について、**適切な指示を行う。**
③**運転者等が携行**している運行指示書に**変更内容を記載**させる。

☑チェック

□**運行指示書、運送引受書**は、**いずれも**「運行（運送）の終了の日」から**３年間保存**であることを押さえましょう。
□運行指示書は、「**業務前・業務後の点呼のいずれも対面で行うことができない業務の運行に限り**」、**作成するものではありません。**
□運転者等に休憩時間を与える必要のない運行となる場合には、「休憩地点・休憩時間の記載は必要ない」が、運行指示書の作成を要しないものではありません。
□運行指示書は、営業所に備え付けるものではなく、**運転者等に携行させ**なければなりません。

●地図の備付け（乗用）

重要度

　一般**乗用**旅客自動車運送事業者は、事業用自動車に少なくとも営業区域内の①**道路**、②**地名**、③**著名な建造物**、公園、名所・旧跡、鉄道の駅、④その他地方運輸局長が指定する事項が明示された**地図**であって地方運輸局長の指定する規格に適合するものを**備えて**おかなければなりません。

確認テスト

☑欄	空欄に入るべき字句を答えなさい。	解答
☐	1. 一般乗合旅客自動車運送事業者は、「踏切、橋、トンネル、交差点、待避所及び運行に際して注意を要する箇所の位置」等の所定の事項を記載した　　　　を作成して営業所に備え、かつ、これにより事業用自動車の運転者等に対し、適切な指導をしなければならない。	運行基準図
☐	2. 路線定期運行を行う一般乗合旅客自動車運送事業者は、主な停留所の名称、当該停留所の発車時刻及び到着時刻その他運行に必要な事項を記載した　　　　を作成し、かつ、これを事業用自動車の運転者等に携行させなければならない。	運行表
☐	3. 一般貸切旅客自動車運送事業者は、運行の主な経路における道路及び交通の状況を事前に調査し、かつ、当該経路の状態に適すると認められる　　　　を使用しなければならない。	自動車
A☐ B☐	4. 一般貸切旅客自動車運送事業者は、法令の規定より作成した運行指示書を運行　A　日から　B　保存しなければならない。	A：の終了の B：3年間

8 運転者の選任等、乗務員等台帳、乗務員証

「乗務員等台帳」「乗務員証」の記載事項、保存期間のほか、選任してはならない運転者を押さえましょう。

● 運転者の選任等

重要度

旅客自動車運送事業者は、**事業計画**（路線定期運行を行う一般乗合旅客自動車運送事業者にあっては、事業計画及び運行計画）の遂行に│十分な数│の事業用自動車の運転者を│常時選任│しておかなければなりません。

ただし、次に該当する者は、**運転者または特定自動運行保安員**として**選任してはなりません**（個人タクシー事業者を除く）。

一　日日雇い入れられる者

二　│２カ月│[†]以内の期間を定めて使用される者　　　　　　×３カ月[†]

三　試みの使用期間中の者（│14日│を超えて引き続き使用されるに至った者を除く）

四　14日未満の期間ごとに賃金の支払いを受ける者

□常時選任するために運転者を雇入れる場合、運転記録証明書等により少なくとも雇入れる前３年間の事故歴を把握しなければなりません。

一般**乗用**旅客自動車運送事業者（個人タクシー事業者を除く。）は、新たに雇い入れた者については、雇入れ後**指導監督**及び**特別な指導**を行い、**適性診断**を受診させた後でなければ、運転者として選任してはなりません。

ただし、新たに雇い入れた者が、当該一般乗用旅客自動車運送事業者の**営業**

区域内において、**雇入れの日前2年以内**に**通算90日以上**[†]一般乗用旅客自動車運送事業の運転者であったときは除きます。 ×60日以上[†]

● 乗務員等台帳

重要度 1 2 3 4 →5

旅客自動車運送事業者は、事業用自動車の**運転者等**ごとに、次に掲げる①〜⑩の事項を記載し、かつ、⑪に掲げる写真をはり付けた**一定の様式の乗務員等台帳**[†]**を作成**し、これを当該**運転者等**の属する**営業所に備えて**おかなければなりません。 ×履歴書を乗務員等台帳に使用できる[†]

≪**乗務員等台帳の記載事項**≫

①作成番号・作成年月日

②事業者の氏名または名称

③運転者等の氏名、生年月日・住所

④雇入れの年月日及び**運転者等に選任された年月日**

⑤運転者に対しては道路交通法に規定する**運転免許に関する事項**（運転免許証の番号・**有効期限**、運転免許の年月日・種類、運転免許に付されている条件）

⑥運転者の運転の経歴

⑦**事故を引き起こした場合**はその概要

⑧運転者に対しては**道路交通法第108条の34** ※ **の規定**による通知を受けた場合は、**その概要**

⑨運転者等の健康状態

⑩**特定の運転者**に対する**特別な指導の実施、適性診断の受診の状況**

⑪乗務員等台帳の作成前**6カ月以内**[†]に撮影した単独、上三分身、無帽、正面、無背景の写真 ×1年以内[†]

乗務員等台帳の保存

事業用自動車の運転者が**転任、退職**その他の理由により**運転者でなくなった場合**には、直ちに、**乗務員等台帳に運転者でなくなった年月日及び理由**を記載し、これを**3年間保存**[†]しなければなりません。 ×1年間保存[†]

特定自動運行事業用自動車の特定自動運行保安員が**転任、退職その他の理由**
により特定自動運行保安員でなくなった場合には、直ちに、乗務員等台帳に**特**
定自動運行保安員でなくなった年月日及び理由を記載し、これを 3 年間保存
しなければならない。

参考

※道路交通法第 108 条の 34（使用者に対する通知）
　車両等の運転者がこの法律若しくはこの法律に基づく命令の規定又はこ
の法律の規定に基づく処分に違反した場合において、当該違反が車両等の
使用者の業務に関してなされたものであると認めるときは、**公安委員会は、**
当該事業者及び**当該事業を監督する行政庁**に対し、当該**違反の内容**を**通知**
するものとする。（166 ページを参照）

● 乗務員証（乗用）

重要度

（1）一般**乗用**旅客自動車運送事業者は、事業用自動車（タクシー業務適正化
　　特別措置法第 13 条※の規定により**運転者証**を表示しなければならないもの
　　を**除く**）に運転者を乗務させるときは、次の事項を記載し、かつ、写真をは
　　り付けた当該運転者に係る**一定の様式**の**乗務員証**を**携行**させなければなりま
　　せん。
　　　乗務員証は、乗務中のみ携行させるものであり、乗務終了の都度**返還**させな
　　ければなりません。

≪乗務員証の記載事項≫
①作成番号・作成年月日
②事業者の氏名または名称
③運転者の氏名
④運転免許証の有効期限

（2）事業用自動車の運転者が**転任、退職**その他の理由により**運転者でなくなった場合**は、直ちに、乗務員証に**運転者でなくなった年月日**及び**理由**を記載し、これらを **1 年間保存**†しなければなりません。 ×3年間保存†

参考

※**タクシー業務適正化特別措置法第 13 条（運転者証の表示）**

タクシー事業者は、**登録運転者**でタクシーに運転者として乗務させるときは、**運転者証**を、国土交通省令で定めるところにより、当該タクシーに**表示**しなければならない。

図 1.2　運転者証

登録番号
登 **05-1234056**

タクシー
事業者名 ○○○○○○○○○○交通株式会社

□運転者が転任、退職その他の理由により運転者でなくなった場合、**乗務員等台帳**の保存期間は「**3 年間**」ですが、**乗務員証**の保存期間は「**1 年間**」であることを押さえましょう。

覚え方としては、**乗務員等台帳はすべての旅客事業者に適用**されるため、「**3 年間**」**保存**で、一方、**乗務員証はタクシーの事業者だけの適用**であるため、「**1 年間**」**保存**と覚えましょう。

☑欄	空欄に入るべき字句を答えなさい。	解答
A☐ B☐	1. 旅客自動車運送事業者は、事業計画（路線定期運行を行う一般乗合旅客自動車運送事業者にあっては、事業計画及び運行計画）の遂行に ☐ A ☐ 数の事業用自動車の運転者を常時選任しておかなければならない。なお、選任する運転者は、日日雇い入れられる者、☐ B ☐ 以内の期間を定めて使用される者、試みの使用期間中の者（14日を超えて引き続き使用されるに至った者を除く。）であってはならない。	A：十分な B：2ヵ月
☐	2. 旅客自動車運送事業者は、事業用自動車の運転者が転任、退職その他の理由により運転者でなくなった場合には、直ちに、当該運転者に係る乗務員等台帳に運転者でなくなった年月日及び理由を記載し、これを ☐ 保存しなければならない。	3年間
☐	3. 一般乗用旅客自動車運送事業者は、事業用自動車の運転者が転任、退職その他の理由により運転者でなくなった場合は、直ちに、当該運転者に係る乗務員証に運転者でなくなった年月日及び理由を記載し、これを ☐ 保存しなければならない。	1年間

9 従業員に対する指導監督

「運転者等に対する指導監督」のキーワードのほか、「指導要領による指導」との記録の保存期間の違いとともに「輸送の安全に対する基本的な方針の策定」を押さえましょう。

● 運転者等に対する指導監督

重要度  5

（1）**旅客自動車運送事業者**は、その**事業用自動車の運転者**に対し、国土交通大臣が告示で定めるところにより、**主として** 運行する路線 または**営業区域の状態**及びこれに対処することができる 運転技術 並びに法令に定める自動車の運転に関する事項について**適切な指導監督**をしなければなりません。

　この場合においては、その**日時・場所・内容**及び**指導監督を行った者、受けた者**を記録し、かつ、その記録を営業所において 3 年間 保存しなければなりません。

（2）旅客自動車運送事業者は、**特定自動運行保安員**に対し、**特定自動運行事業用自動車の運行の安全を確保するために遵守すべき事項**について適切な指導監督をしなければなりません。この場合においては、その**日時・場所・内容**及び**指導監督を行った者、受けた者**を記録し、かつ、その記録を営業所において 3 年間保存しなければなりません。

● 非常信号用具等の取扱いの指導

重要度  3

　旅客自動車運送事業者は、その事業用自動車が**非常信号用具、非常口**または**消火器**を備えたものであるときは、乗務員等に対し、これらの器具の取扱いについて**適切な指導**をしなければなりません。

制動装置の操作方法の指導

重要度

　一般**貸切**旅客自動車運送事業者は、運転者に対し、**緊急時における制動装置の急な操作に係る技能の維持**のため、当該運転者が実際に運転する事業用自動車と**同一の車種区分**（大型車、中型車、小型車の別）の自動車を用いて、**制動装置の急な操作の方法**について指導しなければなりません。

輸送の安全に対する基本的な方針の策定

重要度

　旅客自動車運送事業者[†]は、従業員に対し、**効果的かつ適切に指導監督**を行うため、**輸送の安全に関する基本的な方針の策定**その他の国土交通大臣が告示で定める措置を講じなければなりません。

×運行管理者[†]

指導要領による指導（乗用）

重要度

　一般**乗用**旅客自動車運送事業者は、**事業用自動車の運転者**に対し、**営業区域内の地理**並びに**旅客及び公衆に対する**応接に関し必要な事項について**適切な指導監督**を怠ってはなりません。

　上記に規定する事項についての指導監督に関し、少なくとも**指導監督の内容、期間及び組織に関する事項が明確にされている**指導要領を定めなければなりません。

　なお、指導要領による**指導監督を行ったとき**は、その**日時・場所・内容**及び**指導監督を行った者、受けた者**を記録し、かつ、その記録を**１年間保存**[†]しなければなりません。

×３年間保存[†]

チェック

□旅客自動車運送事業者の運転者に対する**自動車の運転等に関する事項に関する指導監督**の記録の保存期間は、「**3年間**」ですが、一般乗用旅客自動車運送事業者の運転者に対する**指導要領による指導監督**の記録の保存期間は、「**1年間**」であることを押さえましょう。

指導主任者（乗用）

重要度

　一般乗用旅客自動車運送事業者は、**指導要領による指導監督に関する事項を総括処理**させるため、**指導主任者を選任**しなければなりません。

　指導主任者を選任した場合には、届出事由の発生した日から**15日以内**†に届け出なければなりません。　　　　　　　　　　　　× 30日以内†

　指導主任者が転任、退職その他の理由により、**指導主任者でなくなった場合**、**指導主任者でなくなった旨**及び**その理由**を届出事由の発生した日から**15日以内**に届け出なければなりません。

チェック

□**運行管理者**は「**営業所ごと**」に**選任**しなければならないのに対し、**指導主任者**は、「**事業者ごと**」に**選任**しなければならないことを押さえましょう。

確認テスト

☑欄	空欄に入るべき字句を答えなさい。	解答
A☐ B☐	1. 旅客自動車運送事業者は、その事業用自動車の運転者に対し、国土交通大臣が告示で定めるところにより、主として運行する路線又は営業区域の状態及びこれに対処することができる　A　並びに法令に定める自動車の運転に関する事項について適切な指導監督をしなければならない。この場合においては、その日時、場所及び内容並びに指導監督を行った者及び受けた者を記録し、かつ、その記録を営業所において　B　保存しなければならない。	A：運転技術 B：3年間
☐	2. 旅客自動車運送事業者は、従業員に対し、効果的かつ適切に指導監督を行うため、輸送の安全に関する基本的な　□　の策定その他の国土交通大臣が告示で定める措置を講じなければならない。	方針
☐	3. 一般乗用旅客自動車運送事業者は、事業用自動車の運転者等に対し、営業区域内の　□　並びに旅客及び公衆に対する応接に関し必要な事項について適切な指導監督を怠ってはならない。	地理
☐	4. 一般乗用旅客自動車運送事業者は、指導要領による指導監督を行ったときは、その日時、場所及び内容並びに指導監督を行った者及び受けた者を記録し、かつ、その記録を　□　保存しなければならない。	1年間

10 特定の運転者に対する特別な指導、適性診断

「特定の運転者」（事故惹起運転者、初任運転者、準初任運転者、高齢運転者をいう）に対する特別な指導、適性診断の対象者とその実施時期・実施時間を押さえましょう。

特定の運転者

重要度  4

旅客自動車運送事業者は、国土交通大臣が告示で定めるところにより、表1.5 に掲げる運転者に対して、**事業用自動車の運行の安全を確保するために遵守すべき事項**について**特別な指導**を行い、かつ、国土交通大臣が告示で定める 適性診断 であって国土交通大臣の認定を受けたものを受けさせなければなりません。

表1.5　特定の運転者

運転者	説明
事故惹起運転者	**死者**または**負傷者**（自動車損害賠償保障法施行令第5条第2号、第3号または第4号に掲げる傷害を受けた者）が**生じた事故を引き起こした者**
初任運転者	**運転者として新たに雇い入れた者**
準初任運転者	**乗務しようとする事業用自動車**について当該旅客自動車運送事業者における**必要な乗務の経験を有しない者**
高齢運転者	**65 歳以上の者**

事故惹起運転者

重要度  5

事故惹起運転者は「特別な指導」及び「適性診断」を受けなければなりません。

（1）特別な指導

特別な指導の対象者、実施時期及び実施時間は、次のとおりです。

〈対象者〉

事故惹起運転者に対する特別な指導の対象者は、次の2通りです。

> ①**死者、重傷者**（自動車損害賠償保障法施行令第5条第2号、第3号に掲げる傷害を受けた者）を生じた事故を引き起こした者
> ②**軽傷者**（同条第4号に掲げる傷害を受けた者）を生じた事故を引き起こし、かつ、当該**事故前3年間**に事故を引き起こしたことがある者

〈実施時期〉

事故を引き起こした後、**再度**事業用自動車に**乗務する前**に実施しなければなりません[†]。なお、外部の専門的機関における指導講習を受講する予定である場合はこの限りではありません。

　　　　　　　　　　　　✕やむを得ない事情がある場合、乗務開始後1カ月以内に実施する[†]

〈実施時間〉

貸切バスの運転者に対する特別な指導の実施時間は、貸切バス以外の運転者より多くなっています。

表1.6　実施時間

貸切バス以外の運転者	貸切バスの運転者
次の指導の内容（ i 〜 v ）で合計6時間以上実施する	安全運転の実技を**除く**、次の指導の内容（ i 〜 vi ）で合計10時間以上実施する
安全運転の実技は可能な限り実施することが望ましい	**安全運転の実技**は20時間以上実施する

特別な指導の内容は、次のとおりです。

i　事業用自動車の運行の安全及び旅客の安全の確保に関する法令等
ii　交通事故の事例の分析に基づく再発防止対策
iii　交通事故に関わる運転者の生理的及び心理的要因並びにこれらへの対処方法
iv　運行の安全及び旅客の安全を確保するために留意すべき事項
v　危険の予測及び回避
vi　ドライブレコーダーの記録を利用した運転特性の把握と是正
vii　**安全運転の実技**

（2）適性診断

適性診断の対象者及び実施時期は、次のとおりです。

〈対象者〉

事故惹起運転者に対する適性診断の対象者は、次の3通りです。

①**死者、重傷者**の事故を引き起こし、かつ、当該事故前**1年間**に交通事故を引き起こしたことが**ない**者（特定診断Ⅰの対象）
②**軽傷者**を生じた事故を引き起こし、かつ、当該事故前**3年間**に交通事故を引き起こしたことが**ある**者（特定診断Ⅰの対象）
③**死者、重傷者**の事故を引き起こし、かつ、当該事故前**1年間**に交通事故を引き起こしたことが**ある**者（特定診断Ⅱの対象）

〈実施時期〉

事故を引き起こした後、**再度**事業用自動車に**乗務する前**に受診させなければなりません。ただし、**やむを得ない事情**がある場合には、**乗務を開始**した**後**、**1カ月**以内に受診させることができます。

● 初任運転者

重要度

初任運転者は、原則として「特別な指導」及び「適性診断」を受けなければなりません。

（1）特別な指導

特別な指導の対象者、実施時期及び実施時間は、次のとおりです。

〈対象者〉

次に掲げる者で、**貸切バス以外の運転者**として、**新たに雇い入れられた日**または**選任される日前 3 年間**に他の旅客自動車運送事業者において当該旅客事業者と**同一の種類の事業**の事業用自動車の運転者として**選任されたことがない者**が対象となります。

①事業用自動車の運転者として新たに雇い入れた者

②他の種類の事業用自動車の運転者として選任されたことがある者であって当該種類の事業の事業用自動車の運転者として初めて選任される者

〈実施時期〉

当該旅客自動車運送事業者において**初めて当該事業の事業用自動車の運転者**に**選任される前**に実施しなければなりません[†]。

×やむを得ない事情がある場合、乗務開始後 1 カ月以内に実施する[†]

〈実施時間〉

貸切バスの運転者に対する特別な指導の実施時間は、貸切バス以外の運転者より多くなっています。

表 1.7　実施時間

貸切バス以外の運転者	貸切バスの運転者
次の指導の内容（i～iv）で合計 6 時間以上実施する	安全運転の実技を除く、次の指導の内容（i～vi）で合計 10 時間以上実施する
安全運転の実技は可能な限り実施することが望ましい	**安全運転の実技**は 20 時間以上実施する

特別な指導の内容については、次のとおりです。

> ⅰ 事業用自動車の安全な運転に関する基本的事項
> ⅱ 事業用自動車の構造上の特性と日常点検の方法
> ⅲ 運行の安全及び旅客の安全を確保するために留意すべき事項
> ⅳ 危険の予測及び回避
> ⅴ 安全性の向上を図るための装置を備える貸切バスの適切な運転方法
> ⅵ ドライブレコーダーの記録を利用した運転特性の把握と是正
> ⅶ **安全運転の実技**

（2）適性診断

適性診断の対象者及び実施時期は、次のとおりです。

〈対象者〉

新たに雇い入れた者（**貸切バス以外の運転者**として新たに雇い入れた者であって、**雇入れの日前3年間**に**初任診断を受診したことがある者**及び個人タクシー事業者を**除く**）が対象となります。

〈実施時期〉

当該旅客自動車運送事業者において事業用自動車の運転者として**選任する前**に**初任診断を受診**させなければなりません[†]。

✕やむを得ない事情がある場合、乗務開始後1カ月以内に受診させる[†]

● 準初任運転者（貸切）

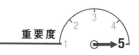
重要度 5

準初任運転者は「特別な指導」を受けなければなりませんが、「適性診断」についての義務はありません。

（1）特別な指導

特別な指導の対象者、実施時期及び実施時間は、次のとおりです。

〈対象者〉

　初任運転者以外の者であって、**直近１年間**[†]に当該一般**貸切**旅客自動車運送事業者において**運転の経験**（実技の指導を受けた経験を含む。）**のある貸切バスより大型の車種区分の貸切バスに乗務しようとする運転者が対象となります。

×３年間[†]

〈実施時期〉

　直近 1 年間 に当該一般貸切旅客自動車運送事業者において**運転の経験**（実技の指導を受けた経験を含む。）**のある貸切バスより大型の車種区分の貸切バスに乗務する前**に実施しなければなりません。

〈実施時間〉

　特別な指導の実施時間は、次のとおりです。

表 1.8　実施時間

貸切バスの運転者
初任運転者に対する指導内容（前ページ）のうち、少なくとも 　「**危険の予測及び回避**」（制動装置の急な操作に関する内容に限る） 　「**ドライブレコーダーの記録を利用した運転特性の把握と是正**」 　「**安全運転の実技**」　を実施する。 「安全運転の実技」は **20** 時間以上、その他については当該事業者において同様の内容を初任運転者に対して実施する時間と同程度以上の時間を実施する。

> **重要**
>
> 　事故惹起運転者、初任運転者及び準初任運転者の「特別な指導」及び「適性診断」の**実施時期**は、「事故惹起運転者の適性診断」についてのみ、「**やむを得ない事情がある場合には、乗務を開始した後、1 カ月以内に受診させることができる**」との特例があることを押さえましょう。

● 高齢運転者

高齢運転者は「特別な指導」及び「適性診断」を受けなければなりません。

（1）特別な指導

適齢診断（高齢運転者のための適性診断として国土交通大臣が認定したもの）**の結果を踏まえ**、個々の運転者の**加齢に伴う身体機能の変化の程度**に応じた事業用自動車の**安全な運転方法**等について運転者が**自ら考えるよう**指導しなければなりません。

〈対象者〉

65歳以上の運転者が対象となります。

〈実施時期〉

適齢診断の結果が判明した後、**1カ月以内**に実施しなければなりません。

（2）適齢診断

65歳に達した日以後**1年以内**に**1回**受診させ、その後**75歳**[†]に達するまでは**3年以内**ごとに**1回**受診させ、**75歳**に達した日以後**1年以内**に**1回**受診させ、その後**1年以内**ごとに**1回**受診させなければなりません（個人タクシーを除く）。

× 70歳[†]

●特別な指導・適性診断の実施時期のまとめ

重要度

事故惹起運転者、初任運転者、準初任運転者、高齢運転者に対する、特別な指導・適性診断の実施時期・実施時間は、次のとおりです。

特別な指導の実施時期・実施時間のまとめ

	特別な指導の実施時期・実施時間		
	実施時期	実施時間	
		貸切以外	貸切
事故惹起運転者	事故後、**再度乗務する前** ×乗務開始後1ヵ月以内†	・安全運転の実技を**除き、合計6時間以上** ・安全運転の実技は可能な限り実施することが望ましい	・安全運転の実技を**除き、合計10時間以上** ・安全運転の実技は20時間以上 （**合計30時間以上**）
初任運転者	運転者に選任される前† ×乗務開始後1ヵ月以内†		
準初任運転者（貸切）	**直近1年間**に運転の経験のある貸切バスより**大型の車種区分の貸切バス**に乗車する前		・安全運転の実技以外は、危険の予測及び回避等同様の内容を初任運転者に対する実施時間と同程度以上 ・安全運転の実技は20時間以上
高齢運転者	**適齢診断の結果**が判明した後、1ヵ月以内		

適性診断の実施時期のまとめ

	適性診断の実施時期
事故惹起運転者	事故後、**再度乗務する前**。ただし、**やむを得ない事情がある場合**、乗務開始後1ヵ月以内
初任運転者	運転者に**選任する前**†　×乗務開始後1ヵ月以内†
準初任運転者（貸切）	
高齢運転者	65歳に達した日以後、**1年以内に1回**受診、その後75歳に達するまで**3年以内ごとに1回**、75歳に達した者は75歳に達した日以後1年以内に1回、その後1年以内ごとに1回

確認テスト

☑欄	空欄に入るべき字句を答えなさい。	解答
☐	1. 貸切バス以外の一般旅客自動車の運転者として新たに雇い入れた者又は選任した者にあっては、雇入れの日又は選任される日前 ⬚ 間に他の旅客自動車運送事業者において当該旅客自動車運送事業者と同一の種類の事業の事業用自動車の運転者として選任されたことがない者に対して、特別な指導を行わなければならない。	3年
☐	2. 一般貸切旅客自動車運送事業者は、初任運転者以外の者であって、直近 ⬚ 間に当該事業者において運転の経験（実技の指導を受けた経験を含む。）のある貸切バスより大型の車種区分の貸切バスに乗務しようとする運転者（準初任運転者）に対して、特別な指導を行わなければならない。	1年
A☐ B☐	3. 一般貸切旅客自動車運送事業者が貸切バスの運転者に対して行う初任運転者に対する特別な指導は、事業用自動車の安全な運転に関する基本的事項、運行の安全及び旅客の安全を確保するために留意すべき事項等について、 A 以上実施するとともに、安全運転の実技について、 B 以上実施すること。	A：10時間 B：20時間
A☐ B☐	4. 適齢診断（高齢運転者のための適性診断として国土交通大臣が認定したものをいう。）を A 才に達した日以後1年以内に1回受診させ、その後 B 才に達するまでは3年以内ごとに1回受診させ、 B 才に達した日以後1年以内に1回受診させ、その後1年以内ごとに1回受診させる。	A：65 B：75

11 事故の報告

「事故の報告」は必ず出題されますので、重点的に学習しましょう。まず速報の5項目を覚え、次に自動車事故報告書の12項目を覚えるようにしましょう。

● 事故の報告

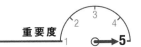

重要度 5

旅客自動車運送事業者は、その事業用自動車が転覆し、火災を起こし、その他国土交通省令で定める**重大な事故**を引き起こしたときは、遅滞なく事故の種類、原因その他国土交通省令で定める事項を国土交通大臣に届け出なければなりません。**自動車の事故の報告**には、①**自動車事故報告書**、②**速報**の2種類があります。

（1）自動車事故報告書

旅客自動車運送事業者は、その使用する自動車について、次に掲げる事故があった場合には、当該**事故があった日**（救護義務違反はその違反があったことを知った日）から 30 日 以内に、当該事故ごとに**自動車事故報告書3通**を運輸監理部長または運輸支局長を経由して、国土交通大臣に提出しなければなりません。

① 転覆し、転落し、火災（積載物品の火災を含む）を起こし、または**鉄道車両**と**衝突・接触**したもの

② 10 台以上の自動車の**衝突・接触**を生じたもの

③ **死者**または**重傷者**を生じたもの

④ 10 人以上の**負傷者**を生じたもの※

⑤ **操縦装置**または**乗降口の扉を開閉する操作装置**の**不適切な操作**により、旅客に 11 日 以上医師の治療を要する傷害が生じたもの

⑥ **酒気帯び運転**※、**無免許運転**、**無資格運転**、**麻薬等運転**を伴うもの

⑦ 運転者の疾病（心筋梗塞など）により、事業用自動車の**運転を継続することができなくなった**もの

⑧**救護義務違反**があったもの

⑨自動車の**装置の故障**（動力伝達装置など）により、自動車が**運行できなく**なったもの

⑩**車輪の脱落**、被<ruby>牽<rt>けん</rt></ruby>引自動車の分離を生じたもの（故障によるものに限る）

⑪橋脚、架線その他の**鉄道施設を損傷**し、**3時間以上**本線において**鉄道車両の運転を休止**させたもの

⑫**高速自動車国道**または自動車専用道路において、**3時間以上**†自動車の**通行を禁止**させたもの　　　　　　　　　　　×2時間以上†

（注）

1.※**自動車事故報告書、速報**ともに**報告義務**があるものです（以下同じ）。

2.⑨（**故障による運行不能事故**）、⑩（**車輪脱落等事故**）の場合には、自動車事故報告書に自動車検査証の有効期間、総走行距離、故障した部品等を記載した書面、故障の状況を示す略図、写真を添付しなければなりません。

📕 定 義

「**転覆**」……道路上において**35度以上傾斜**したとき（例：横転）

「**転落**」……道路外に転落した場合で、その**落差が0.5m以上**のとき

「**重傷者**」…①**入院**することを要する傷害で、医師の治療を要する期間が**30日以上**のもの、②**14日以上の入院**を要する傷害、③**大腿又は下腿の骨折**、④内臓破裂等をいう。

通院のみは「重傷者」ではない。

（2）速報

　旅客自動車運送事業者は、次に掲げる事故があったとき、または国土交通大臣の指示があったときは、**電話、その他適当な方法**により、**24時間以内**においてできる限り速やかに、**その事故の概要**を運輸監理部長または運輸支局長に**速報**しなければなりません。

　①**2人以上の死者**（**旅客自動車運送事業者の自動車**が引き起こした事故の場合は**1人以上**）を生じたもの※

　②**5人以上の重傷者**（旅客は**1人以上**）を生じたもの※

③10人以上の**負傷者**を生じたもの※

④酒気帯び運転を伴うもの※

⑤転覆し、転落し、火災（積載物品の火災を含む）を起こし、または**鉄道車両**と衝突・接触したもの（**旅客自動車運送事業者の自動車**が引き起こしたものに限る）

覚えるコツ！

1. 事故の報告は、まず速報を覚えましょう。

速報は、" に　　　　ご　　　　じゅう "（2×5＝10）

　　　　　2人死亡、5人重傷、10人負傷（単位はすべて人です）

　　　‖　　　　‖

　　　‖　　　（旅客は1人以上）

（旅客事業者の自動車が引き起こした場合は1人以上）

2. 次に、**自動車事故報告書と速報の両方を報告しなければならない事故**（※）を覚えましょう。

　①**2人以上の死者**を生じた事故のとき

　②**5人以上の重傷者**を生じた事故のとき

　③**10人以上の負傷者**を生じた事故のとき

　④**酒気帯び運転**を伴う事故のとき

●事故警報

重要度

　国土交通大臣または地方運輸局長は、自動車事故報告書または速報に基づき必要があると認めるときは、**事故防止対策**を定め、自動車使用者、自動車分解整備事業者その他の関係者にこれを周知させなければなりません。

事故の報告のまとめ

事故の事案と、それに対する報告書・速報の必要性は、次のとおりです。

「自動車報告書」と「速報」の提出を必要とする事案のまとめ

事故の事案	報告書	速報
①転覆、転落、火災（積載物品の火災を含む）鉄道車両と衝突・接触	○	△
② 10 台以上の自動車と衝突・接触	○	―
③死者、重傷者（ともに 1 人以上）	○	△
④ 10 人以上の負傷者	○	○
⑤操縦装置、乗降口の扉を開閉する装置の不適切な操作により、旅客に 11 日以上の医師の治療を要する傷害	○	―
⑥酒気帯び運転	○	○
⑦無免許運転、無資格運転、麻薬等運転	○	―
⑧運転者の疾病により車の運転を継続できなくなった	○	―
⑨救護義務違反	○	―
⑩自動車の装置の故障により自動車が運行できなくなった	○	―
⑪車輪の脱落、被牽引自動車の分離を生じた（故障に限る）	○	―
⑫鉄道施設を損傷し 3 時間以上本線で鉄道車両の運転休止	○	―
⑬高速国道、自動車専用道路で 3 時間以上の通行禁止	○	―
⑭ 2 人以上の死者 （ただし、旅客事業者の自動車が引き起こした事故の場合、死者 1 人以上）	○	○
⑮ 5 人以上の重傷者（ただし、旅客は 1 人以上）	○	○
⑯転覆、転落、火災（積載物品の火災を含む）または鉄道車両と衝突・接触（旅客事業者の自動車が引き起こしたものに限る）	○	○

○：自動車事故報告書・速報を要する事案です。
△：一部のケースで速報を要する事案です。

☑欄	空欄に入るべき字句を答えなさい。	解答
A☐ B☐ C☐ D☐ E☐ F☐	1. 旅客自動車運送事業者は、次に掲げる事故のあった日から　A　以内に自動車事故報告書3通を国土交通大臣に提出しなければならない。（抜粋） ア. 死者または　B　を生じたもの イ. 　C　以上の負傷者を生じたもの ウ. 　D　以上の自動車と衝突・接触を生じたもの エ. 操縦装置または乗降口の扉を開閉する操作装置の不適切な操作により、旅客に　E　以上医師の治療を要する傷害が生じたもの オ. 橋脚、架線その他の鉄道施設を損傷し、　F　以上本線において鉄道車両の運転を休止させたもの	A：30日 B：重傷者 C：10人 D：10台 E：11日 F：3時間
A☐ B☐	2. 旅客自動車運送事業者は、　A　以上の重傷者を生じた事故があったときは、電話その他適当な方法により、　B　以内においてできる限り速やかに、その事故の概要を速報しなければならない。	A：5人 B：24時間
A☐ B☐	3. 転覆とは、道路上において　A　以上の傾斜したときをいい、転落とは、道路外に転落した場合で、その落差が　B　以上のときをいう。	A：35度 B：0.5m

12 運行管理者の選任、運行管理者資格者証

運行管理者、補助者及び運行管理者資格者証の対象者におけるそれぞれの要件を押さえましょう。

● 運行管理者の選任

重要度

一般旅客自動車運送事業者は、**事業用自動車の運行の安全の確保に関する業務を行わせるため**、国土交通省令で定める**営業所ごとに**、必要とされる種類の「運行管理者資格者証の交付を受けている者」のうちから、次に掲げる**運行管理者の数以上の**運行管理者を選任しなければなりません。

なお、運行管理者を**選任**（解任）したときは、**遅滞なく**、その旨を国土交通大臣に**届け出**なければなりません。

（1）運行管理者の数

①一般**乗合**旅客自動車運送事業、一般**乗用**旅客自動車運送事業、**特定**旅客自動車運送事業

$$運行管理者数 = \frac{事業用自動車数}{40} + 1$$

（1未満の端数は切捨て）

②一般**貸切**旅客自動車運送事業

ア．事業用自動車 **19両以下**の営業所　**2名**（最低）

（ただし、事業用自動車の数が４両以下で、地方運輸局長が当該事業用自動車の種別、地理的条件その他の事情を勘案して当該事業用自動車の運行の安全の確保に支障を生ずるおそれがないと認める場合は１名）

イ．事業用自動車 20 両以上 99 両以下の営業所

$$運行管理者数 = \frac{事業用自動車数}{20} + 1$$

（1 未満の端数は切捨て）

ウ．事業用自動車 100 両以上の営業所

$$運行管理者数 = \frac{事業用自動車数 - 100}{30} + 6$$

（1 未満の端数は切捨て）

※運行管理者の数は、営業所ごとに事業用自動車数が 39 両までは 2 名、40 ～59 両は 3 名、60～79 両は 4 名、80～99 両は 5 名、100～129 両は 6 名、130～159 両は 7 名となります。

（2）統括運行管理者

一の営業所において**複数の運行管理者を選任**する旅客自動車運送事業者は、それらの**業務を統括する運行管理者**（統括運行管理者）を選任しなければなりません。

（3）補助者

旅客自動車運送事業者は、次に掲げる者のうちから、**運行管理者の業務を補助させるための者**（補助者）を**選任**することができます。

なお、**補助者を選任**（解任）した場合には、当該**届出事由の発生した日**から **15 日以内に届け出**なければなりません（一般**貸切**旅客自動車運送事業者に限る）。

① 運行管理者資格者証（貨物を含む）を有する者
② 国土交通大臣の認定を受けた講習（基礎講習）を修了した者

ただし、**運行管理者資格者証の交付を行わないとされる者**（返納を命じられ、

その日から**5年**を経過していない者など）は、**補助者に選任することができ
ません。**

□統括運行管理者は、「**選任しなければならない**」（義務）

□補助者は「**選任することができる**」（任意）

□「**5年以上の実務経験者**」は、補助者に選任することができる要件では
ありません。

□運行管理者は他の営業所の運行管理者または補助者を兼務することはで
きません。

□補助者は業務に支障がない場合に限り、他の営業所の補助者を兼務する
ことができます。

● 運行管理者資格者証

（1）運行管理者資格者証の交付

国土交通大臣は、次のいずれかに該当する者に対し、**運行管理者資格者証**を
交付します。

≪運行管理者資格者証を交付する対象者≫

①**運行管理者試験**に合格した者

②**事業用自動車の運行の安全の確保に関する業務**について、**一定の実務の
経験その他の要件を備える者**[※]（一般**貸切**旅客自動車運送事業者運行管
理者資格者証を**除く**）

📖 定 義

※「一定の実務の経験その他の要件を備える者」…次の表の左欄に掲げる資格者証の種類に応じ、右欄に掲げる種類の旅客自動車運送事業の事業用自動車の運行の管理に関し**5年以上の実務の経験**を有し、その間に国土交通大臣の認定を受けた講習を**5回以上**（うち1回は基礎講習）**受講**した者をいう。

運行管理者資格者証の種類	旅客自動車運送事業の種類
一般**乗合**旅客自動車運送事業運行管理者資格者証	一般**乗合**旅客自動車運送事業
一般**乗用**旅客自動車運送事業運行管理者資格者証	一般**乗用**旅客自動車運送事業
特定旅客自動車運送事業運行管理者資格者証	一般**乗合**旅客自動車運送事業、一般**貸切**旅客自動車運送事業、一般**乗用**旅客自動車運送事業または**特定**旅客自動車運送事業

（2）交付が行われない場合

国土交通大臣は、次のいずれかに該当する者に対しては、**運行管理者資格者証の交付を行わない**ことができます。

≪運行管理者資格者証の交付を行わないことができる者≫
①**運行管理者資格者証の返納**を命ぜられ、その日から**5年**†を経過しない者　　　　　　　　　　　　　　　　　　　　　　　　×2年†
②この法律若しくはこの法律に基づく命令またはこれらに基づく処分に違反し、この法律の規定により**罰金以上の刑**に処せられ、その執行を終わり、またはその執行を受けることがなくなった日から**5年**を経過しない者

（3）交付の申請

　運行管理者資格者証の交付の申請は、**試験に合格した者**は、**合格の日**から**3カ月以内**に行わなければなりません。

　運行管理者資格者証の交付を受けている者は、**氏名に変更**を生じたときは、運行管理者資格者証訂正申請書に資格者証、住民票の写しなどの変更の事実を証明する書類を添付して**運行管理者資格者証の訂正**を受けなければなりません。

　なお、運行管理者資格者証の交付を受けている者は、運行管理者資格者証の訂正に代えて、運行管理者**資格者証の再交付**を受けることができます。

（4）運行管理者資格者証の返納

　国土交通大臣は、運行管理者資格者証の交付を受けている者が**この法律もしくはこの法律に基づく命令またはこれらに基づく処分に違反**したときは、その**運行管理者資格者証の返納を命ずる**ことができます。

　なお、悪質な法令違反を伴う社会的影響の大きい事故を引き起こし、許可の取消処分となり、運行管理者の関与が認められる場合、すべての運行管理者に対し運行管理者資格者証の返納が命じられます。（貸切）

確認テスト

☑欄	空欄に入るべき字句を答えなさい。	解答
☐	1. 一般旅客自動車運送事業者は、運行管理者を選任したときは、　□　、その旨を国土交通大臣に届け出なければならない。	遅滞なく
☐	2. 一般貸切旅客自動車運送事業者は、事業用自動車60両の運行を管理する営業所においては、　□　以上の運行管理者を選任しなければならない。	4人

	3. 一般乗合旅客自動車運送事業の運行管理者の選任が必要な営業所にあっては、当該営業所が運行を管理する事業用自動車の数を ☐ で除して得た数（1未満の端数があるときは、これを切り捨てる）に1を加算して得た数以上の運行管理者を選任しなければならない。	40
	4. 国土交通大臣は、運行管理者資格者証の交付を受けている者が、道路運送法若しくはこの法律に基づく命令又はこれらに基づく処分に違反したときは、その運行管理者資格者証の返納を命ずることができる。また、運行管理者資格者証の返納を命ぜられ、その返納を命ぜられた日から ☐ を経過しない者に対しては、運行管理者資格者証の交付を行わないことができる。	5年

13 運行管理者の業務、運行管理者の講習

「運行管理者の業務」は重要ですので、業務の内容をしっかり押さえましょう。

運行管理者が受講しなければならない「基礎講習または一般講習」と「特別講習」の違いも押さえておきましょう。

● 運行管理者の業務

重要度 **5**

運行管理者は、 誠実 にその業務を行わなければなりません。

一般旅客自動車運送事業者は、運行管理者に対し、**事業用自動車の運行の安全の確保に関する業務**を行うため必要な 権限 を与えなければなりません。

一般旅客自動車運送事業者は、運行管理者がその業務として行う 助言 を尊重しなければならず、**事業用自動車の運転者その他の従業員**は、運行管理者がその業務として行う 指導 に従わなければなりません。

事業者と運行管理者の業務の流れ（①から④）は、図 1.3 のとおりです。

図 1.3　運行管理者と事業者及び運転者その他従業員との関係

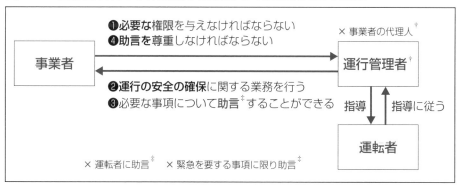

□**運行管理者は**、事業者から与えられた権限で事業用自動車の運行の安全の確保に関する業務を行うものであり、**事業者の代理人ではありません。**
□**運転者その他の従業員**は、運行管理者がその業務として行う助言を尊重しなければならないものではありません。
□運行管理者は、「緊急を要する事項に限り」助言するものではありません。
□**運行管理者が助言することができるのは事業者であって運転者その他従業員ではありません。**

運行管理者は、次に掲げる業務を行わなければなりません。
①乗務させなければならない事業用自動車に**車掌を乗務**させる（乗合、貸切、特定）
②特定自動運行事業用自動車による運送を行おうとする場合にあっては、法令の定める**特定自動運行事業用自動車**に特定自動運行保安員を**乗務させ**、または**遠隔からその業務を行わせる**こと。
③**天災その他の理由**により**輸送の安全の確保に支障が生ずるおそれがあるとき**は、乗務員に対する**必要な指示その他輸送の安全のための措置**を講ずる
④事業者の定めた**勤務時間、乗務時間の範囲内**において**乗務割を作成**し、これに従い運転者を乗務させる
⑤**休憩**に必要な施設、**睡眠・仮眠**に必要な施設を適切に**管理**する
⑥**酒気を帯びた状態**にある乗務員等を事業用自動車の運行の業務に従事させない
⑦乗務員等の**健康状態の把握**に努め、**疾病、疲労、睡眠不足**その他の理由により**安全に運転の業務を遂行**し、またはその補助を**することができないおそれがある**乗務員等を事業用自動車の運行の業務に従事させない
⑧運転者が**長距離運転**または**夜間の運転**に従事する場合、**疲労等により安全な運転を継続することができないおそれがあるとき**は、あらかじめ、**交替運転者を配置**する（乗合、貸切）

⑨乗務員等が**運行中に疾病、疲労、睡眠不足その他の理由により安全に運行の業務を継続し、またはその補助を継続することができないおそれがあるとき**は、乗務員等に対する**必要な指示その他輸送の安全のための措置**を講ずる

⑩運転者等に対し、**点呼を行い、報告を求め、確認を行い、指示を与え、記録し、その記録を 1 年間（貸切は 3 年間）保存**し、運転者に対して使用する**アルコール検知器を常時有効に保持**する

⑪運転者等に対し、**業務記録を記録**させ、その記録を **1 年間（貸切は 3 年間）保存**する。加えて業務の開始時・終了時における**走行距離の積算キロ数**を運転者等ごとに**記録**させ、かつ、その記録を**事業用自動車ごとに整理して 1 年間保存**する（乗用）

⑫**運行記録計**により**瞬間速度、運行距離、運行時間を記録**しなければならない場合には、**運行記録計を管理**し、その記録を **1 年間（貸切はデジタル式運行記録計による電磁的記録を 3 年間）保存**する（乗合、貸切、乗用）

⑬**運行記録計**により記録することのできない事業用自動車を運行の用に供さない

⑭**事故を記録**し、その記録を **3 年間保存**する

⑮**運行基準図を作成して営業所に備え**、これにより運転者等に対し、**適切な指導**をする（乗合）

⑯**路線定期運行**を行う場合は、**運行表を作成**し、これを**運転者等に携行させる**（乗合）

⑰**運行の主な経路における道路、交通の状況**を事前に調査し、かつ、**経路の状態に適合**する自動車を使用する（貸切）

⑱**運行指示書を作成**し、かつ、これにより運転者等に対し適切な指示を行い、**運転者等に携行**させ、それを**運行の終了の日から 3 年間保存**する（貸切）

⑲運転者として**選任された者**（特定自動運行旅客運送を行う場合は選任された特定自動運行保安員）**以外の者**を事業用自動車の運行の業務に**従事させない**

⑳**乗務員等台帳を作成**し、**営業所に備え置く**

㉑運転者が乗務する場合には、運転者証を表示するときを除き、乗務員証を携行させ、その者が乗務を終了した場合には、乗務員証を返還させる（乗用）

㉒タクシー業務適正化特別措置法の規定により運転者証を表示しなければならない事業用自動車に運転者を乗務させる場合には、運転者証を表示し、乗務を終了した場合には、運転者証を保管しておく（乗用）

㉓乗務員等に対し、主として運行する路線または営業区域の状態及びこれに対処することができる運転技術、法令に定める自動車の運転に関する事項について適切な指導監督及び特別な指導を行うとともに、その記録を3年間保存する。非常信号用具、非常口または消火器を備えた事業用自動車の乗務員に対し、これらの器具の取扱いについて適切な指導を行う

㉔事故惹起運転者、初任運転者、高齢運転者に適性診断を受けさせる

㉕非常信号用具（踏切警手の未配置の踏切を通過する際の赤色旗、赤色合図灯等）を備える

㉖選任された補助者に対する指導監督を行う

㉗運転者の要件を備えない者に運転させない

㉘自動車事故報告規則に定められた事故防止対策に基づき、運行の安全の確保について、従業員†に対する指導監督を行う

×事故を発生させた運転者に限り†

□補助者に点呼の一部を行わせる場合であっても、運行管理者が行う点呼は、点呼を行うべき総回数の少なくとも3分の1以上でなければなりません。即ち、補助者が行うことができる点呼は総回数の少なくとも3分の2以下でなければなりません。

□アルコール検知器を備え置くことは、事業者の業務であり、運行管理者の業務ではありません。運行管理者の業務はアルコール検知器を常時有効に保持することです。

□車庫の確保は、事業者の業務であり、また、車庫の管理は、整備管理者の業務です。ともに運行管理者の業務ではありません。

> **✏️ 重 要**
>
> ≪事業者の三大業務≫
> 事業者と運行管理者の業務を区別する際には、次の３つの業務
> は事業者であることを押さえましょう。
> 1. 「定める」こと（方針、規程、基準等）
> 2. お金のかかること（整備、保守、備え置く）
> 3. 「選任する」こと（運行管理者、補助者、運転者等）

● 運行管理者の講習

重要度

　旅客自動車運送事業者が、運行管理者に受けさせなければならない講習には、基礎講習または一般講習と特別講習があります。

（1）基礎講習または一般講習

①新たに選任したとき

　旅客自動車運送事業者は、新たに選任した運行管理者に、**選任届を出した日の属する年度**（やむを得ない理由がある場合には、当該年度の翌年度）に**基礎講習**または**一般講習**を受講させなければなりません。

　その後については、運行管理者に最後に基礎講習または一般講習を受講させた日の属する年度の翌々年度以後２年ごとに**基礎講習**または**一般講習**を受講させなければなりません。

②事故または処分があったとき

　旅客自動車運送事業者は、次に掲げる場合には、当該事故または当該処分（当該事故に起因する処分を除く）に係る営業所に属する運行管理者に、**事故または処分があった日の属する年度**及び**翌年度**（やむを得ない理由がある場合にあっては、当該年度の翌年度及び翌々年度）に**基礎講習**または**一般講習**を受講させなければなりません。

　①**死者**または**重傷者**を生じた事故を引き起こした場合
　②道路運送法第 40 条（許可の取消し等）の規定による**処分**（**輸送の安全に係るものに限る**）の原因となった**違反行為**をした場合

図 1.4　基礎講習または一般講習の受講時期

新しく選任したとき	その後	①**死亡**または**重傷者**を生じた**事故**があったとき ②**輸送の安全**に係る**法令違反**による**処分**があったとき
選任届を出した日の属する年度	基礎講習または一般講習を受講した日の属する年度の翌々年度以後**2年**ごと	①**当該事故**のあった日の属する**年度及び翌年度** ②**当該処分**のあった日の属する**年度及び翌年度**

（2）特別講習

　旅客自動車運送事業者は、①**死者**または**重傷者を生じた事故を引き起こした場合**、②**輸送の安全**に係る**処分の原因となった違反行為**をした場合には、事故または処分に係る営業所に属する運行管理者（営業所に複数の運行管理者が選任されている場合には、統括運行管理者及び事故または処分について相当の責任を有する者として運輸支局長等が指定した運行管理者）に**事故または処分のあった日**から1年（やむを得ない理由がある場合にあっては1年6カ月）**以内**において、できる限り速やかに**特別講習**を受講させなければなりません。

図 1.5　特別講習の受講時期

①**死者**または**重傷者**を生じた**事故**があったとき
②**輸送の安全**に係る**法令違反**による**処分**があったとき

①**当該事故のあった日**から
②**当該処分のあった日**から ｝ **1年以内**

□特別講習の受講時期は「**事故または処分のあった日から1年以内**」であり、「事故報告書を提出した日」または「基礎講習または一般講習の日」から1年以内ではありません。

確認テスト

☑欄	空欄に入るべき字句を答えなさい。	解答
☐	1. 運行管理者は、　　　　にその業務を行わなければならない。	誠実
A☐ B☐	2. 一般旅客自動車運送事業者は、運行管理者がその業務として行う　A　を尊重しなければならず、事業用自動車の運転者その他の従業員は、運行管理者がその業務として行う　B　に従わなければならない。	A：助言 B：指導
☐	3. アルコール検知器を備え置くことは、　　　　の業務である。	事業者
☐	4. 旅客自動車運送事業者は、死者または重傷者（法令で定める傷害を受けた者）を生じた事故を引き起こした場合には、これに係る営業所に属する運行管理者（統括運行管理者が選任されている場合にあっては、統括運行管理者及び当該事故について相当の責任を有するものとして運輸支局長等が指定した運行管理者）に当該事故があった日から1年（やむを得ない理由がある場合にあっては、1年6ヵ月）以内においてできる限り速やかに　　　　を受講させなければならない。	特別講習

運転者の遵守事項、運行管理規程等

「運転者の遵守事項」はしっかり押さえましょう。「運行管理規程」「保存期間」（3年間）は必ず覚えましょう。

● 運転者の遵守事項

重要度

旅客自動車運送事業者の事業用自動車の運転者は、次に掲げる事項を遵守しなければなりません。

①**日常点検**・運行前点検の実施または**その確認**をする

②乗務しようとするとき及び乗務を終了したときは、旅客自動車運送事業者が行う**点呼を受け、報告をする**

③**酒気を帯びた状態にあるとき**は、その旨を旅客自動車運送事業者に**申し出る**

④**疾病、疲労、睡眠不足、天災**その他の理由により**安全な運転をすることができないおそれがあるとき**は、その旨を旅客自動車運送事業者に**申し出る**

⑤事業用自動車の運行中に**疾病、疲労、睡眠不足、天災**その他の理由により**安全な運転を継続することができないおそれがあるとき**は、その旨を旅客自動車運送事業者に**申し出る**

⑥旅客の現在する事業用自動車の運行中に当該自動車の**重大な故障を発見**し、または**重大な事故が発生するおそれがあると認めたとき**は、直ちに、運行を中止する

⑦**坂路において事業用自動車から離れるとき**及び**安全な運行に支障がある箇所を通過するとき**は、旅客を降車させる

⑧**踏切を通過するとき**は、変速装置を操作しない[†]　　　×操作する[†]

⑨事業用自動車の**故障等により踏切内で運行不能となったとき**は、速やかに旅客を誘導して退避させるとともに、**列車に対し適切な防護措置をとる**

⑩乗務を終了したときは、**交替する運転者に対し、乗務中の事業用自動車、**

道路及び運行の状況について**通告する**。この場合において、**乗務する運転者は**、当該事業用自動車の**制動装置、走行装置**その他の重要な部分の機能について**点検をする**

⑪事業用自動車の運行の業務に従事したときは、**業務記録**（運行記録計による記録に付記する場合は、その付記による記録）を行う

⑫**食事、休憩のため運送の引受けをすることができない**場合及び**乗務の終了**等のため**車庫、営業所に回送しようとする**場合には、**回送板を掲出する**†（乗用に限る）　　　×営業区域外から営業区域に戻るため、回送板を掲出する†

⑬旅客が事業用自動車内において法令の規定または**公の秩序若しくは善良の風俗に反する行為**をするときは、これを**制止**し、または必要な事項を旅客に**指示**する等の措置を講ずることにより、**運送の安全を確保**し、**事業用自動車内の秩序を維持**するように努める（乗合、貸切、特定に限る）

※③〜⑦、⑨⑩、⑫⑬は、**特定自動運行貨物運送を行う旅客自動車運送事業者が、特定自動運行保安員に対し遵守させなければならない事項と同じ趣旨の項目**です。

☑チェック

□**他の運転者と交替して乗務を開始しようとするとき**は、事業用自動車の**制動装置、走行装置**その他の重要な部分の機能について、**必ず点検しなければなりません**。決して「必要性があるとき点検する」または「運行の状況に応じ点検する」ものではありません。

□点検の項目は、①ブレーキの効きが十分であること、②タイヤ空気圧が適当であること、③灯火装置及び方向指示器の点灯または点滅状態が不良でないこと、④※空気圧力の上がり具合が不良でないこと、⑤※ブレーキバルブからの排気音が正常であること（※エアブレーキを採用している車両に限る。）

● 運行管理規程

重要度

　旅客自動車運送事業者は、**運行管理者**の職務及び権限、**統括運行管理者**を選任しなければならない営業所にあってはその**職務及び権限**並びに事業用自動車の**運行の安全の確保に関する業務**の実行に係る基準に関する規程（運行管理規程）を定めなければなりません。

　運行管理者の**権限**は、少なくとも運行管理者の業務を行うに足りるものでなければなりません。

● 安全管理規程

重要度

　旅客自動車運送事業者（一般**貸切**旅客自動車運送事業**以外**の他の事業にあっては、その事業の用に供する事業用自動車の数が 200 両 未満であるものを除く）は、次に掲げる事項を行わなければなりません。

　①**安全管理規程**を定め、国土交通大臣に**届け出**なければなりません（変更しようとするときも同様）。

　②**安全統括管理者**を選任しなければなりません。

　③安全統括管理者を選任（解任）したときは、**遅滞なく、**その旨を国土交通大臣に**届け出**なければなりません。

　④**輸送の安全の確保に関し、**安全統括管理者のその職務を行ううえでの**意見を尊重**しなければなりません。

安全統括管理者の解任

　国土交通大臣は、安全統括管理者がその職務を怠った場合であって、当該安全統括管理者が引き続きその職務を行うことが輸送の安全の確保に著しく支障を及ぼすおそれがあると認めるときは、旅客自動車運送事業者に対し、当該安全統括管理者を解任すべきことを命ずることができます。

● 点検整備

重要度

　旅客自動車運送事業者は、事業用自動車につき、点検整備、整備管理者の選任及び検査に関する道路運送車両法の規定に従うほか、次に掲げる事項を遵守しなければなりません。

　①事業用自動車の構造・装置、運行する道路の状況、走行距離等の使用の条件を考慮して、**定期に行う点検の基準**を作成し、これに基づいて**点検**し、必要な**整備**をする

　②点検・整備をしたときは、**点検・整備に関する記録簿**に記載し、これを保存する

● 苦情処理

重要度

　旅客自動車運送事業者は、旅客に対する取扱いその他運輸に関して苦情を申し出た者に対して、**遅滞なく、弁明**しなければなりません。ただし、氏名及び住所を明らかにしない者に対しては、この限りではありません。

　なお、苦情の申出を受け付けた場合には、**営業所ごと**に記録し、その記録を整理して**1年間保存**しなければなりません。

● 行政処分

重要度

　国土交通大臣は、道路運送法もしくはこの法律に基づく**命令**もしくはこれらに基づく**処分**または**許可**もしくは**認可**に付した**条件**に違反したときには、一般旅客自動車運送事業者に対し、次の行政処分を行うことができます。

　①**6カ月以内**において期間を定めて**自動車**その他の**輸送施設の使用の停止**

　②**事業の停止**

　③**許可の取消し**

● 保存期間

次の4つの事項の保存期間が「3年間」[†]です。

①**乗務員等台帳**

②**教育の記録**（従業員に対する指導監督）

③**事故の記録**　　　　　　　　　　　　　　　　　　　　　　　　×2年間[†]

④**貸切に限るもの**（運送引受書、手数料等の額の記載書類、点呼の記録、業務記録、運行記録計、運行指示書）

1年間の保存期間の主なものは、次のとおりです。

・点呼の記録（貸切を除く）

・業務記録（貸切を除く）

・運行記録計による記録（貸切を除く）

・点検整備記録簿

・乗務員証[†]

・指導要領による指導監督の記録[†]　　　　　　　　　　　　　　×3年間保存[†]

📖 覚えるコツ！

　保存期間は、①**乗務員等台帳**、②**教育の記録**（従業員に対する指導監督）、③**事故の記録**、④**貸切に限るもの**（運送引受書、手数料等の額の記載書類、点呼の記録、業務記録、運行記録計、運行指示書）は「**3年間保存**」で、「**その他は1年間**」と押さえましょう。なお、教育の記録のうち、「**乗務員証**」及び「**指導要領による指導監督の記録**」については、一般乗用旅客自動車運送事業に限るので、1年間保存であると押さえましょう。

☑欄	空欄に入るべき字句を答えなさい。	解答
☐	1. 一般乗用旅客自動車運送事業の用に供する事業用自動車の保有車両数が □ 両以上の事業者は、安全管理規程を定めて国土交通大臣に届け出なければならない。	200
☐	2. 一般乗用旅客自動車運送事業者の事業用自動車の運転者は、食事若しくは休憩のため運送の引受けをすることができない場合又は乗務の終了等のため車庫若しくは営業所に回送しようとする場合には、□ を掲出すること。	回送板
☐	3. 乗務を終了したときは、交替する運転者に対し、乗務中の事業用自動車、道路及び運行の状況について通告すること。この場合において、乗務する運転者は、当該事業用自動車の制動装置、走行装置その他の重要な部分の機能について □ をすること。	点検
☐	4. 旅客自動車運送事業者は、運行管理者の □ 、統括運行管理者を選任しなければならない営業所にあってはその □ 並びに事業用自動車の運行の安全の確保に関する業務の実行に係る基準に関する規程（運行管理規程）を定めなければならない。	職務及び権限

過去問にチャレンジ

・・

問1 一般旅客自動車運送事業者（以下「事業者」という）の事業計画の変更等に関する次の記述のうち、【正しいものを2つ】選びなさい。

1. 事業者は、「自動車車庫の位置及び収容能力」の事業計画の変更をしようとするときは、国土交通大臣の認可を受けなければならない。

2. 事業者は、「営業所ごとに配置する事業用自動車の数」の事業計画の変更をしたときは、遅滞なく、その旨を国土交通大臣に届け出なければならない。

3. 一般貸切旅客自動車運送事業者は、「営業区域」に係る事業計画の変更をしようとするときは、あらかじめ、その旨を国土交通大臣に届け出なければならない。

4. 道路運送事業とは、旅客自動車運送事業、貨物自動車運送事業及び自動車道事業をいう。

問2 道路運送法に定める一般旅客自動車運送事業者の輸送の安全等についての次の文中、A、B、Cに入るべき字句として【いずれか正しいものを1つ】選びなさい。

1. 一般旅客自動車運送事業者は、事業計画（路線定期運行を行う一般乗合旅客自動車運送事業者にあっては、事業計画及び運行計画）の遂行に　A　運転者の確保、事業用自動車の運転者がその休憩又は睡眠のために利用することができる施設の整備、事業用自動車の運転者の適切な勤務時間及び　B　の設定その他の運行の管理その他事業用自動車の運転者の過労運転を防止するために必要な措置を講じなければならない。

2. 一般旅客自動車運送事業者は、事業用自動車の運転者が疾病により安全な運転ができないおそれがある状態で事業用自動車を運転することを防止するために必要な　C　に基づく措置を講じなければならない。

A	1. 必要な資格を有する		2. 必要となる員数の	
B	1. 乗務時間		2. 休息期間	
C	1. 医学的知見		2. 運行管理規程	

問3 次の記述のうち、旅客自動車運送事業の運行管理者の行わなければならない業務として【正しいものを2つ】選びなさい。なお、解答にあたっては、各選択肢に記載されている事項以外は考慮しないものとする。

1. 法令の規定により、運転者に対して点呼を行い、報告を求め、確認を行い、指示を与え、記録し、及びその記録を保存し、並びに国土交通大臣が告示で定めるアルコール検知器を備え置くこと。

2. 事業用自動車に係る事故が発生した場合には、法令の規定により「事故の発生日時」等の所定の事項を記録し、及びその記録を保存すること。

3. 一般貸切旅客自動車運送事業の運行管理者にあっては、法令の規定により運行の主な経路における道路及び交通の状況を事前に調査し、かつ、当該経路の状態に適する自動車を使用すること。

4. 運行管理規程を定め、かつ、その遵守について運行管理業務を補助させるため選任した補助者及び運転者に対し指導及び監督を行うこと。

問4 旅客自動車運送事業の事業用自動車の運転者に対する点呼についての法令等の定めに関する次の記述のうち、【正しいものをすべて】選びなさい。なお、解答にあたっては、各選択肢に記載されている事項以外は考慮しないものとする。

1. 点呼は、運行管理者と運転者が対面で行うこととされているが、運行上やむを得ない場合は電話その他の方法によることも認められている。一般貸切旅客自動車運送事業において、営業所と離れた場所にある当該営業所の車庫から乗務を開始する運転者については、運行上やむを得ない場合に該当しないことから、電話による点呼を行うことはできない。

2. 一般貸切旅客自動車運送事業の運行管理者にあっては、夜間において長距離の運行を行う事業用自動車の運行の業務に従事する運転者等に対して、当該業務

の途中において少なくとも1回電話その他の方法により点呼を行わなければならない。

3. 次のいずれにも該当する一般旅客自動車運送事業者の営業所にあっては、当該営業所と当該営業所の車庫間で点呼を行う場合は、対面による点呼と同等の効果を有するものとして国土交通大臣が定めた機器による点呼（旅客IT点呼）を行うことができる。

①開設されてから3年を経過していること。

②過去1年間所属する旅客自動車運送事業の用に供する事業用自動車の運転者が自らの責に帰する自動車事故報告規則第2条に規定する事故を発生させていないこと。

③過去1年間自動車その他の輸送施設の使用の停止処分、事業の停止処分又は警告を受けていないこと。

4. 旅客自動車運送事業運輸規則第24条第4項（点呼等）に規定する「アルコール検知器を営業所ごとに備え」とは、営業所又は営業所の車庫に設置されているアルコール検知器をいい、携帯型アルコール検知器は、これにあたらない。

問5 次の自動車事故に関する記述のうち、一般旅客自動車運送事業者が自動車事故報告規則に基づき国土交通大臣への【報告を要するものを2つ】選びなさい。なお、解答にあたっては、各選択肢に記載されている事項以外は考慮しないものとする。

1. 事業用自動車の運転者がハンドル操作を誤り、当該自動車が車道と歩道の区別がない道路を逸脱し、当該道路との落差が0.3メートルの畑に転落した。

2. 旅客を降車させる際、事業用自動車の運転者が乗降口の扉を開閉する操作装置の不適切な操作をしたため、旅客1名に11日間の医師の治療を要する傷害を生じさせた。

3. 事業用自動車が右折の際、原動機付自転車と接触し、当該原動機付自転車が転倒した。この事故で、原動機付自転車の運転者に通院による30日間の医師の治療を要する傷害を生じさせた。

4. 高速自動車国道法に定める高速自動車国道を走行していた事業用自動車が、前方に事故で停車していた乗用車の発見が遅れ、当該乗用車に追突した。さらに

当該事業用自動車の後続車5台が次々と衝突する多重事故となった。この事故で、当該高速自動車国道が3時間にわたり自動車の通行が禁止となった。

問6 旅客自動車運送事業者（以下「事業者」という。）の過労運転の防止等に関する次の記述のうち、【誤っているものを1つ】選びなさい。なお、解答にあたっては、各選択肢に記載されている事項以外は考慮しないものとする。

1. 一般乗合旅客自動車運送事業者及び一般貸切旅客自動車運送事業者は、運転者が長距離運転又は夜間の運転に従事する場合であって、疲労等により安全な運転を継続することができないおそれがあるときは、あらかじめ、交替するための運転者を配置しておかなければならない。

2. 事業者は、乗務員等が事業用自動車の運行中に疾病、疲労、睡眠不足その他の理由により安全に運行の業務を継続し、又はその補助を継続することができないおそれがあるときは、当該乗務員等に対する必要な指示その他輸送の安全のための措置を講じなければならない。

3. 事業者は、事業計画（路線定期運行を行う一般乗合旅客自動車運送事業者にあっては、事業計画及び運行計画）の遂行に十分な数の事業用自動車の運転者を常時選任しておかなければならない。この場合、事業者（個人タクシー事業者を除く。）は、日日雇い入れられる者、2カ月以内の期間を定めて使用される者及び試みの使用期間中の者（14日を超えて引き続き使用されるに至った者を除く。）を当該運転者として選任してはならない。

4. 貸切バスの交替運転者の配置基準に定める夜間ワンマン運行（1人乗務）の1運行の運転時間は、運行指示書上、10時間を超えないものとする。

問7 一般旅客自動車運送事業者（以下「事業者」という。）の事業用自動車の運行の安全を確保するために、国土交通省告示等に基づき運転者に対して行わなければならない指導監督及び特定の運転者に対して行わなければならない特別な指導に関する次の記述のうち、【誤っているものを1つ】選びなさい。なお、解答にあたっては、各選択肢に記載されている事項以外は考慮しないものとする。

1. 事業者は、その事業用自動車の運転者に対し、主として運行する路線又は営業区域の状態及びこれに対処することができる運転技術並びに法令に定められる

自動車の運転に関する事項について、適切な指導監督をしなければならない。この場合においては、その日時、場所及び内容並びに指導監督を行った者及び受けた者を記録し、かつ、その記録を営業所において3年間保存しなければならない。

2. 事業者は、高齢運転者に対する特別な指導については、国土交通大臣が認定した高齢運転者のための適性診断の結果を踏まえ、個々の運転者の加齢に伴う身体機能の変化の程度に応じた事業用自動車の安全な運転方法等について運転者が自ら考えるよう指導する。この指導は、当該適性診断の結果が判明した後1ヵ月以内に実施する。

3. 事業者は、事故惹起運転者に対する特別な指導については、当該交通事故を引き起こした後、再度事業用自動車に乗務する前に実施すること。ただし、やむを得ない事情がある場合には、再度事業用自動車に乗務を開始した後1ヵ月以内に実施すること。なお、外部の専門的機関における指導講習を受講する予定である場合は、この限りでない。

4. 事業者は、法令に基づき事業用自動車の常時選任する運転者その他事業用自動車の運転者を新たに雇い入れた場合には、当該運転者について、自動車安全運転センターが交付する無事故・無違反証明書又は運転記録証明書等により、雇い入れる前の事故歴を把握し、事故惹起運転者に該当するか否かを確認する。

問8　一般旅客自動車運送事業者（以下「事業者」という。）の運行管理者の選任等に関する次の記述のうち、【誤っているものを1つ】選びなさい。なお、解答にあたっては、各選択肢に記載されている事項以外は考慮しないものとする。

1. 一般貸切旅客自動車運送事業者は、事業用自動車60両の運行を管理する営業所においては、3人以上の運行管理者を選任しなければならない。

2. 国土交通大臣は、運行管理者資格者証の交付を受けている者が、道路運送法若しくはこの法律に基づく命令又はこれらに基づく処分に違反したときは、その運行管理者資格者証の返納を命ずることができる。また、運行管理者資格者証の返納を命ぜられ、その返納を命ぜられた日から5年を経過しない者に対しては、運行管理者資格者証の交付を行わないことができる。

3. 事業者は、新たに選任した運行管理者に、選任届出をした日の属する年度（や

むを得ない理由がある場合にあっては、当該年度の翌年度）に基礎講習又は一般講習（基礎講習を受講していない当該運行管理者にあっては、基礎講習）を受講させなければならない。

4. 事業者は、法令に規定する運行管理者資格者証を有する者又は国土交通大臣が告示で定める運行の管理に関する講習であって国土交通大臣の認定を受けたもの（基礎講習）を修了した者のうちから、運行管理者の業務を補助させるための者（補助者）を選任することができる。

解答・解説

・・・

問1 　解答　 1. 4.

1. 正。
2. 誤。事業者は、「営業所ごとに配置する事業用自動車の数」の事業計画の
   変更をしようとするときは、「**あらかじめ**」、その旨を国土交通大臣に届け出
   なければならない。　　　　　　　　　　　　　　　　　　　　×遅滞なく
3. 誤。事業者は、「**営業区域**」に係る事業計画の変更をしようとするときは、
   国土交通大臣の「**認可**」を受けなければならない。　　　　　　　×届出
4. 正。

問2 　解答　 A＝2.（必要となる員数の）　B＝1.（乗務時間）
　　　　　　　　 C＝1.（医学的知見）

問3 　解答　 2. 3.

1. 誤。アルコール検知器を「備え置く」ことは、「**事業者**」の業務。
2. 正。
3. 正。
4. 誤。運行管理規程を「**定める**」こと及び補助者を「**選任する**」ことは、「**事
   業者**」の業務。

問4 　解答　 1. 2.

1. 正。
2. 正。
3. 誤。営業所と車庫間で行う「旅客IT点呼」ができる要件は、①開設され
   てから**3年**を経過していること。②過去「**3年間**」所属する旅客自動車運
   送事業の用に供する事業用自動車の運転者が自らの責に帰する自動車事故報

告規則第2条に規定する事故を発生させていないこと。③過去「**3年間**」自動車その他の輸送施設の使用の停止処分、事業の停止処分又は警告を受けていないこと。

×1年間

4. 誤。「アルコール検知器を営業所ごとに備え」とは、営業所または営業所の車庫に設置され、**営業所に備え置かれている携帯型アルコール検知器**または事業用自動車に設置されているものをいう。

×携帯型アルコール検知器はこれにあたらない

問5　解答　2. 4.

1. 不要。転落（落差「0.5メートル」以上）に該当する場合には、「自動車事故報告書」の提出の対象になる。
2. 要。操縦装置または乗降口の扉を開閉する操作装置の不適切な操作により、旅客に**11日以上**の医師の治療を要する傷害を生じた場合には「自動車事故報告書」の提出の対象になる。
3. 不要。
4. 要。高速自動車国道または自動車専用道路において、「**3時間以上**」自動車の通行を禁止させた場合には「自動車事故報告書」の提出の対象になる。

問6　解答　4.

1. 正。
2. 正。
3. 正。
4. 誤。貸切バスの交替運転者の配置基準に定める夜間ワンマン運行の1運行の運転時間は、運行指示書上「**9時間**」を超えてはならない。　　×10時間

問7　解答　3.

1. 正。
2. 正。
3. 誤。事故惹起運転者に対する特別な指導については、当該交通事故を引き

起こした後、再度事業用自動車に乗務する前に実施すること。なお、外部の専門的機関における指導講習を受講する予定である場合はこの限りでない。「ただし書き」の特例はない。

4.　正。

問8　解答　1.

1.　誤。一般貸切旅客自動車運送事業者は、運行管理者を4人以上選任しなければならない。事業用自動車 **60 両÷20＋1＝4 人**以上　　×3 人以上

2.　正。
3.　正。
4.　正。

学 習 の ポ イ ン ト

総 括

道路運送車両法は、30問中4問と、他の分野と比較して出題数が少なく、かつ出題の範囲が限られているため、得点しやすい分野ですので、取りこぼしをなくしましょう。

目 安

出題4問のうち、最低でも2問は正解しましょう。

頻 出

「自動車の登録」「自動車の点検整備」「自動車の検査」「道路運送車両の保安基準及びその細目」から出題されています。「移転登録」「臨時運行許可」「日常点検」「継続検査」「自動車検査証」「整備命令」などです。

1 法の目的、自動車の種別

　「道路運送車両法の目的」は自動車の登録、自動車の検査及び自動車の整備について述べていることを理解しましょう。自動車の種別を押さえましょう。

● 道路運送車両法の目的

重要度 5

　道路運送車両法は、道路運送車両に関し、所有権についての公証等を行い並びに安全性の確保及び公害の防止その他の環境の保全並びに整備についての技術の向上を図り、併せて自動車の整備事業[†]の健全な発達に資することにより、公共の福祉を増進することを目的としています。

×製造事業[†]

> **アドバイス**
>
> 道路運送車両法は、①自動車の登録、②自動車の検査、③自動車の整備から成り立っています。
> 自動車の登録の主体は「所有者」ですが、自動車の検査及び整備の主体は「使用者」といった違いがあります。

● 道路運送車両の定義

重要度 2

　道路運送車両法で**道路運送車両**とは、①**自動車**、②**原動機付自転車**、③**軽車両**をいいます。
　それぞれ、表2.1のように定められています。

表 2.1　道路運送車両の定義

自動車	**原動機により陸上を移動させることを目的として製作した用具で軌条若しくは架線を用いないものまたはこれによりけん引して陸上を移動させることを目的として製作した用具**であって、**原動機付自転車以外のもの**をいいます。
原動機付自転車	国土交通省令で定める総排気量または定格出力を有する原動機により陸上を移動させることを目的として製作した用具で軌条若しくは架線を用いないものまたはこれによりけん引して陸上を移動させることを目的として製作した用具をいいます。
軽車両	人力若しくは畜力により陸上を移動させることを目的として製作した用具で軌条若しくは架線を用いないものまたはこれによりけん引して陸上を移動させることを目的として製作した用具であって、政令で定めるものをいいます。

自動車の種別

重要度

　道路運送車両法で定める**自動車**は、**普通自動車、小型自動車、軽自動車、大型特殊自動車、小型特殊自動車の5種類**です。

　道路交通法での大型自動車、中型自動車、準中型自動車、普通自動車を、道路運送車両法では普通自動車といいます。

図 2.1　道路運送車両法で定める自動車の種類

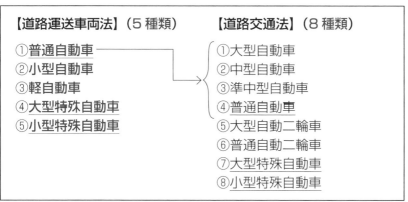

【道路運送車両法】（5種類）

①普通自動車
②小型自動車
③軽自動車
④大型特殊自動車
⑤小型特殊自動車

【道路交通法】（8種類）

①大型自動車
②中型自動車
③準中型自動車
④普通自動車
⑤大型自動二輪車
⑥普通自動二輪車
⑦大型特殊自動車
⑧小型特殊自動車

自動車の大きさは、表2.2のように定められています。

表2.2　自動車の大きさ

	長さ	幅	高さ
普通自動車	小型自動車、軽自動車、大型特殊自動車及び小型特殊自動車以外の自動車		
小型自動車	4.7m以下	1.7m以下	2.0m以下
軽自動車	3.4m以下	1.48m以下	2.0m以下

確認テスト

☑欄	空欄に入るべき字句を答えなさい。	解答
A☐ B☐ C☐	1. この法律は、道路運送車両に関し、 A についての公証等を行い並びに B の確保及び公害の防止その他の環境の保全並びに整備についての技術の向上を図り、併せて自動車の C の健全な発達に資することにより公共の福祉を増進することを目的とする。	A：所有権 B：安全性 C：整備事業
☐	2. 道路運送車両とは、自動車、 ☐ 及び軽車両をいう。	原動機付自転車
☐	3. 道路運送車両法で定める自動車は、普通自動車、 ☐ 、軽自動車、大型特殊自動車及び小型特殊自動車の5種類である。	小型自動車

2 自動車の登録、臨時運行許可

「自動車の登録」では、変更登録と移転登録の違いを押さえましょう。「臨時運行の許可」の「有効期間」及び「臨時運行の許可証の返納期間」は必ず覚えましょう。

● 自動車の登録

重要度

自動車の登録には、**新規登録、変更登録、移転登録及び抹消登録**があります。

自動車（軽自動車、小型特殊自動車及び二輪の小型自動車を除く）は、**自動車登録ファイルに登録を受けたものでなければ、これを運行の用に供してはなりません**。それぞれ、表2.3のように定められています。

なお、**登録自動車の所有権の得喪は、登録を受けなければ第三者に対抗する**ことはできません。

表2.3　自動車の登録

新規登録	新車等でナンバーのついていない自動車を登録するとき	新規登録は、新規検査の申請または自動車予備検査証による自動車検査証の交付申請と同時に申請しなければなりません。
変更登録	所有者の氏名、住所、使用の本拠の位置などの変更のとき	**所有者**はその事由のあった日から15日以内に申請しなければなりません。
移転登録	自動車の譲渡など、所有者の変更のとき	**新所有者**はその事由のあった日から15日以内に申請しなければなりません。

（次ページに続く）

| 抹消登録 | 自動車の使用をやめたり、解体したとき | ①**永久抹消登録**（登録自動車が滅失し、解体し、または自動車の用途を廃止したとき）
所有者はその事由のあった日から 15 日以内に申請しなければなりません。
ただし、その事由が使用済自動車の解体である場合は「解体報告記録」がなされたことを知った日から 15 日以内に申請しなければなりません。 |
| | | ②**一時抹消登録**（自動車の運行の用に供することをやめたとき）
所有者は一時抹消登録した自動車を滅失し、解体し、または自動車の用途を廃止した場合には、その事由のあった日から 15 日以内に届け出なければなりません。 |

覚えるコツ！

移転登録と**変更登録**の**違い**を押さえるには、移転登録（自動車の譲渡など所有者の変更のとき）を覚えて、**それ以外は変更登録**と覚えましょう。

自動車登録番号標（ナンバープレート）

重要度 3

　自動車は、**国土交通大臣**または**自動車登録番号標交付代行者**から交付を受けた**自動車登録番号標**を「**国土交通省令で定める位置**」*に、かつ、**被覆しない**ことその他当該自動車登録番号標に記載された**自動車登録番号**の識別に支障が生じないものとして「**国土交通省令で定める方法**」**により**表示**しなければ、運行の用に供してはなりません。

図 2.2　自動車登録番号標（ナンバープレート）

📖 定 義

*「**国土交通省令で定める位置**」…自動車の**前面及び後面**であって、自動車登録番号標に記載された自動車登録番号の識別に支障が生じないものとして告示で定める位置（**見やすい位置**[†]）をいう。 ×任意の位置[†]

「国土交通省令で定める方法**」…①自動車の車両中心線に直交する鉛直面に対する角度その他の自動車登録番号標の表示の方法に関し告示で定める基準に適合していること、②自動車登録番号標に記載された自動車登録番号の識別に支障が生じないものとして告示で定める物品以外のものが取り付けられておらず、かつ、汚れがないことをいう。

所有者の義務

　自動車の**所有者**は、自動車登録番号の通知を受けたときは、国土交通大臣または自動車登録番号標交付代行者から当該番号を記載した**自動車登録番号標の交付**を受け、国土交通省令で定めるところによりこれを自動車に取り付けた上、国土交通大臣または封印取付受託者の行う**封印の取付け**を受けなければなりません。

　登録自動車の**所有者**は、当該自動車の**使用者**が、道路運送車両法第69条第2項の規定（**整備命令等による自動車の使用の停止**）により**自動車検査証を返納**したときは、**遅滞なく**[†]、当該自動車登録番号標及び封印を取りはずし、**自動車登録番号標**について国土交通大臣の**領置**を受けなければなりません[‡]。

×30日以内[†]　×届け出なければなりません[‡]

📖 定 義

領置とは、所有者が提出した物の占有を行政庁が一時取得し、行政庁の管理下に置くこと。

● 臨時運行の許可

臨時運行の許可は、①試運転を行う場合、②新規登録、③新規検査、④自動車検査証が有効でない自動車についての継続検査その他の検査の申請をするために必要な提示のための回送を行う場合その他特に必要がある場合に行われます。

（1）運行の要件

臨時運行の許可に係る自動車は、次に掲げる要件を満たさなければ、これを運行の用に供してはなりません。

　ア　臨時運行許可番号標を国土交通省令で定める位置に、かつ、被覆しないことその他当該臨時運行許可番号標に記載された番号の識別に支障が生じないものとして国土交通省令で定める方法により表示していること。

　イ　臨時運行許可証を備え付けていること。

（2）有効期間

臨時運行の許可の有効期間は、特別な場合を除き、**5日を超えてはなりません。**

臨時運行の許可を受けた者は、有効期間が満了したときは、その日から5日以内†**に、行政庁に臨時運行許可証、臨時運行許可番号標を返納しなければなりません。**

× 15日以内†

有効期間（臨時運行の許可）	返納（臨時運行許可証、番号標）
─── 5日以内 ───	─── 5日以内 ───

図2.3　臨時運行許可番号標

覚えるコツ！

道路運送車両法の期日の問題は、
"りんご（臨時運行の許可の有効期間は5日以内）と領置（領置があるときは「遅滞なく」）以外は、15日以内"と覚えましょう。

確認テスト

☑欄	空欄に入るべき字句を答えなさい。	解答
A☐ B☐	1. 登録自動車について所有者の変更があったときは、新所有者は、その事由があった日から [A] 以内に、国土交通大臣の行う [B] の申請をしなければならない。	A：15日 B：移転登録
☐	2. 自動車の所有者は、当該自動車の使用の本拠の位置に変更があったときは、道路運送車両法で定める場合を除き、その事由があった日から15日以内に、国土交通大臣の行う [ ] の申請をしなければならない。	変更登録
☐	3. 登録自動車の所有者は、当該自動車の使用者が、道路運送車両法の規定により自動車検査証を返納したときは、[ ] 、当該自動車登録番号標及び封印を取りはずし、自動車登録番号標について国土交通大臣の領置を受けなければならない。	遅滞なく
☐	4. 臨時運行の許可を受けた者は、臨時運行許可証の有効期間が満了したときは、その日から [ ] 以内に、当該臨時運行許可証及び臨時運行許可番号標を当該行政庁に返納しなければならない。	5日

3 自動車の点検整備（日常点検・定期点検）

「日常点検」は穴うめまたは4択のどちらの出題にも正解できるようにキーワードを必ず覚えましょう。「日常点検の基準」「定期点検」及び「点検整備記録簿」についてもしっかり押さえておきましょう。

●車両の点検・整備

重要度

自動車の 使用者 は自動車の**点検**をし、必要に応じ 整備 することにより、 保安基準 に適合するように維持しなければなりません。

●日常点検整備

重要度

自動車の 使用者 またはこれらの自動車を 運行 する者は、 1日1回 、その運行の 開始前 において、国土交通省令で定める 技術上の基準 により、 灯火装置の点灯 、 制動装置 の作動その他の 日常的 に点検すべき事項について、 目視等 により自動車を**点検**しなければなりません。

> **アドバイス**
> 日常点検整備は、**穴うめ問題**によく出題されていますので、キーワードは必ず覚えましょう。

自動車の 使用者 は、日常点検の結果、 当該自動車が保安基準に適合しなくなるおそれがある状態または適合しない 状態にあるときは、 保安基準に適合しなくなるおそれをなくするため、または保安基準に適合させる ために自動車について必要な 整備 をしなければなりません。

● 日常点検の基準

事業用自動車の日常点検の基準の主なものは、表2.4のとおりです。

表2.4 事業用自動車の日常点検基準

ブレーキ	・**ブレーキペダルの踏みしろが適当**で、ブレーキの効きが十分であること ・**ブレーキの液量が適当**であること ・空気圧力の上がり具合が不良でないこと ・ブレーキペダルを踏み込んで離した場合、ブレーキバルブからの排気音が正常であること ・駐車ブレーキレバーの引きしろが適当であること
タイヤ	・**タイヤの空気圧**が適当であること ・**亀裂や損傷がない**こと ・**異常な摩耗がない**こと ・**タイヤの溝の深さが十分**であること※ ・**ディスクホイールの取付状態**が不良でないこと（車両総重量8トン以上または乗車定員 30人 以上の自動車に**限る**）
バッテリ	・バッテリの液量が適当であること※
原動機	・冷却水の量が適当であること※ ・ファン・ベルトの張り具合が適当であり、かつ、ファン・ベルトに損傷がないこと※ ・エンジン・オイルの量が適当であること※ ・原動機のかかり具合が不良でなく、異音がないこと※ ・低速及び加速の状態が適当であること※
灯火装置及び方向指示器	・**点灯または点滅の具合**が**不良**でなく、かつ、**汚れ、損傷がない**こと

※印の点検は、自動車の走行距離、運行時の状態等から判断した**適切な時期に行う**ことで足りるものです。

第**2**章

道路運送車両法

> **アドバイス**
>
> 「ブレーキ」と「灯火装置及び方向指示器」の点検については、すべての項目について 1 日 1 回点検を行わなければなりません。

● 定期点検

重要度

自動車運送事業の用に供する自動車の**使用者**は、国土交通省令で定める**技術上の基準**により事業用自動車を 3 カ月† ごとに**点検**しなければなりません。

×6カ月†

● 定期点検の基準

重要度

事業用自動車の定期点検の基準の主なものは、表 2.5 のとおりです。

表 2.5　定期点検の基準

かじ取り装置	パワー・ステアリング装置	・ベルトの緩み、損傷 ・油漏れ、油量※
制動装置	ブレーキペダル	・遊び、踏み込んだときの床板とのすき間 ・**ブレーキの効き具合**
緩衝装置	エアサスペンション	・エア漏れ ・ベローズの損傷※ ・取付部・連結部の緩み並びに損傷※
動力伝達装置	クラッチ	・ペダルの遊び、切れたときの床板とのすき間
	トランスミッション、トランスファ	・油漏れ、油量※
電気装置	点火装置	・点火プラグの状態※ ・点火時期

（次ページに続く）

原動機	本体	・エアクリーナエレメントの状態
	燃料装置	・燃料漏れ
車枠及び車体	（車両総重量 8 トン以上または**乗車定員30 人以上**に限る）	・スペアタイヤ取付装置の緩み、がた・損傷 ・スペアタイヤの取付状態 ・ツールボックスの取付部の緩み・損傷
その他		車載式故障診断装置（OBD）の診断の結果^{※※}

※印の点検は自動車検査証の交付日または定期点検日以降の**走行距離**が **3 カ月間当たり 2,000km 以下**の自動車は、定期点検を**省略する**ことができます。ただし、**2 回連続の省略**はできません。

※※印の点検は、**原動機、制動装置、アンチロック・ブレーキシステム及びエアバッグ**（かじ取り装置並びに車枠及び車体に備えるものに限る。）、**衝突被害軽減制動制御装置、自動命令型操舵機能**及び**自動運行装置**に係る識別表示（道路運送車両の保安基準に適合しないおそれがあるものとして警報するものに限る。）**の点検**をもって代えることができます。

OBD（車載式故障診断装置）点検とは、車両に搭載される**電子制御装置**（原動機、制動装置、アンチロック・ブレーキシステム、エアバッグ（かじ取り装置並びに車枠及び車体に備えるものに限る。）等）に故障がないか等の診断結果を、**スキャンツール**または**識別表示**を用いて、**12ヵ月**ごとに行う点検をいいます。

● 点検整備記録簿

重要度　3

自動車の**使用者**は、点検整備記録簿を**自動車に備え置き**、当該自動車について点検または整備をしたときは、遅滞なく、点検の年月日、点検の結果、整備の概要及び整備を完了した年月日などの事項を記載し **1 年間**保存しなければなりません。

☑欄	空欄に入るべき字句を答えなさい。	解答
A □ B □ C □	1. 自動車の使用者又はこれらの自動車を ☐A☐ する者は、1日1回、その運行の開始前において、国土交通省令で定める技術上の基準により、灯火装置の点灯、☐B☐ の作動その他の日常的に点検すべき事項について、目視等により自動車を ☐C☐ しなければならない。	A：運行 B：制動装置 C：点検
□	2. 自動車運送事業の用に供する自動車の使用者は、☐☐ ごとに国土交通省令で定める技術上の基準により、自動車を点検しなければならない。	3ヵ月
□	3. 車両総重量8トン以上又は乗車定員30人以上の自動車の使用者は、スペアタイヤの取付状態等について、☐☐ ごとに国土交通省令で定める技術上の基準により自動車を点検しなければならない。	3ヵ月
A □ B □	4. 事業用自動車の ☐A☐ は、自動車の点検をし、及び必要に応じ整備をすることにより、当該自動車を道路運送車両の ☐B☐ に適合するように維持しなければならない。	A：使用者 B：保安基準

4 整備管理者、整備命令

「整備管理者の権限」及び選任（変更）したときの「届出期間」は必ず覚えましょう。「整備命令」は穴うめの対策として、キーワードを覚えましょう。

● 整備管理者

重要度　1 2 **3** 4 5

（1）整備管理者の選任

　自動車の**使用者**は、**自動車の点検及び整備**並びに**自動車車庫の管理**に関する事項を処理させるため、自動車の点検及び整備に関し特に専門的知識を必要とすると認められる車両総重量**8トン以上**の自動車その他の国土交通省令で定める自動車であって国土交通省令で定める台数（**乗車定員10人以下の自動車**運送事業の用に供する自動車にあっては**5両**、**乗車定員11人以上の自動車**にあっては**1両**）以上のものの使用の本拠ごとに、**自動車の点検及び整備に関する実務の経験その他について国土交通省令で定める一定の要件を備える者**のうちから、 整備管理者 を選任しなければなりません。

　自動車の点検及び整備に関する実務の経験その他について国土交通省令で定める「**一定の要件**」とは、次のいずれかに該当する場合をいいます。

> ①整備の管理を行おうとする自動車と同種類の自動車の点検・整備または整備の管理に関して**2年以上**の**実務の経験**を有し、地方運輸局長が行う**研修を修了した者**
> ②**自動車整備士技能検定**（1級、2級又は3級）の**合格者**

（2）整備管理者の届出

　整備管理者を選任（変更）したときは、その日から15日以内†に、地方運輸局長にその旨を届け出なければなりません。　　　　　　×30日以内†

● 整備管理者の権限

事業者は選任した整備管理者に、次の職務の執行に必要な権限を与えなければなりません。

①**日常点検の実施方法を定める**こと
②日常点検の結果に基づき、運行の可否を決定すること
③**定期点検を実施する**こと
④日常点検及び定期点検のほか、臨時に必要な点検を実施をすること
⑤定期点検及び整備の実施計画を定めること
⑥**点検整備記録簿**その他の点検・整備に関する記録簿を**管理**すること
⑦自動車車庫を管理すること
⑧以上の事項を処理するため、運転者、整備員その他の者を指導・監督すること

なお、整備管理者は、シビアコンディション（**雪道（冬用タイヤの溝の深さが製作者の推奨する使用限度を超えていないことの点検・整備を含む。）、悪路走行**等）に対応し、冬用タイヤの点検・整備は、日常点検と合わせて点検するなど雪道上の輸送の安全を確保する必要があります。

◢✔重 要

「日常点検の結果に基づき、運行の可否を決定すること」及び「自動車車庫を管理すること」は、整備管理者の**業務**であり、**運行管理者の業務ではない**ことを押さえましょう。

● 整備管理者の解任命令

地方運輸局長は、整備管理者が道路運送車両法若しくは道路運送車両法に基づく命令・処分に違反したときは、事業者に対し、**整備管理者の解任を命ずる**

ことができます。

　整備管理者を解任され、解任の日から2年（**乗車定員11人以上の事業用自動車は5年**）を経過しない者を**選任することはできません**。

●整備命令

（1）地方運輸局長は、自動車が**保安基準に適合しなくなるおそれがある状態**または適合しない状態にあるとき（不正改造等を除く）は、自動車の 使用者 に対し、**保安基準に適合しなくなるおそれをなくするため**、または保安基準に適合させるために必要な 整備 を行うべきことを 命ずる ことができます。

（2）地方運輸局長は、**保安基準に** 適合しない状態 にある自動車の 使用者 に対し、自動車が保安基準に適合するに至るまでの間の運行に関し、自動車の **使用の方法**または 経路の制限 その他の保安上または 公害防止 その他の環境保全上必要な**指示***をすることができます。

（3）地方運輸局長は、自動車の**使用者**が命令または指示に従わない場合において、自動車が保安基準に適合しない状態にあるときは、当該自動車の 使用を停止 することができます。

不正改造等に対する整備命令

　地方運輸局長は、自動車が保安基準に適合しない状態にあり、かつ、その原因が自動車またはその部分の改造、装置の取付け・取外しその他これらに類する行為に起因するものと認められるときは、自動車の**使用者**に対し、保安基準に適合させるために必要な**整備**を行うべきことを命ずることができます。

　地方運輸局長は、上記により整備を命じたときは、自動車の前面の見やすい箇所に国土交通省令で定めるところにより「**整備命令標章**」を貼り付けなければなりません。

図2.4　整備命令標章

なお、不正改造等においても、上記の*部分（「整備命令」の（2））と同様の指示をすることができます。

　何人も「整備命令標章」を破損・汚損してはならず、また、整備命令が取り消された後でなければ取り除いてはなりません。

　整備命令を受けた自動車の使用者は、当該命令を受けた日から **15日以内**に、地方運輸局長に対し、保安基準に適合させるために必要な整備を行った自動車及び当該自動車に係る**自動車検査証を提示**しなければなりません。

　地方運輸局長は、自動車の使用者が整備命令・指示に従わないとき、または違反したときは、**6カ月以内**の期間を定めて、自動車の**使用を停止**することができます。

　何人も、有効な自動車検査証の交付を受けている自動車について、自動車またはその部分の改造、装置の取付け・取外しその他これらに類する行為であって、自動車が保安基準に適合しないこととなるものを行ってはなりません。

確認テスト

☑欄	空欄に入るべき字句を答えなさい。	解答
☐	1. 整備管理者を選任したときは、その日から　　　以内に、地方運輸局長にその旨を届出なければならない。	15日
☐	2. 日常点検の結果に基づき、運行の可否を決定するのは、　　　の権限である。	整備管理者
☐	3. 地方運輸局長は、自動車が保安基準に適合しなくなるおそれがある状態または適合しない状態にあるときは、自動車の使用者に対し、保安基準に適合しなくなるおそれをなくするため、または保安基準に適合させるために必要な　　　を行うべきことを命ずることができる。	整備

☐	4. 地方運輸局長は、保安基準に適合しない状態にある当該自動車の使用者に対し、当該自動車が保安基準に適合するに至るまでの間の運行に関し、当該自動車の使用の方法又は経路の制限その他の保安上又は ☐ その他の環境保全上必要な指示をすることができる。	公害防止

5 自動車の検査、自動車検査証

「自動車の検査」の５種類、自動車検査証の「有効期間」「検査標章の表示」及び「保安基準適合標章」については、必ず覚えましょう。

● 自動車の検査

重要度 **5**

自動車は、国土交通大臣の行う検査を受け、有効な**自動車検査証**の交付を受けたものでなければ、これを運行の用に供してはなりません。

表2.6　自動車の検査

新規検査	登録を受けていない自動車を運行の用に供しようとするときは、自動車の使用者は**自動車を提示して、新規検査を受けなければなりません。** 新規検査の申請は、新規登録の申請と同時にしなければなりません。
継続検査 （いわゆる**車検**）	自動車の使用者は**自動車検査証の有効期間満了後**も、**引き続き使用**しようとするときは、自動車を提示し、**継続検査**を受けなければなりません。国土交通大臣は、**継続検査の結果、自動車が道路運送の保安基準に適合しないと認めるときは自動車検査証を使用者に返付しません。** 継続検査を申請する場合、自動車検査証の記入の申請をすべき事由があるときには、あらかじめ、その申請をしなければなりません。
構造等変更検査	国土交通大臣は**自動車の長さ、幅、高さ、最大積載量など**を変更する場合、保安基準に適合しなくなるおそれがあると認めるときは、構造等変更検査を受けることを命じなければなりません。

（次ページに続く）

臨時検査	国土交通大臣が、事故が著しく生じている等により保安基準に適合していないおそれがあると認めるとき、一定の範囲の自動車の使用者は、臨時検査を受けなければなりません。
予備検査	登録を受けていない自動車の所有者は、予備検査を受けることができ、予備検査の結果、保安基準に適合すると認められるときは、自動車予備検査証（有効期間は 3 カ月）を受けることができます。

□**自動車の検査**は、①**新規検査**、②**継続検査**、③**構造等変更検査**、④**臨時検査**、⑤**予備検査**の **5 種類**[†]です。　　　　　　　　　　×4 種類[†]

□自動車の検査は**使用者**が主体であり、所有者ではありません。

●自動車検査証

重要度

　自動車は、**自動車検査証を自動車に備え付け**[†]、かつ、**検査標章を表示**しなければ、**運行の用に供してはなりません**。　　　　　　　　×営業所に備え付け[†]

（1）自動車検査証の有効期間

①事業用自動車の自動車検査証の有効期間は **1 年**です。旅客自動車運送事業の用に供する自動車には 2 年の特例はありません。

②**自動車検査証の有効期間の起算日**は自動車検査証を交付する日または**自動車検査証に有効期間を記入する日**です。ただし、**自動車検査証の有効期間が満了する日の 1 カ月前**[†]から**当該期間が満了する日までの間**に継続検査を行い、有効期間を記入する場合は、当該自動車検査証の**有効期間が満了する日の翌日**が起算日となります。　　　　　　×2 カ月前[†]

③国土交通大臣は、自動車の使用者が、**天災その他やむを得ない事由**により、継続検査 を受けることができないと認めるときは、当該地域に使用の本拠の位置を有する自動車の**自動車検査証の有効期間**を、期間を定めて**伸長**する旨を公示することができます。

（2）自動車検査証の記載事項

自動車の**使用者**は**自動車検査証の記載事項に変更**があったとき、その事由のあった日から **15 日以内**[†]に、当該変更事項について、国土交通大臣が行う**自動車検査証の記入**を受けなければなりません。　　　　　　　　×30日以内[†]

（3）自動車検査証の返納

自動車の使用者はその自動車が**滅失し、解体し、または自動車の用途を廃止**したときは、その**理由があった日**（解体にあっては解体報告記録がなされたことを知った日）から **15 日以内に**[†]自動車検査証を国土交通大臣に返納しなければなりません。　　　　　　　　　　　　　　　×速やかに[†]

自動車検査証は 2023 年 1 月から**電子化**され、必要最小限の記載事項を除き自動車検査証情報は IC タグに記録されています。IC タグの情報は汎用の IC カードリーダが接続された PC や読み取り機能付きスマートフォンで参照することができます

図 2.5　自動車検査証

● 検査標章（ステッカー）

重要度

検査標章は、自動車の前面ガラスの内側に、**前方かつ運転者席から見やすい位置**として、**運転者席側上部**で、**車両中心から可能な限り遠い位置**に表示しなければなりません。

ただし、上記位置で運転者の視野を妨げる場合は、運転者の視野を妨げない、前方かつ運転者席から**見やすい位置**に表示しなければなりません。

検査標章には、自動車検査証の有効期間の満了する日[†]を表示しなければなりません。

×起草日[†]

図2.6　検査標章

貼り付け位置

（裏）

（表）

● 保安基準適合標章

重要度

国に代わり検査ができる指定自動車整備事業者が交付した有効な**保安基準適合標章**を表示しているときは、**自動車検査証の備え付けがなくても**、また、**検査標章を表示しなくても**、自動車は**運行の用に供することができます**。

☑チェック

□**自動車は、自動車検査証を備え付け、かつ、検査標章を表示しなければ運行すること
はできません。**例外として、**指定自動車
整備事業者が交付した有効な**保安基準適
合標章を表示すれば**、自動車検査証の備
え付けがなくても、検査標章を表示しな
くても、運行できる**ことを押さえましょう。

図2.7　保安基準適合標章

コラム

OBD 検査

　自動運転技術等の電子装置に搭載された自己診断機能である**車載式故障診断装置（OBD）を利用した新たな自動車検査手法**をいいます。OBD による自動車の装置の故障診断の結果、当該装置に不具合が生じていると判定した場合には、自動車のコンピュータ（ECU）に故障コード（DTC）が記録されます。OBD 検査では、保安基準不適合となる DTC を「特定 DTC」としてあらかじめサーバーに蓄積しておき、自動車から DTC を通信により読み取ったうえで特定 DTC に該当するかの確認を行います。

　2024 年 10 月 1 日以降、使用過程における検査（いわゆる**車検**）の際、自動車検査証の備考欄に「**OBD 検査対象**」などの記載がある車両については、通常の検査項目に加えて OBD 検査を実施する必要があります。

確認テスト

☑欄	空欄に入るべき字句を答えなさい。	解答
☐	1. 自動車の検査は、新規検査、　　　　、構造等変更検査、臨時検査、予備検査の 5 種類である。	継続検査
☐	2. 自動車は、自動車検査証を備え付け、かつ、　　　　を表示しなければ、運行の用に供してはならない。	検査標章
☐	3. 乗車定員 5 人の旅客を運送する自動車運送事業の用に供する自動車については、初めて自動車検査証の交付を受ける際の当該自動車検査証の有効期間は　　　　である。	1 年

☐	4. 自動車の使用者は自動車検査証の記載事項に変更があったとき、その事由のあった日から ☐ 以内に、当該変更事項について、国土交通大臣が行う自動車検査証の記入を受けなければならない。	15 日
☐	5. 自動車に表示されている検査標章には、当該自動車の自動車検査証の有効期間の ☐ 日が表示されている。	満了する

6 保安基準の原則、保安基準の細目

「保安基準の原則」のキーワードに加え、「保安基準の細目」の各項目についてしっかり理解し覚えましょう。

● 保安基準の原則

重要度 **4**

自動車の構造、装置等における 保安上 または 公害防止 その他の **環境保全上の技術基準**（以下「**保安基準**」という。）は、道路運送車両の構造及び装置が 運行 に十分堪え、操縦その他の使用のための作業に 安全 であるとともに、通行人その他に 危害 **を与えない**ことを確保するものでなければならず、かつ、これにより製作者又は使用者に対し、**自動車の製作または使用**について 不当な制限 を課してはなりません（保安基準の原則）。

自動車は、告示で定める方法により測定した場合において、**長さ**（セミトレーラにあっては、連結装置中心から当該セミトレーラの後端までの水平距離）12m（セミトレーラのうち告示で定めるものにあっては、13メートル）、**幅** 2.5m、**高さ** 3.8m を超えてはなりません。

覚えるコツ！

長さ 12m を覚え、幅と高さは 12 の次の 13 をそれぞれ足して小数点をつける、と覚えましょう。

● 空車状態

重要度

道路運送車両が、**原動機**及び**燃料装置**に燃料、潤滑油、冷却水等の**全量を搭載し及び当該車両の目的とする用途に必要な固定的な設備を設ける等運行に必要な装備をした状態**を「空車状態」といいます。

● 軸重

重要度

自動車の軸重（車軸にかかる荷重）は **10 トン**（けん引自動車のうち告示で定めるものにあっては 11.5 トン）を超えてはなりません。

● 輪荷重

重要度

自動車の輪荷重（1 つの車輪にかかる荷重）は **5 トン**を超えてはなりません。

● 最小回転半径

重要度

自動車の最小回転半径は、最外側のわだちについて **12 m 以下**でなければなりません。

● タイヤの滑り止めの溝の深さ

重要度

自動車の空気入ゴムタイヤの接地部は滑り止めを施したものであり、**滑り止めの溝**は、空気入ゴムタイヤの接地部の全幅にわたり滑り止めのために施されている凹部（サイピング、プラットフォーム、ウェア・インジケータの部分を除く）のいずれの部分においても **1.6 mm**（二輪自動車及び側車付二輪自動車に備えるものにあっては 0.8㎜）**以上**[†]の**深さ**でなければなりません。

× 1.4 mm 以上[†]　× 0.8 mm 以上[†]

● 非常口

重要度

　乗車定員 30 人以上の自動車（緊急自動車を除く）には、非常時に容易に脱出できるものとして、設置位置、大きさ等に関し**告示で定める基準※に適合**する非常口を設けなければなりません。

　非常口を設けた自動車には、非常口またはその附近に、見やすいように、**非常口の位置及び扉の開放の方法が表示**されていなければなりません。この場合において、灯火により**非常口の位置を表示**するときは、**その灯光の色**は、緑色でなければなりません。

　非常口を設けた自動車には、**非常口の扉が開放**した場合にその旨を運転者に**警報する装置**を備えなければなりません。

※≪告示で定める基準≫

・非常口は、客室の**右側面**[†]**の後部**（客室の**右側面**[†]のうち客室の長手方向の中央より後方の部分をいう）または**後面**に設けられていること。この場合において、非常口の有効幅の中心が**右側面**[†]**の後部**より後方のものは、この基準に適合するものとする。　　　×左側面[†]

・非常口は**常時確実に閉鎖**することができ、火災、衝突その他の非常の際に客室の内外から鍵その他、特別な器具を用いないで開放できる**外開きの扉**を備え、扉は**自重により再び閉鎖することがないもの**でなければならない。

● 窓ガラスの可視光線の透過率

重要度

　自動車の**前面、側面ガラス**はフイルムが貼り付けられた場合、**透明で、可視光線の透過率が 70 ％以上**[†]でなければなりません。　　　×60%以上[†]

● 前照灯

重要度

　自動車の前面には、**走行用前照灯**（照射範囲は前方 **100m**）、**すれ違い用前照灯**（照射範囲は前方 **40m**）を備えなければなりません（灯光の色はともに白色）。

● 非常点滅表示灯 （ハザードランプ）

重要度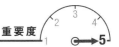

　盗難、車内における事故その他の**緊急事態**が**発生していることを表示**するための灯火として作動する場合には、**方向指示器の点滅回数の基準に適合しない構造とすることができます**[†]。　　　　×適合する構造としなければならない[†]

● 例外として備えることができる灯火

重要度

　事業用自動車に、例外として、次に掲げる灯火を備えることができます。

表2.7　例外として備えることができる灯火

事業用自動車	灯火	色等
旅客自動車運送	**非常灯**（緊急時の点灯）	**赤色**
一般乗合旅客自動車運送	**終車灯**	**赤色**
	電光表示器（行先等を連続表示）	**点滅**する灯火、光度が**増減**する灯火
	前面ガラスの上方の灯火	**青紫色**
一般乗用旅客自動車運送	**空車灯、料金灯**	**赤色**
	社名表示灯（後方に表示）	**白色**

● 後写鏡 （バックミラー）

重要度　4

　後写鏡は、取り付け部付近の自動車の最外側より突出している部分の**最下部が地上 1.8 m 以下**[†]のものは、歩行者に接触した場合、衝撃を緩衝できる構造でなければなりません。　　　　×2 m 以下[†]

●非常信号用具

重要度

　非常信号用具は、**夜間 200 m**[†]の距離から確認できる**赤色**[‡]の灯光を発す
るものでなければなりません。　　　　　　　　　　×150m[†]　×橙色[‡]

●停止表示器材

重要度

　停止表示器材は、**夜間 200 m** の距離から**走行用前照灯**で照射した場合、そ
の反射光を照射位置から確認できることなど告示で定める基準に適合するもの
でなければなりません（反射光の色は**赤色**）。

●後部反射器

重要度

　自動車の**後面**には、**夜間にその後方 150m の距離から走行用前照灯**で照射
した場合にその反射光を照射位置から確認できる**赤色の後部反射器**を備えなけ
ればなりません。

●警音器

重要度

　自動車（被けん引自動車を除く。）には、**警音器の警報音発生装置の音**が、
連続するものであり、かつ、音の大きさ及び音色が一定なものである警音器を
備えなければなりません。

●方向指示器

重要度

　右左折、進路の変更のとき、毎分 **60 回以上 120 回以下**の**一定の周期で点
滅**するものでなければなりません（橙色）。

消火器

重要度 4

乗車定員**11人以上**†の自動車、**幼児専用車**、火薬類運搬車には、**消火器**を備えなければなりません。

† ×10人以上

車両接近通報装置

重要度 3

電力により作動する原動機を有する自動車（二輪自動車、三輪自動車、大型特殊自動車等を除く。）には、当該**自動車の接近を歩行者等に通報**するものとして、機能、性能等に関し告示で定める基準に適合する**車両接近通報装置**を備えなければなりません。

事故自動緊急通報装置

重要度 3

乗用車等に備える**事故自動緊急通報装置**は、当該自動車が**衝突等による衝撃を受ける事故が発生**した場合において、**その旨及び当該事故の概要**を所定の場所に**自動的かつ緊急に通報**するものとして、機能、性能等に関し告示で定める基準に適合するものでなければなりません。

自動運行装置

重要度 3

運転者の運転操作に関わる**認知、予測、判断、操作のすべてを代替し、自動運転を行うシステム**のことをいいます。

緊急自動車

重要度 3

消防自動車、警察自動車、保存血液を販売する医薬品販売業者が保存血液の緊急輸送のため使用する自動車、救急自動車、公共用応急作業自動車等の自動車及び国土交通大臣が定めるその他の**緊急の用に供する自動車**をいいます。

● 幼児専用車等

もっぱら**小学校、中学校、幼稚園等**に通う児童、生徒又は幼児の運送を目的とする**自動車**（**乗車定員 11 人以上のものに限る。**）の車体の**前面、後面及び両側面**には、告示で定めるところにより、**これらの者の運送を目的とする自動車である旨の表示**をしなければなりません。

● 乗車定員

自動車の乗車定員は、**12 歳以上**の者の数をもって表し、**12 歳以上の者1 人**は、**12 歳未満の小児・幼児 1.5 人**†に相当するものとします。　×2人†

（例）園児 21 人は乗車定員 14 人に相当（21 人 ÷ 1.5 ＝ 14 人）

● 車両総重量

車両総重量は、①車両重量、②最大積載量、③乗車定員の重量（**1 人 55kg**）の合計をいいます。

確認テスト

☑欄	空欄に入るべき字句を答えなさい。	解答
A ☐ B ☐	1. 自動車の構造、装置等における保安上又は公害防止その他の環境保全上の技術基準（以下「保安基準」という。）は、道路運送車両の構造及び装置が ［ A ］ に十分堪え、操縦その他の使用のための作業に ［ B ］ であるとともに、通行人その他に危害を与えないことを確保するものでなければならず、かつ、これにより製作者又は使用者に対し、自動車の製作又は使用について不当な制限を課してはならない。	A：運行 B：安全

☐	2. 自動車は、告示で定める方法により測定した場合において、長さ（セミトレーラにあっては、連結装置中心から当該セミトレーラの後端までの水平距離）12m（セミトレーラのうち告示で定めるものにあっては、13m）、幅 ☐ m、高さ 3.8m を超えてはならない。	2.5
☐	3. 後写鏡は、取り付け部付近の自動車の最外側より突出している部分の最下部が地上 ☐ m 以下のものは、歩行者に接触した場合、衝撃を緩衝できる構造でなければならない。	1.8
☐	4. 自動車に備えなければならない非常信号用具は、夜間 ☐ m の距離から確認できる赤色の灯光を発するものでなければならない。	200

過去問にチャレンジ

問1 自動車の登録等についての次の記述のうち、【誤っているものを1つ】選びなさい。なお、解答にあたっては、各選択肢に記載されている事項以外は考慮しないものとする。

1. 登録自動車は、自動車登録番号標を国土交通省令で定める位置に、かつ、被覆しないことその他当該自動車登録番号標に記載された自動車登録番号の識別に支障が生じないものとして国土交通省令で定める方法により表示しなければ、運行の用に供してはならない。

2. 臨時運行の許可を受けた者は、臨時運行許可証の有効期間が満了したときは、その日から5日以内に、当該臨時運行許可証及び臨時運行許可番号標を当該行政庁に返納しなければならない。

3. 登録自動車の使用者は、当該自動車が滅失し、解体し（整備又は改造のために解体する場合を除く。）、又は自動車の用途を廃止したときは、その事由があった日（使用済自動車の解体である場合には解体報告記録がなされたことを知った日）から15日以内に、当該自動車検査証を国土交通大臣に返納しなければならない。

4. 登録自動車の所有者は、当該自動車の使用の本拠の位置に変更があったときは、道路運送車両法で定める場合を除き、その事由があった日から30日以内に、国土交通大臣の行う変更登録の申請をしなければならない。

問2 自動車の検査等についての次の記述のうち、【正しいものを2つ】選びなさい。なお、解答にあたっては、各選択肢に記載されている事項以外は考慮しないものとする。

1. 自動車は、指定自動車整備事業者が継続検査の際に交付した有効な保安基準適合標章を表示している場合であっても、自動車検査証を備え付けなければ、運行の用に供してはならない。

2. 自動車の使用者は、継続検査を申請する場合において、道路運送車両法第67条（自動車検査証の記載事項の変更及び構造等変更検査）の規定による自動車検査証の記入の申請をすべき事由があるときは、あらかじめ、その申請をしなければならない。

3. 国土交通大臣は、一定の地域に使用の本拠の位置を有する自動車の使用者が、天災その他やむを得ない事由により、継続検査を受けることができないと認めるときは、当該地域に使用の本拠の位置を有する自動車の自動車検査証の有効期間を、期間を定めて伸長する旨を公示することができる。

4. 自動車に表示されている検査標章には、当該自動車の自動車検査証の有効期間の起算日が表示されている。

問3 道路運送車両法に定める自動車の点検整備等に関する次の文中、A、B、C、Dに入るべき字句として【いずれか正しいものを1つ】選びなさい。

1. 自動車運送事業の用に供する自動車の使用者又は当該自動車を運行する者は、1日1回、その運行の ┌─A─┐ において、国土交通省令で定める技術上の基準により、灯火装置の点灯、 ┌─B─┐ の作動その他の日常的に点検すべき事項について、目視等により自動車を点検しなければならない。

2. 自動車運送事業の用に供する自動車の使用者は、点検の結果、当該自動車が保安基準に適合しなくなるおそれがある状態又は適合しない状態にあるときは、保安基準に適合しなくなるおそれをなくするため、又は保安基準に適合させるために当該自動車について必要な ┌─C─┐ をしなければならない。

3. 自動車運送事業の用に供する自動車の使用者は、国土交通省令で定める技術上の基準により、当該事業用自動車を ┌─D─┐ に点検しなければならない。

A	①開始前	②終了後
B	①動力伝達装置	②制動装置
C	①検査	②整備
D	①3ヵ月毎	②6ヵ月毎

問4 道路運送車両の保安基準及びその細目を定める告示についての次の記述のうち、【誤っているものを1つ】選びなさい。なお、解答にあたっては、各選択肢に記載されている事項以外は考慮しないものとする。

1. 自動車の前面ガラス及び側面ガラス（告示で定める部分を除く。）は、フィルムが貼り付けられた場合、当該フィルムが貼り付けられた状態においても、透明であり、かつ、運転者が交通状況を確認するために必要な視野の範囲に係る部分における可視光線の透過率が70％以上であることが確保できるものでなければならない。

2. 幼児専用車及び乗車定員11人以上の自動車（緊急自動車を除く。）には、非常時に容易に脱出できるものとして、設置位置、大きさ等に関し告示で定める基準に適合する非常口を設けなければならない。ただし、すべての座席が乗降口から直接着席できる自動車にあっては、この限りでない。

3. 乗車定員11人以上の自動車及び幼児専用車には、消火器を備えなければならない。

4. もっぱら小学校、中学校、幼稚園等に通う児童、生徒又は幼児の運送を目的とする自動車（乗車定員11人以上のものに限る。）の車体の前面、後面及び両側面には、告示で定めるところにより、これらの者の運送を目的とする自動車である旨の表示をしなければならない。

解答・解説

・・

問1 解答 4.

1. 正。
2. 正。
3. 正。
4. 誤。所有者は、当該自動車の使用の本拠の位置に変更があったときは、その事由があった日から「15日」以内に、変更登録の申請をしなければならない。　　　　　　　　　　　　　　　　　　　　　　　×30日

問2 解答 2. 3.

1. 誤。指定自動車整備事業者が継続検査の際に交付した有効な**保安基準適合標章を表示**している場合には、「**自動車検査証を備え付けていなくても**」**運行の用に供することができる**。同じく「検査標章を表示していなくても」運行の用に供することができる。
2. 正。
3. 正。
4. 誤。検査標章には、当該自動車の自動車検査証の有効期間の「**満了する日**」が表示されている。

問3 解答 A＝1.（開始前）　B＝2.（制動装置）
　　　　　　　　　C＝2.（整備）　D＝1.（3ヵ月毎）

問4 解答 2.

1. 正。
2. 誤。**幼児専用車**及び**乗車定員**「**30人**」**以上の自動車**には、非常時に容易に脱出できるものとして、**非常口**を設けなければならない。　　×11人以上
3. 正。
4. 正。

第3章 道路交通法

学 習 の ポ イ ン ト

総 括

全30問中5問が道路交通法からの出題です。道路交通法は、受験者にとって身近な分野といえますが、あいまいな知識では得点できません。交通ルールの法令上の文章を理解するには、各場面ごとに略図を書いてその場面がイメージできる学習を心がけましょう。

目 安

出題5問のうち、3問は正解しましょう。

頻 出

「運転者の遵守事項」がよく出題されているほか、「用語の定義」「車両の使用者に対する指示（過労運転、最高速度違反）」、「交差点等の通行方法」「車両の交通方法」「交通事故の場合の措置」「追越し等」「駐停車禁止場所」などが出題されています。

アクセスキー **S**

（大文字のエス）

法の目的、用語の定義

「用語の定義」については、よく出題されている「車両」「路側帯」「駐車」「進行妨害」「道路標識」及び「道路標示」は必ず覚えましょう。その他の用語及び「道路交通法の目的」についてもキーワードを押さえておきましょう。

● 道路交通法の目的

重要度

道路交通法は、道路における**危険を防止**し、その他**交通の安全と円滑**を図り、及び道路の交通に起因する**障害の防止**に資することを目的としています。

● 用語の定義

重要度

用語の定義については、次の表 3.1 のとおりです。

表 3.1　用語の定義

車両	①**自動車**、②**原動機付自転車**、③**軽車両**（自転車等）、④**トロリーバス**（架線から供給される電力により、かつ、レールによらないで運転する車）**の 4 種類**† 　　　　×3 種類† （注）車両等は、車両及び路面電車
自動車	**原動機**を用い、かつ、**レール**または**架線によらないで運転**する車で、原動機付自転車、自転車、身体障害者用の車椅子、歩行補助車等の小型の車で政令で定めるもの以外のもの
歩道	**歩行者の通行の用**に供するため、縁石線、柵等の**工作物によって区画**された道路の部分
車道	**車両の通行の用**に供するため、縁石線、柵等の工作物または**道路標示によって区画**された道路の部分
本線車道	高速自動車国道または自動車専用道路の本線車線により構成する車道

路側帯	歩行者[†]の通行の用に供し、または**車道の効用を保つ**ため、歩道の設けられていない道路または道路の歩道の設けられていない側の路端寄りに設けられた帯状の道路の部分で、**道路標示**によって**区画**された部分 ×自転車[†]	道路の左側端 ← / 路側帯 / 車両通行帯境界線、車道中央線等 ←
安全地帯	**路面電車に乗降する者**もしくは**横断している歩行者の安全を図るため道路に設けられた島状の施設**または**道路標識**及び**道路標示**により**安全地帯であることが示されている道路の部分**	
車両通行帯 （車線、レーン）	車両が道路の定められた部分を通行すべきことが道路標示によって示されている場合、その**道路標示により示されている道路の部分**	
駐車	**車両等が客待ち、荷待ち、貨物の積卸し、故障その他の理由により継続的に停止すること**（貨物の積卸し[†]のための停止で５分[‡]を超えない時間内のもの及び人の乗降のための停止を除く。）**または車両等が停止し、かつ、当該車両等の運転者がその車両等を離れて直ちに運転することができない状態にあること** ×客待ち[†]　×10分[‡]	
停車	車両等が停止することで駐車以外のもの。つまり、駐車に該当しない短時間の停止（**貨物の積卸しのための停止で５分以内のもの及び人の乗降のための停止**）	
徐行	**車両等が直ちに停止することができるような速度で進行すること**	
追越し	**車両が他の車両等に追いついた場合、その進路を変えてその追いついた車両等の側方を通過し、かつ、その車両等の前方に出ること**	
道路標識	道路の交通に関し、規制または指示を表示する**標示板**	
道路標示	道路の交通に関し、規制または指示を表示する標示で、**路面に描かれた道路鋲、ペイント、石等による線、記号・文字**	

（次ページに続く）

進行妨害	車両等が進行を継続し、または始めた場合においては危険を防止するため、他の車両等がその速度・方向を急に変更しなければならないこととなるおそれがあるときに、その進行を継続し、または始めること	
歩行者	身体障害者用の車椅子、歩行補助車等または小児用の車を通行させている者を含む	

確認テスト

☑欄	空欄に入るべき字句を答えなさい。	解答
☐	1. 車両とは、自動車、原動機付自転車、[　　]、トロリーバスをいう。	軽車両
☐	2. 路側帯とは、[　　]の通行の用に供し、又は車道の効用を保つため、歩道の設けられていない道路又は道路の歩道の設けられていない側の路端寄りに設けられた帯状の道路の部分で、道路標示によって区画された部分をいう。	歩行者
☐	3. 駐車とは、車両等が客待ち、荷待ち、貨物の積卸し、故障その他の理由により継続的に停止すること（[　　]のための停止で5分を超えない時間内のもの及び人の乗降のための停止を除く。）または車両等が停止し、かつ、当該車両等の運転者がその車両等を離れて直ちに運転することができない状態にあることをいう。	貨物の積卸し

□	4. ☐☐☐☐ とは、車両等が、進行を継続し、又は始めた場合においては危険を防止するため他の車両等がその速度又は方向を急に変更しなければならないこととなるおそれがあるときに、その進行を継続し、又は始めることをいう。	進行妨害
□	5. ☐☐☐☐ とは、車両等が直ちに停止することができるような速度で進行することをいう。	徐行

2 自動車の種類、自動車の速度

「自動車の種類（乗車定員）」、「最高速度」及び「最低速度」を押さえておきましょう。

● 自動車の種類（8 種類）

自動車の種類は平成 29 年 3 月 12 日から、準中型自動車が新設されたことに伴い、次の 8 種類となっています。

①大型自動車　　　⑤大型自動二輪車

②中型自動車　　　⑥普通自動二輪車

③準中型自動車　　⑦大型特殊自動車

④普通自動車　　　⑧小型特殊自動車

表 3.2　自動車の種類

自動車	最大積載量	車両総重量	乗車定員
大型自動車	6.5 トン以上	11 トン以上	30 人以上
中型自動車	4.5 トン以上 6.5 トン未満	7.5 トン以上 11 トン未満	11 人以上 29 人以下
準中型自動車	2 トン以上 4.5 トン未満	3.5 トン以上 7.5 トン未満	10 人以下
普通自動車	2 トン未満	3.5 トン未満	10 人以下

●最高速度

　道路標識等により最高速度が指定されていない道路における最高速度は、表3.3のとおりです。

表 3.3　最高速度

一般道路	自動車（大型・中型・普通）	時速 60 km
	原動機付自転車	時速 30 km
高速自動車国道	大型自動車（乗車定員 30 人以上）	時速 100 km
	特定中型自動車 （乗車定員 11 人以上 29 人以下）	
	中型自動車 （特定中型自動車・特定中型貨物自動車を除く）	
	準中型自動車	
	普通自動車	
	大型自動車（貨物）	時速 90 km
	特定中型貨物自動車（最大積載量 5 トン以上または車両総重量 8 トン以上の貨物自動車）	
	トレーラー、大型特殊自動車	時速 80 km

🖋 覚えるコツ！

　高速自動車国道における最高速度は、旅客自動車（専ら人を運搬）の場合、上記の自動車の種類にかかわらず、時速 100 km です。

他の車両をけん引するときの最高速度

　他の車両をけん引するときの最高速度は時速 30 km です。ただし、**車両総重量 2 トン以下の車両を、その車両の 3 倍以上の車両総重量の自動車でけん引する場合の最高速度は時速 40 km** です。

図 3.1　他の車両をけん引するときの最高速度

3倍以上

最高速度
時速 40km

車両総重量 6 トン以上　　車両総重量 2 トン以下

覚えるコツ！

> けん引する場合の最高速度は、次のとおり覚えましょう！
> "2トン（以下）、3倍（以上）、（時速）40km、
> それ以外は、（時速）30km"

最高速度違反行為に係る車両の使用者に対する指示　重要度

　車両の運転者が最高速度違反行為を車両の**使用者の** 業務 に関してした場合において、当該最高速度違反行為に係る車両の**使用者**が当該車両につき最高速度違反行為を防止するため必要な 運行の管理 を行っていると認められないときは、車両の使用の本拠の位置を管轄する**公安委員会**は、車両の 使用者 に対し、最高速度違反行為となる運転が行われることのないよう運転者に 指導 しまたは 助言 することその他**最高速度違反行為**を防止するため**必要な措置**をとることを 指示 することができます。

最低速度　重要度

　道路標識等により最低速度が指定されていない**高速自動車国道**の本線車道における最低速度は、時速 **50 km** です。ただし、本線車道が**道路の構造上往復の方向別に分離されていない**場合は、この限りではありません。

✓欄	空欄に入るべき字句を答えなさい。	解答
□	1. 乗車定員 10 人、車両総重量 4,000kg の自動車は、□□ 自動車である	準中型
□	2. 車両総重量が 3,250kg の自動車が、故障した車両総重量 1,250kg の普通自動車をロープでけん引する場合の最高速度は、道路標識等により最高速度が指定されていない一般道路においては、時速 □□ である。	30km
□	3. 道路標識等により最低速度が指定されていない高速自動車国道の本線車道における最低速度は、時速 □□ である（本線車道が道路の構造上往復の方向別に分離されていないものを除く）。	50km
A□ B□	4. 自動車の運転者が最高速度違反行為を当該車両の使用者の業務に関してした場合において、当該最高速度違反行為に係る車両の使用者が当該車両につき最高速度違反行為を防止するため必要な □A□ を行っていると認められないときは、当該車両の使用の本拠の位置を管轄する公安委員会は、当該車両の □B□ に対し、最高速度違反行為となる運転が行われることのないよう運転者に指導し又は助言することその他最高速度違反行為を防止するため必要な措置をとることを指示することができる。	A：運行の管理 B：使用者

3 追越し等

「追越しが禁止される車両」「追越し禁止の場所」は必ず覚えましょう。「乗合自動車の発進の保護」についても押さえておきましょう。

● 追越しの方法

重要度

（1）追越しをしようとする車両**（後車）**は、その追い越されようとする車両**（前車）**が**他の自動車を追い越そうとしている**ときは、**追越しを始めてはなりません。**

（2）車両は、他の車両を追い越そうとするときは、その追い越されようとする車両（前車）の**右側**を通行しなければなりません。前車が法令の規定により、道路の**中央**または**右側端**に寄って通行しているときは、前車の**左側**を通行しなければなりません[†]。　×前車を追越してはなりません[†]

（3）車両は、**路面電車**を追い越そうとするときは、当該車両が追いついた**路面電車の左側を通行**しなければなりません。ただし、軌道が道路の左側端に寄って設けられているときは、この限りではありません。

● 追越しが禁止される車両

重要度

追越し禁止の道路標識の道路では、①**自動車**、②**原動機付自転車**、③**トロリーバスは追越し**できません。

□**追越し禁止の道路標識の道路**では、**軽車両以外**は、**追越し**できません。原動機付自転車は、**追越し**できません。

● 追越し禁止の場所

　車両は、**道路標識等により追越しが禁止されている道路の部分**及び次に掲げるその他の道路の部分においては、**他の車両（軽車両を除く）を追い越すため**[†]、進路を変更し、または前車の側方を通過してはなりません。

×前方が見とおせる場合を除き[†]

①**道路のまがりかど付近**

②**上り坂の頂上付近**

③**勾配の急な下り坂**[†]　　　　　　　　　　　　　　　×上り坂[†]

④**トンネル内の車両通行帯が設けられていない道路**

⑤**交差点**（当該車両が優先道路を通行している場合における優先道路にある交差点を除く）、**踏切、横断歩道、自転車横断帯**及び**これらの手前の側端から前に 30m 以内の部分**

● 乗合自動車の発進の保護

　停留所において乗客の乗降のため停車していた**乗合自動車**が発進するため進路変更しようとして手、方向指示器で**合図**した場合においては、**その後方の車両**は、**その速度または方向を急に変更しなければならないこととなる**場合を除き、当該乗合自動車の**進路の変更を妨げてはなりません**[†‡]。

×速やかに通過しなければなりません[†]

×変更しなければならないこととなる場合でも進路の変更を妨げてはなりません[‡]

「その速度または方向を急に変更しなければならないこととなる場合」とは、後方の車両が乗合自動車に接近し、**急ブレーキや急ハンドル**を余儀なくされ、**交通事故になる危険性が高い**ため、**例外扱い**となっていることを押さえておきましょう。

なお、「左折・右折車両の進路変更の禁止」（148ページ）も同じ趣旨です。

● 割込み等の禁止

重要度

　車両は、①法令の規定、②警察官の命令、③危険を防止するため、停止しまたは停止しようとして徐行している車両等に追いついたときは、その前方にある車両等の側方を通過してその前方に**割り込み**、またはその前方を**横切ってはなりません**。

● 車間距離の保持

重要度

　車両等は、同一の進路を進行している他の車両等の直後を進行するときは、その直前の車両等が急に停止したときにおいてもこれに**追突するのを避ける**ことができるため**必要な距離**を、これから保たなければなりません。

● 進路の変更の禁止

重要度

　車両は、進路を変更した場合にその変更した後の進路と同一の進路を**後方から進行してくる車両等の速度または方向を急に変更させることとなるおそれ**があるときは、**進路を変更してはなりません**[†]。

×速やかに進路を変更しなければなりません[†]

☑欄	空欄に入るべき字句を答えなさい。	解答
☐	1. 車両は、道路標識等により追越しが禁止されている道路の部分において、前方を進行している原動機付自転車を追い越すことは ☐ 。	できない
☐	2. 車両は、道路のまがりかど付近、上り坂の頂上付近又は勾配の急な ☐ 坂の道路の部分においては、他の車両（軽車両を除く。）を追い越すため、進路を変更し、又は前車の側方を通過してはならない。	下り
☐	3. 車両は、法令に規定する優先道路を通行している場合における当該優先道路にある交差点を除き、交差点の手前の側端から前に ☐ 以内の部分においては、他の車両（軽車両を除く。）を追い越すため、進路を変更し、又は前車の側方を通過してはならない。	30m
☐	4. 停留所において乗客の乗降のため停車していた乗合自動車が発進するため進路変更しようとして手、方向指示器で合図した場合においては、その後方の車両は、その速度または方向を急に変更しなければならないこととなる場合を ☐ 、当該乗合自動車の進路の変更を妨げてはならない。	除き

第 **3** 章

道路交通法

4 車両の交通方法

「車両通行帯」は穴うめの対策として、キーワードを必ず覚えましょう。「通行区分」及び「路線バス等優先通行帯」についても押さえておきましょう。

● 通行区分

重要度

車両は、道路の左側部分の幅員が **6 m 未満**† の道路において、他の車両を追い越そうとするときは、道路の中央から右の部分にその全部または一部を**はみ出して通行**することができます。

×8 m 未満†

アドバイス

他の車両を追い越そうとするとき、道路の左側の幅員は、**車両の最大幅（2.5 m）の2両分（5.0 m）**と**車両間（0.5 m）**と**路肩部分（0.5 m）**の6 m が必要になります。このため、**6 m 未満の道路**では、自ずと**道路の中央から右の部分に全部または一部をはみ出して通行することができる**ことを意味しています。

● 車両通行帯

重要度

車両は、**車両通行帯の設けられた道路**においては、道路の**左側端**から数えて 1番目 の車両通行帯を通行しなければなりません。ただし、**道路の左側部分**（一方通行となっているときは、当該道路）に 3 以上 の**車両通行帯が設けられているとき**は、その速度に応じ、その最も 右側 の車両通行帯**以外**の車両通行帯を通行することができます。

図 3.2　道路の左側端から数えて「1 番目」の車両通行帯を通行

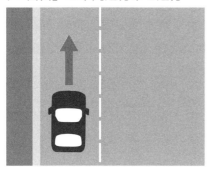

図 3.3　道路の左側部分に 3 以上の車両通行帯が設けられているとき

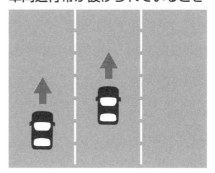

● 路線バス等優先通行帯

重要度　2　**3**　4　1　5

路線バス等の優先通行帯であることが道路標識等により表示されている車両通行帯が設けられている道路において、自動車（路線バス等を除く）は、後方から路線バス等が接近してきた場合、

図 3.4　路線バス等優先通行帯

①当該道路における**交通の混雑のため車両通行帯から出ることができないこととなるときは**	車両通行帯を**通行してはなりません**†。 ×路線バス等が接近してくるまで通行することができます†
②当該**車両通行帯を通行している場合においては、**	その正常な運行に支障を及ぼさないように速やかに車両通行帯の外に出なければなりません†。 ×正常な運行に支障を及ぼさない限り、通行できます†

● 軌道敷内の通行

　車両（トロリーバスを除く）は、**左折・右折・横断・転回するため軌道敷を横切る場合**または**危険防止のためやむを得ない場合を除き、軌道敷内を通行してはなりません。**ただし、法令で定める軌道敷内を通行することができる場合であって、路面電車の通行を妨げないときを除きます。

確認テスト

☑欄	空欄に入るべき字句を答えなさい。	解答
☐	1. 車両は、道路の左側部分の幅員が 　　　 に満たない道路において、他の車両を追い越そうとするときは、道路の中央から右の部分にその全部または一部をはみ出して通行することができる。	6m
A☐ B☐	2. 車両は、車両通行帯の設けられた道路においては、道路の左側端から数えて1番目の車両通行帯を通行しなければならない。ただし、道路の左側部分（一方通行となっているときは、当該道路）に 　A　 の車両通行帯が設けられているときは、その速度に応じ、その最も 　B　 の車両通行帯以外の車両通行帯を通行することができる。	A：3以上 B：右側
☐	3. 一般乗合旅客自動車運送事業者による路線定期運行の用に供する自動車（以下「路線バス等」という。）の優先通行帯であることが道路標識等により表示されている車両通行帯が設けられている道路においては、自動車（路線バス等を除く。）は、路線バス等が後方から接近してきた場合に当該道路における 　　　 のため当該車両通行帯から出ることができないこととなるときは、当該車両通行帯を通行してはならない。	交通の混雑

5 一時停止、徐行

「横断歩道等における歩行者等の優先」をはじめ、それぞれの場面ごとに「一時停止」か、「徐行」なのかを見極めることができるようにしましょう。

● 横断歩道等における歩行者等の優先

重要度

（1）進路の前方を横断し、または横断しようとする歩行者等があるとき

車両等は横断歩道の直前で、**一時停止**[†]し、かつ、歩行者の進行を妨げないようにしなければなりません。

×徐行[†]

（2）進路の前方を横断しようとする歩行者等がないことが明らかな場合を除き

車両等は横断歩道の直前で、**停止することができるような速度で進行**しなければなりません（徐行に準ずる）。

� 重要

横断歩道に接近する場合

横断または横断しようとする歩行者等があるとき	横断しようとする歩行者等がないことが明らかな場合を除き	横断しようとする歩行者等がないとき
横断歩道の直前で**一時停止**し、かつ、その通行を妨げないようにしなければならない	横断歩道の直前で**停止することができるような速度で進行**しなければならない	横断歩道を通過できる

（3）横断歩道等またはその手前で停止している車両等があるとき

車両等は、停止している車両等の**側方を通過**してその前方に出ようとするときは、その**前方に出る前に一時停止**[†]しなければなりません。

×直前で停止することができるような速度で進行[†]

「側方を通過」の字句のある設問には、原則「徐行」の2文字があります。ただし、**横断歩道またはその手前で停止している車両等があるとき**は例外として「一時停止」となります。

（4）横断歩道のない交差点における歩行者の優先

　車両は、**交差点**または**その直近で横断歩道の設けられていない場所**において、**歩行者が道路を横断しているとき**は、その歩行者の通行を妨げてはなりません[†]。

×一時停止し、その歩行者の通行を妨げないように努めなければなりません[†]

● 左折・右折車両の進路変更の禁止

重要度

　左折・右折しようとする車両が、法令の規定により、それぞれ道路の左側端、中央または右側端に寄ろうとして**手・方向指示器による合図**をした場合においては、**その後方にある車両**は、<u>その速度または方向を急に変更しなければならないこととなる</u>場合を除き、**合図をした車両の進路の変更を妨げてはなりません**。

● 左折

重要度

　車両は、**左折**するときは、あらかじめその前からできる限り道路の**左側端**に寄り、かつ、できる限り道路の**左側端**に沿って（道路標識等により通行すべき部分が指定されているときは、その指定された部分を通行して）**徐行**[†]しなければなりません。

×歩行者等の通行を妨げないよう速やかに進行[†]

● 右折

重要度

　車両（軽車両を除く）は、**右折**するときは、あらかじめその前からできる限り道路の**中央**に寄り、かつ、交差点の中心の直近の**内側**（道路標識等により通

行すべき部分が指定されているときは、その指定された部分）を**徐行**しなけれ
ばなりません。

● 歩道等を横断するとき

重要度

　車両は、**道路外の施設または場所に出入りする**ため、やむを得ない場合にお
いて、**歩道等**（歩道または路側帯）**を横断するとき**、または、法令の規定によ
り歩道等で駐停車するため、必要な限度において**歩道等を通行**するときは、**歩
道等に入る直前**で**一時停止**[†]し、かつ、歩行者の通行を妨げないようにしなけ
ればなりません。

×徐行[†]

● 歩道と車道の区別のない道路の通行

重要度

　車両は、歩道と車道の区別のない道路を通行する場合その他の場合において、
歩行者の**側方を通過**するときは、これとの間に**安全な間隔を保ち**、または**徐行**
しなければなりません。

● 徐行すべき場所

重要度

　車両等は、道路標識等により徐行が指定されている場合のほか、次の場合に
は、徐行しなければなりません。

①**左右の見とおしがきかない交差点に入ろう**とし、または**交差点内で左右
の見とおしがきかない部分を通行**しようとするとき（優先道路を通行し
ている場合等を除く）
②**道路のまがりかど付近**
③**上り坂の頂上付近**
④**勾配の急な下り坂を通行するとき**

☑欄	空欄に入るべき字句を答えなさい。	解答
☐	1. 車両等は、横断歩道等に接近する場合には、当該横断歩道等を通過する際に当該横断歩道等によりその進路の前方を横断しようとする歩行者等がないことが明らかな場合を除き、当該横断歩道等の直前（道路標識等による停止線が設けられているときは、その停止線の直前。）で ☐ しなければならない。	停止することができるような速度で進行
☐	2. 車両等は、横断歩道等又はその手前の直前で停止している車両等がある場合において、当該停止している車両等の側方を通過してその前方に出ようとするときは、その前方に出る前に ☐ しなければならない。	一時停止
☐	3. 車両は、左折するときは、あらかじめその前からできる限り道路の左側端に寄り、かつ、できる限り道路の左側端に沿つて（道路標識等により通行すべき部分が指定されているときは、その指定された部分を通行して） ☐ しなければならない。	徐行
☐	4. 車両は、歩道と車道の区別のない道路を通行する場合その他の場合において、歩行者の側方を通過するときは、これとの間に安全な間隔を保ち、または ☐ しなければならない。	徐行

6 交差点

「交差点への進入禁止」「交差点における他の車両等との関係」及び「環状交差点」については、各場面ごとのキーワードを押さえておきましょう。

● 交差点への進入禁止

重要度

交通整理の行われている交差点に入ろうとする車両等は、その進行しようとする進路の前方の車両等の状況により、**交差点に入った場合**においては、当該**交差点内で停止**することとなり、交差道路における車両等の**通行の妨害**となるおそれがあるときは、**交差点に入ってはなりません**†。　　　　　　　　×徐行†

● 交差点における他の車両等との関係

重要度

（1）車両等（優先道路を通行している車両等を除く）は、交通整理の行われていない**交差点に入ろうとする場合**において、

①**交差道路が優先道路**であるときは	**徐行**†しなければなりません。
②その通行している**道路の幅員よりも交差道路の幅員が明らかに広い**ものであるときは	×一時停止†

（2）車両等は交通整理の行われていない**交差点**においては、その通行している道路が優先道路である場合を除き、

①**交差道路が優先道路**であるときは	当該交差道路を通行する車両等の進行妨害をしてはなりません。
②その通行している道路の幅員よりも交差道路の幅員が明らかに広いものであるときは	

(3) 車両等は**交差点に入ろうとし、及び交差点内を通行するときは**、当該交差点の状況に応じ、

①**交差道路**を**通行する車両**等に	特に注意し、かつ、できる限り**安全な速度と方法で**進行しなければなりません。
②**反対方向から進行してきて右折する車両**等に	
③**交差点またはその直近で道路を横断する歩行者**に	

(4) 車両等は**交差点で右折**する場合、当該交差点において、

①**直進**しようとする車両等があるとき	当該車両等の**進行妨害**をしてはなりません。
②**左折**しようとする車両等があるとき	

(5) **緊急自動車が交差点又はその付近に接近してきたとき、車両は交差点を避け、**かつ、道路の**左側**（一方通行となっている道路においてその左側に寄ることが緊急自動車の通行を妨げることとなる場合にあっては、道路の右側）に寄って、**一時停止**[†]しなければなりません。　　　　　　×徐行[†]

(6) **交差点またはその直近で横断歩道の設けられていない場所において歩行者が道路を横断しているとき、**車両等は、その**歩行者の通行を妨げてはなりません**[†]。　　×妨げないよう努めなければなりません[†]

●環状交差点

重要度

　車両は、環状交差点において**左折・右折、直進・転回**するときは、あらかじめその前からできる限り道路の**左側端に寄り**、かつ、**できる限り環状交差点の側端に沿って**（道路標識等により通行すべき部分が指定されているときは、その指定された部分を通行して）**徐行**しなければなりません。

　車両等は、**環状交差点に入ろうとするときは、**徐行しなければなりません。

図 3.5 環状交差点

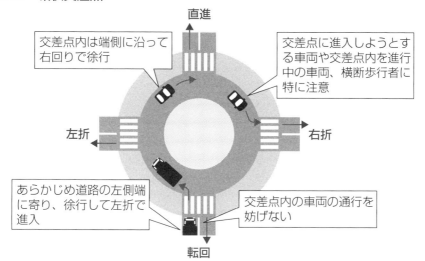

直進

交差点内は端側に沿って
右回りで徐行

交差点に進入しようとす
る車両や交差点内を進行
中の車両、横断歩行者に
特に注意

左折

右折

あらかじめ道路の左側端
に寄り、徐行して左折で
進入

交差点内の車両の通行を
妨げない

転回

確認テスト

☑欄	空欄に入るべき字句を答えなさい。	解答
☐	1. 車両等（優先道路を通行している車両等を除く。）は、交通整理の行われていない交差点に入ろうとする場合において、交差道路が優先道路であるとき、又はその通行している道路の幅員よりも交差道路の幅員が明らかに広いものであるときは、 ☐ しなければならない。	徐行
☐	2. 交通整理の行われている交差点に入ろうとする車両等は、その進行しようとする進路の前方の車両等の状況により、交差点（交差点内に道路標識等による停止線が設けられているときは、その停止線を越えた部分。）に入った場合においては当該交差点内で ☐ することとなり、よって交差道路における車両等の通行の妨害となるおそれがあるときは、当該交差点に入ってはならない。	停止

☐	3. 交差点又はその付近において、緊急自動車が接近してきたときは、車両（緊急自動車を除く。）は交差点を避け、かつ、道路の左側（一方通行となっている道路においてその左側に寄ることが緊急自動車の通行を妨げることとなる場合にあっては、道路の右側。）に寄って ☐ しなければならない。	一時停止
☐	4. 車両は、環状交差点において左折し、又は右折するときは、あらかじめその前からできる限り道路の左側端に寄り、かつ、できる限り環状交差点の側端に沿つて（道路標識等により通行すべき部分が指定されているときは、その指定された部分を通行して） ☐ しなければならない。	徐行

「合図」及び「合図の時期」については必ず覚えましょう。「信号の色と意味」及び「警音器の使用」についてもしっかり押さえましょう。

●信号の色と意味

重要度

（1）青色（灯火）

　車両等（多通行帯道路等通行原動機付自転車*及び軽車両を除く）は**直進**し、**左折**し、または**右折**することができます。

*「**多通行帯道路等通行原動機付自転車**」…**右折**につき道路標識等によって指定されている交差点及び多通行帯道路（道路の左側部分に車両通行帯が3以上設けられている道路）で、交通整理が行われている交差点を通行する原動機付自転車をいう

（2）黄色（灯火）

　車両等は、**停止位置を越えて進行してはなりません。**ただし、**黄色の灯火の信号が表示されたとき**において**当該停止位置に近接**しているため**安全に停止することができない場合を除きます。**

（3）赤色（灯火）

　車両等は、**停止位置を越えて進行してはなりません。**交差点において車両等が右・左折しているときの信号の意味は、表3.4のとおりです。

表3.4　交差点における赤色（灯火）の信号の意味

既に**左折している**車両等	そのまま進行することができます。
既に**右折している**車両等 （多通行帯道路等通行原動機付自転車及び軽車両を除く）	そのまま進行することができます。 この場合において、当該車両等は、**青色の灯火により進行することができるとされている車両等の進行妨害をしてはなりません**[†]。　×に優先して進行できる[†]

（次ページに続く）

第**3**章

道路交通法

既に右折している多通行帯道路等通行原動機付自転車及び軽車両	その右折している地点において停止しなければなりません。

（4）青色（灯火）の矢印

車両は、黄色の灯火または赤色の灯火の信号にかかわらず、**矢印の方向に進行することができます**。この場合において、**交差点において右折する多通行帯道路等通行原動機付自転車及び軽車両は、直進する多通行帯道路等通行原動機付自転車及び軽車両**とみなされます。

図 3.6　青色（灯火）の矢印

（5）黄色（灯火）の点滅

車両等は、**他の交通に注意して進行**することができます。

（6）赤色（灯火）の点滅

車両等は、停止位置において**一時停止**しなければなりません。

● 車両等の灯火

重要度

車両等は、**夜間（日没時から日出時までの時間）の場合**のほか、トンネルの中、**濃霧がかかっている場所**その他の場所で、**視界が高速自動車国道及び自動車専用道路**においては 200m、**その他の道路**においては 50m 以下であるような暗い場所**を通行する場合**及び当該場所に停車し、または駐車している場合においては、**前照灯、車幅灯、尾灯その他の灯火**をつけなければなりません。

ただし、**高速自動車国道及び自動車専用道路**においては**前方 200m、その他の道路**においては前方 50m まで明瞭に見える程度に**照明が行われている**トンネルを通行する場合は、**この限りではありません**。

● 合図

重要度

車両（自転車以外の軽車両を除く）の運転者は、**左折し、右折し、転回し、**

徐行し、停止し、後退し、または**同一方向に進行しながら進路を変えるとき**は、**手、方向指示器または灯火**により**合図**をし、かつ、**これらの行為が終わるまで**当該**合図**を継続しなければなりません。

合図の時期

合図を行う時期については、表 3.5 のとおりです。

表 3.5　合図の時期

合図を行う場合	合図を行う時期
左折するとき	その行為をしようとする地点（交差点においてその行為をする場合にあっては、当該交差点の手前の側端）から 30 m 手前の地点に達したとき
右折し、または転回するとき	その行為をしようとする地点（交差点において右折する場合にあっては、当該交差点の手前の側端）から 30 m 手前の地点に達したとき
同一方向に進行しながら進路を左方または右方に変えるとき	その行為をしようとするときの 3 秒前のとき
①徐行し、または停止するとき ②後退するとき	その行為をしようとするとき

警音器の使用

車両等（自転車以外の軽車両を除く）の運転者は、①**左右の見とおしのきかない交差点**、②**見とおしのきかない道路の曲がり角**、③**見とおしのきかない上り坂の頂上**において、**道路標識等により指定された場所**を通行しようとするときは、**警音器を鳴らさなければなりません**[†]。　×必ず警音器を鳴らさなければならない[†]

☑欄	空欄に入るべき字句を答えなさい。	解答
☐	1. 交差点において既に右折している車両等（多通行帯道路等通行原動機付自転車及び軽車両を除く。）は、信号機の表示する信号の種類が赤色の灯火のときでも、そのまま進行することができる。この場合において、当該車両等は、青色の灯火により進行することができることとされている車両等の ☐ をしてはならない。	進行妨害
A☐ B☐	2. 車両等は、トンネルの中、濃霧がかかっている場所その他の場所で、視界が高速自動車国道及び自動車専用道路においては ☐ A ☐、その他の道路においては ☐ B ☐ 以下であるような暗い場所を通行する場合及び当該場所に停車し、又は駐車している場合においては、前照灯、車幅灯、尾灯その他の灯火をつけなければならない。	A：200m B：50m
☐	3. 車両の運転者が左折又は右折するときの合図を行う時期は、その行為をしようとする地点（交差点においてその行為をする場合にあっては、当該交差点の手前の側端）から ☐ 手前の地点に達したときである。	30m
☐	4. 車両の運転者が同一方向に進行しながら進路を左方又は右方に変えるときの合図を行う時期は、その行為をしようとする時の ☐ 前のときである。	3秒

駐停車禁止、駐車禁止

「駐停車禁止」及び「駐車禁止」のそれぞれの範囲は、必ず覚えましょう。「無余地駐車」の範囲もしっかり押さえましょう。

● 停車及び駐車を禁止する場所

重要度

車両は、乗合自動車・トロリーバスが停留所・停留場において、乗客の乗降のため停車するとき等を除き、①**道路標識等により駐停車が禁止されている道路の部分、**②次に掲げるその他の道路の部分においては、**法令の規定・警察官の命令**により、または**危険を防止するため一時停止する場合**のほか、**駐停車禁止**です。

表 3.6　停車及び駐車を禁止する場所

交差点、横断歩道、自転車横断帯、踏切、軌道敷内、坂の頂上付近、勾配の急な坂、トンネル	該当の箇所
交差点の側端、道路のまがりかどから	5 m 以内の部分
横断歩道、自転車横断帯の前後の側端からそれぞれ前後に	5 m 以内の部分
安全地帯が設けられている道路の当該安全地帯の左側の部分及び当該部分の前後の側端からそれぞれ前後に	10 m 以内の部分
乗合自動車の停留所またはトロリーバス・路面電車の停留場を表示する標示柱・標示板が設けられている位置から	10m 以内の部分（乗合自動車・トロリーバス・路面電車の運行時間中に限る）
踏切の前後の側端からそれぞれ前後に	10 m 以内の部分

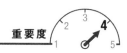

覚えるコツ！

駐停車禁止の範囲は、走り幅跳びを採点するイメージで覚えましょう。

"安 　　　 定した 　踏切は 　10点、それ以外は 　5点"
　安全地帯 　停留所 　踏切 　　10m 　　　　　　　5m

●駐車を禁止する場所

重要度 4

車両は、①道路標識等により駐車が禁止されている道路の部分、②次に掲げるその他の道路の部分においては、**公安委員会の定めるところにより警察署長の許可を受けたときを除き、**駐車禁止です。

表3.7　駐車を禁止する場所

火災報知機から	1 m 以内の部分
人の乗降、貨物の積卸し、駐車または自動車の格納・修理のため道路外に設けられた施設・場所の道路に接する自動車用の出入口から	3 m 以内の部分
道路工事が行われている場合における当該工事区域の側端から	5 m 以内の部分
消防用機械器具の置場・消防用防火水槽の側端またはこれらの道路に接する出入口から	
消火栓、指定消防水利の標識が設けられている位置または消防用防火水槽の吸水口・吸管投入孔から	

覚えるコツ！

駐車禁止の範囲は、野球の打順のイメージで覚えましょう。

"葛西1番 　　　上皇3番 　　　浩二5番は 　　小5の記憶"
火災報知器 1m 　乗降 3m 　　道路工事 5m 　　消防・消火栓 5m

● 無余地駐車の禁止

車両は、駐車する場合に当該**車両の右側**の道路上に **3.5m** [†]（道路標識等により距離が指定されているときは、その距離）**以上の余地がない**場所は、**駐車禁止**です。　　　　　　　　　　　　　　　　　　　　× 3m [†]

ただし、次の場合を除きます。

①貨物の積卸しを行う場合で運転者がその車両を離れないとき

②運転者がその車両を離れたが直ちに運転に従事することができる状態にあるとき

③傷病者の救護のためやむを得ないとき

図 3.7　道路上の余地

3.5m 以上の余地

駐車できます

確認テスト

☑欄	空欄に入るべき字句を答えなさい。	解答
☐	1. 車両は、横断歩道又は自転車横断帯の前後の側端からそれぞれ前後に □ 以内の部分は、停車し、または駐車してはならない。	5m
☐	2. 車両は、安全地帯が設けられている道路のその安全地帯の左側の部分およびこの部分の前後の側端からそれぞれ前後に □ 以内の部分は、停車し、または駐車してはならない。	10m
☐	3. 車両は、火災報知機から □ 以内の部分は、駐車してはならない。	1m

第❸章

道路交通法

☐	4. 車両は、人の乗降、貨物の積卸し等のため道路外に設けられた施設等の道路に接する自動車用の出入口から ☐ 以内の部分は、駐車してはならない。	3m
☐	5. 車両は、消火栓、指定消防水利の標識が設けられている位置又は消防用防火水槽の吸水口若しくは吸管投入孔から ☐ 以内の部分は、駐車してはならない。	5m

9 過労運転等の禁止、公安委員会の通知

「過労運転に係る車両の使用者に対する指示」と「公安委員会の通知」の穴うめの対策として、キーワードをそれぞれ押さえましょう。

過労運転等の禁止

重要度 **3**

何人も、**酒気帯び運転**のほか、**過労**、**病気**、**薬物**の影響その他の理由により、**正常な運転**ができないおそれがある状態で車両等を**運転してはなりません**。

過労運転に係る車両の使用者に対する指示

重要度 **4**

車両の運転者が**過労**により 正常な運転 ができないおそれがある状態で車両を運転する行為（**過労運転**）を当該車両の**使用者の業務**に関してした場合において、当該過労運転に係る車両の 使用者 が当該車両につき過労運転を防止するため必要な 運行の管理 を行っていると認められないときは、当該車両の使用の本拠の位置を管轄する**公安委員会**は、当該車両の**使用者**に対し、過労運転が行われることのないよう運転者に**指導**し又は 助言 することその他**過労運転を防止**するため 必要な措置をとる ことを 指示 することができます。

□ 「過労運転に係る車両の使用者に対する指示」と「最高速度違反行為に係る車両の使用者に対する指示」（138 ページ）のキーワード（**使用者の業務**、**運行の管理**、**公安委員会**、**指導**、**助言**、**必要な措置**、**指示**）は同じであることをチェックしましょう。

第**3**章

道路交通法

● 自動車の使用者の義務

（1）自動車の**使用者**は、その者の**業務**に関し、自動車の**運転者に対し**、次の
いずれかに掲げる行為をすることを**命じ**、または自動車の運転者がこれらの
行為をすることを**容認してはなりません**。

①**無免許運転** ②**最高速度違反運転** ③**酒気帯び運転** ④**過労運転** ⑤**無資
格運転** ⑥**乗車の制限違反運転** ⑦**自動車を離れて直ちに運転することがで
きない状態にする行為**

（2）自動車の使用者が法令の規定に違反し、当該違反により自動車の運転者
が次のいずれかに掲げる行為をした場合において、自動車の**使用者**がその者
の業務に関し自動車を使用することが**著しく道路における交通の危険を生じ
させ**、または**著しく交通の妨害となるおそれ**があると認めるときは、違反に
係る自動車の使用の本拠の位置を管轄する**公安委員会**は、自動車の**使用者**に
対し、**6 カ月**を超えない範囲内で期間を定めて、**違反に係る自動車を運転さ
せてはならない旨を命ずる**ことができる。

---

①公安委員会の運転免許を受けている者でなければ運転することができな
　い自動車を運転免許を受けている者以外の者が運転すること。

②**最高速度の規定に違反**して運転すること

③**酒気帯び運転等の禁止の規定に違反**して運転すること

④**過労運転等の禁止の規定に違反**して運転すること

⑤運転資格の規定に違反して運転すること

⑥乗車または積載の制限等の規定に違反して運転すること

⑦自動車を離れて直ちに運転することができない状態にする行為

● 乗車または積載の方法・制限

（1）車両の運転者は、車両の**乗車のために設備された場所以外**の場所に**乗車**
させ、または乗車または積載のために設備された場所**以外**の場所に**積載**して

運転してはなりません。ただし、貨物自動車で貨物を積載している場合は、貨物を看守するため必要な最少限度の人員をその荷台に乗車させて**運転する**ことができます。

（2）車両の運転者は、運転者の**視野・ハンドルその他の装置の操作を妨げ**、後写鏡の効用を失わせ、**車両の安定を害し**、または外部から当該車両の**方向指示器、車両の番号標、制動灯、尾灯もしくは後部反射器を確認することができないこととなる**ような**乗車または積載をして車両を運転してはなりません。**

（3）車両（軽車両を除く）の運転者は、当該車両について政令で定める**乗車人員または積載物の重量・大きさ、積載の方法の制限を超えて**乗車または積載をして車両を**運転してはなりません。**

● 妨害運転（あおり運転）禁止

重要度

①他の車両等の通行を妨害する目的で、①**通行区分違反**、②**急ブレーキ禁止違反**、③**車間距離不保持**、④**進路変更禁止違反**、⑤**追越し違反**、⑥**減光等義務違反**、⑦**警音器使用制限違反**、⑧**安全運転義務違反**、⑨**最低速度違反（高速自動車国道）**、⑩**高速自動車国道等駐停車違反**の行為であって、**他の車両等に道路における交通の危険を生じさせるおそれのある方法**によるものをしてはなりません。（懲役3年以下または罰金50万円以下）

②①の罪を犯し、**高速自動車国道**等において**他の自動車を停止**させ、その他道路における**著しい交通の危険を生じさせてはなりません。**（懲役5年以下または罰金100万円以下））

③②の行為をしたときは、**運転免許を取り消す**ことができ、3年以上10年を超えない範囲内で**運転免許を受けることができない期間**を指定できます。

● 公安委員会の通知

重要度

車両等の運転者が道路交通法若しくは同法に基づく**命令**の規定または同法の規定に基づく〔**処分に違反**〕した場合において、当該違反が当該違反に係る車両

等の <u>使用者</u> の業務に関してなされたものであると認めるときは、**公安委員会**は、内閣府令で定めるところにより、当該車両等の使用者が道路運送法の規定による**自動車運送事業者**、貨物利用運送事業法の規定による第二種貨物利用運送事業を経営する者であるときは当該事業者及び当該 <u>事業を監督する行政庁</u> に対し、当該車両等の使用者がこれらの事業者以外の者であるときは当該車両等の使用者に対し、当該 <u>違反の内容</u> を**通知**することになります。

● 特定自動運行の許可

特定自動運行を行おうとする者は、特定自動運行を行おうとする場所を管轄する公安委員会の**許可**を受けなければなりません。

許可を受けた**特定自動運行実施者**は、次のいずれかの措置を講じなければなりません。

---

①特定自動運行用自動車の**周囲の道路及び交通の状況、特定自動運行用自動車の状況を映像及び音声により確認**することができる遠隔監視装置を**備え付け**、特定自動運行主任者を配置する（乗車している場合を除く。）、
②**特定自動運行において交通事故があった場合の措置その他の措置を講じさせる**ため、特定自動運行主任者を特定自動運行用自動車に乗車させる。

特定自動運行において特定自動運行用自動車（遠隔監視装置による措置が講じられたものに限る。）に交通事故があったときは、**特定自動運行主任者は、直ちに交通事故の現場の最寄りの消防機関に通報する措置及び現場措置業務実施者を交通事故の現場に向かわせる措置を講じなければなりません。**この場合、**特定自動運行主任者**は、直ちに当該交通事故の現場の最寄りの警察署の警察官に交通事故発生日時等を報告しなければなりません。

公安委員会は、**特定自動運行実施者**またはその**特定自動運行業務従事者**が、特定自動運行に関しこの法律、この法律に基づく**命令**の規定、この法律の規定に基づく**処分**または他の法令の規定に**違反**した場合において、**道路における危**

険を防止しその他交通の安全と円滑を図るため必要があると認めるときは、特定自動運行実施者に対し、特定自動運行に関し必要な措置をとるべきことを指示することができます。

確認テスト

☑欄	空欄に入るべき字句を答えなさい。	解答
A☐ B☐	1. 車両の運転者が過労により ［　A　］ 運転ができないおそれがある状態で車両を運転する行為（過労運転）を当該車両の使用者の業務に関してした場合において、当該過労運転に係る車両の使用者が当該車両につき過労運転を防止するため必要な ［　B　］ を行っていると認められないときは、当該車両の使用の本拠の位置を管轄する公安委員会は、当該車両の使用者に対し、過労運転が行われることのないよう運転者に指導し又は助言することその他過労運転を防止するため必要な措置をとることを指示することができる。	A：正常な B：運行の管理
☐	2. 自動車の使用者は、その者の ［　　］ に関し、自動車の運転者に対し、酒気帯び運転禁止の規定に違反して自動車を運転する行為をすることを命じ、又は自動車の運転者がこれらの行為をすることを容認してはならない。	業務

A□ B□	3. 車両等の運転者がこの法律若しくはこの法律に基づく命令の規定又はこの法律の規定に基づく処分に違反した場合において、当該違反が当該違反に係る車両等の使用者の業務に関してなされたものであると認めるときは、 A は、内閣府令で定めるところにより、当該車両等の使用者が道路運送法の規定による自動車運送事業者、貨物利用運送事業法の規定による第二種貨物利用運送事業を経営する者又は軌道法の規定による軌道の事業者であるときは当該事業者及び当該事業を監督する行政庁に対し、当該車両等の使用者がこれらの事業者以外の者であるときは当該車両等の使用者に対し、当該 B を通知するものとする。	A：公安員委員会 B：違反の内容

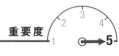

10 運転者の義務・遵守事項

「運転者の義務」は穴うめの対策として、キーワードを必ず覚えましょう。
「運転者の遵守事項」は、個別にしっかり理解したうえで覚えましょう。

● 運転者の義務

重要度 **5**

第**3**章 道路交通法

　交通事故があったときは、当該交通事故に係る車両等の運転者その他の乗務員は、直ちに車両等の**運転を停止**して、 負傷者を救護 し、**道路における** 危険を防止 する等**必要な措置**を講じなければなりません。この場合において、当該車両等の運転者（運転者が死亡し、又は負傷したためやむを得ないときは、その他の乗務員）は、警察官が現場にいるときは当該**警察官**に、警察官が現場にいないときは直ちに最寄りの警察署（派出所又は駐在所を含む）の**警察官**に当該**交通事故が発生した** 日時及び場所 、当該交通事故における 死傷者の数 及び 負傷者の負傷の程度 並びに 損壊した物及びその損壊の程度、当該交通事故に係る車両等の 積載物 並びに 当該交通事故について講じた措置 を報告しなければなりません。

✎重要

　　交通事故のときの運転者の義務については、次のキーワードを押さえましょう。

1．交通事故の発生時の措置
　①運転の停止
　②負傷者の救護
　③道路における危険の防止

2．警察官への報告
　①事故発生の日時、場所
　②死傷者の数、負傷者の負傷の程度
　③損壊物、損壊の程度
　④車両等の積載物
　⑤当該交通事故について講じた措置

● 高速自動車国道等での運転者の義務

重要度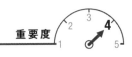

自動車の運転者は、次に掲げる事項を守らなければなりません。

（1）高速自動車国道等において運転しようとするときは、あらかじめ、**燃料・冷却水・原動機のオイルの量**または貨物の積載の状態を点検し、必要がある場合においては、高速自動車国道等において**燃料・冷却水・原動機のオイルの量の不足のため運転することができなくなる**ことまたは**積載している物を転落させ、飛散させることを防止するための措置を講じなけれ**ばなりません。

（2）故障その他の理由により高速自動車国道等の**本線車道**もしくはこれに接する**加速車線・減速車線・登坂車線**（以下「**本線車道等**」という）またはこれらに接する路肩・路側帯において、当該自動車を運転することができなくなったときは、**停止表示器材**を**後方から進行してくる自動車の運転者が見やすい位置に置いて**、自動車が故障その他の理由により停止しているものであることを**表示**しなければなりません[†]。

> ✕ただし、本線車道等に接する路肩・路側帯は、この限りではない[†]

（3）自動車は、法令の規定によりその速度を減ずる場合等を除き、**高速自動車国道の本線車道**においては、道路標識等により自動車の**最低速度が指定されている区間**にあっては**その最低速度**に、**その他の区間**においては、**時速 50km の最低速度に達しない速度で進行してはなりません**。ただし、往復の方向にする通行が行われている本線車道で、本線車線が道路の構造上往復の方向別に分離されていない場合は、この限りではありません。

（4）自動車（緊急自動車を除く。）は、**本線車道に入ろうとする場合**（本線車道から他の本線車道に入ろうとする場合は、道路標識等により指定された本線車道に入ろうとする場合に限る。）において、**本線車道を通行する自動車があるときは、自動車の進行妨害をしてはなりません**。ただし、**交差点において、交通整理が行われているとき**は、この限りではありません。

（5）自動車は、**本線車道に入ろうとする**場合、**加速車線が設けられているときは、その加速車線を通行しなければなりません**[†]。

> ✕本線車道で後方から進行してくる自動車がないときはこの限りではない[†]

（6）自動車は、その通行している**本線車道から出ようとする**場合においては、**あらかじめその前から出口に接続する車両通行帯を通行しなければなりません**[†]。この場合、減速車線が設けられているときは、その**減速車線を通行**しなければなりません。

×本線車道で後方から進行してくる自動車がないときはこの限りではない[†]

（7）**高速自動車国道等**においては、法令の規定若しくは警察官の命令により、または危険を防止するため一時停止する場合のほか、**停車し、または駐車してはなりません**。ただし、**故障その他の理由により停車し、または駐車することがやむを得ない場合**において、停車または駐車のため**十分な幅員がある路肩・路側帯に停車し、または駐車するとき**は、**この限りではありません。**

● 運転者の遵守事項

重要度

車両等の運転者は、次に掲げる事項を守らなければなりません。

（1）①**身体障害用の車いす**、②**目が見えない者**、③**耳が聞こえない者**が杖を携え、通行しているとき④**監護者が付き添わない児童、幼児が歩行しているとき**は	**一時停止**しまたは**徐行してその通行**または**歩行を妨げない**ようにしなければなりません[†]。×その側方を離れて走行し、その通行を妨げないようにしなければならない[†]
（2）①**高齢の歩行者**、②**身体障害のある歩行者**等でその**通行に支障のあるもの**が通行しているときは	**一時停止**しまたは**徐行してその通行を妨げない**ようにしなければなりません[†]。×できる限り安全な速度と方法で進行[†]
（3）児童・幼児等の乗降のため、停車している**通学通園バス**の**側方を通過**するときは	**徐行**して**安全を確認**しなければなりません。
（4）道路の左側部分にある**安全地帯**の**側方を通過**する場合、安全地帯に歩行者がいるときは	**徐行**しなければなりません[†]。×一時停止[†]

（5）**安全を確認しないで**、ドアを開き、車両等から降りないようにし、乗車している他の者がこれらの行為により、**交通の危険を生じさせないように**するため**必要な措置**を講じなければなりません。

（6）**車両等を離れるときは、**その原動機を止め、完全にブレーキをかける等当該車両等が停止の状態を保つため**必要な措置**を講じなければなりなません†。　　　　　　　　　　　　×原動機を止めることを要しない†

（7）自動車を運転する場合、危険防止のためやむを得ない場合を除き、進行している初心運転者標識・高齢運転者標識・聴覚障害運転者標識・身体障害者運転者標識、仮免許練習標識の表示自動車の側方に幅寄せしてはなりません。自動車が進路を変更した場合にその変更した後の進路と同一の進路を後方から進行してくる**表示自動車が当該自動車との間**に法令に規定する必要な距離を保つことができない**こととなるとき**は進路を変更してはなりません。

（8）自動車を運転する場合、自動車が停止しているときを除き†
　　①**携帯電話用装置その他無線通話装置**（手で保持しなければ送信・受信のいずれをも行うことができないものに限る）を通話のために**使用してはなりません。**
　　②**画像表示用装置**の表示された画像を**注視してはなりません。**
　　　　　　　　　　　　　　　　　　　　　　×運転または停止にかかわらず†

（9）①自動車の運転者は、法令で定める場合を除き、**座席ベルトを装着しない**いで自動車を運転してはなりません†。　　　×高速自動車国道に限り†
　　　ただし、次の場合は**免除されています。**
　　ア．負傷、障害、妊娠中で、座席ベルトの装着が**療養上、健康保持上適当でない者**
　　イ．自動車を後退させるとき
　　②自動車の運転者は、法令で定める場合を除き、座席ベルトを装着しない者を、**運転者席以外の乗車装置に乗車させて運転してはなりません。**

（10）幼児用補助装置を使用しないで**幼児を乗車**させて自動車を**運転してはなりません。**ただし、**一般旅客自動車運送事業の用に供される自動車**の運転者が、**旅客である**幼児を乗車させるときは、**幼児用補助装置**を使用しないで幼児を乗車させて自動車を**運転する**ことができます。

上記（1）、（2）のいわゆる「**交通弱者**」の設問では、「一時停止」「徐行」のいずれかではなく、「**一時停止**」「**徐行**」の両方が規定されていることを押さえましょう。

確認テスト

☑欄	空欄に入るべき字句を答えなさい。	解答
☐	1. 交通事故があったときは、当該交通事故に係る車両等の運転者その他の乗務員は、直ちに車両等の運転を停止して、 ☐ し、道路における危険を防止する等必要な措置を講じなければならない。	負傷者を救護
☐	2. 車両等の運転者は、児童、幼児等の乗降のため、道路運送車両の保安基準に関する規定に定める非常点滅表示灯をつけて停車している通学通園バスの側方を通過するときは、 ☐ して安全を確認しなければならない。	徐行
☐	3. 車両等の運転者は、高齢の歩行者でその通行に支障のあるものが通行しているときは、 ☐ し、又は徐行して、その通行を妨げないようにしなければならない。	一時停止
☐	4. 自動車を運転する場合においては、当該自動車が停止しているときを ☐ 、携帯電話用装置（その全部又は一部を手で保持しなければ送信及び受信のいずれをも行うことができないものに限る。）を通話（傷病者の救護等のため当該自動車の走行中に緊急やむを得ずに行うものを除く。）のために使用してはならない。	除き

 11 運転免許

「第二種免許の取得年齢」「免許の通算期間」「免許の取消し・停止」及び「免許の効力の仮停止」については押さえておきましょう。

● 運転免許の種類

重要度 ③

運転免許は、①**第一種運転免許**（以下「第一種免許」という）、②**第二種運転免許**（以下、「第二種免許」という）、③**仮運転免許**（以下「仮免許」という）**の３つに区分**されます。

（1）第一種免許の種類

①自動車等を運転しようとする者は、自動車等の種類に応じ、第一種免許を受けなければなりません。

第一種免許の種類は、準中型免許の新設に伴い、**10 種類**となっています。

表 3.8　第一種免許の種類

自動車等の種類	第一種免許の種類
1. 大型自動車	1. 大型免許
2. 中型自動車	2. 中型免許
3. 準中型自動車	3. 準中型免許
4. 普通自動車	4. 普通免許
5. 大型特殊自動車	5. 大型特殊免許
6. 大型自動二輪車	6. 大型二輪免許
7. 普通自動二輪車	7. 普通二輪免許
8. 小型特殊自動車	8. 小型特殊免許
9. 原動機付自転車	9. 原付免許
－	10. 牽引免許

表 3.9　第一種免許の取得年齢、通算期間

	免許の取得年齢		免許の通算期間	
大型免許	21 歳以上	19 歳以上※ （特別な教習の修了者）	3 年以上	1 年以上※ （特別な教習の修了者）
中型免許	20 歳以上		2 年以上	
準中型免許	18 歳以上		—	
普通免許	18 歳以上		—	

※**特別な教習**（特例教習）**を修了**（36 時間以上）することにより、**19 歳以上**で、かつ、普通免許等の**通算期間が 1 年以上**あれば、**大型免許、中型免許**を取得できます。

②運転免許の**有効期間**は、**優良運転者**であって更新日における年齢が **70 歳未満は 5 年、70 歳は 4 年、71 歳以上は 3 年**です。

③運転免許の有効期間の**更新期間**は、**有効期間が満了する日の直前の誕生日の 1 カ月前から有効期間が満了する日（誕生日から 1 カ月を経過する日）までの間**です。

（2）第二種免許の種類

　旅客自動車を旅客自動車運送事業に係る旅客を運送する目的で運転しようとする者は、自動車の種類に応じ、第二種免許を受けなければなりません。

　第二種免許の種類は、5 種類です。

表 3.10　第二種免許の種類

自動車の種類	第二種免許の種類
1．大型自動車	1．**大型第二種免許**
2．中型自動車、準中型自動車	2．**中型第二種免許**
3．普通自動車	3．**普通第二種免許**
4．大型特殊自動車	4．**大型特殊第二種免許**
—	5．**牽引第二種免許**

表3.11　第二種免許の取得年齢、通算期間

	免許の取得年齢		免許の通算期間	
第二種免許	21歳以上	19歳以上※ （特別な教習の修了者）	3年以上	1年以上※ （特別な教習の修了者）
	20歳以上		2年以上	

※**特別な教習**（特例教習）**を修了**（36時間以上）することにより、**19歳以上**で、かつ、普通免許等の**通算期間が1年以上**あれば、**第二種免許**を取得できます。

● 免許の取消し・停止

重要度

（1）免許を受けた者が自動車等の運転に関し、当該自動車等の交通による人の死傷があった場合において、**交通事故があったときは直ちに車両等の運転を停止して、負傷者を救護し、道路における危険を防止する**等必要な措置を講じなければならないという規定に違反したときは、その者が当該違反行為をしたときにおけるその者の住所地を管轄する**公安委員会**はその者の**免許を取り消す**ことができます。

（2）**公安委員会**は、①**自動車等の運転により人を死傷させ、または建造物を損壊させる行為で故意によるものをしたとき**、②**危険運転致死傷等の罪に当たる行為をしたとき**、③**自動車等の運転に関し酒気帯び運転等の禁止、過労運転等の禁止の違反行為をしたとき**にも**免許を取り消す**ことができます。

（3）**公安委員会**は、認知症であることが判明した場合などに該当したとき、政令で定める基準に従い、その者の**免許を取り消し**、または6カ月を超えない範囲内で期間を定めて**免許の効力を停止**することができます。

● 免許の効力の仮停止

重要度

警察署長は、酒気帯び運転、過労運転等による交通事故で**人を死亡させ、または人を傷つけた場合**において、交通事故の場合の措置に違反したとき、交通事故を起こした日から起算して30日を経過する日を終期とする免許の停止（仮停止）をすることができます。

弁明の機会の付与義務

重要度

警察署長は、免許の効力の仮停止をしたときは、仮停止の処分をした日から起算して5日以内に、当該処分を受けた者に対し、**弁明の機会**を与えなければなりません。

高齢者講習

重要度

免許証の更新を受けようとする者で**更新期間が満了する日における年齢**が**70歳以上**の者（当該講習を受ける必要がないものとして法令で定める者を除く。）は、**更新期間が満了する日前6ヵ月以内**にその者の住所地を管轄する公安委員会が行った「**高齢者講習**」を受けていなければなりません。

放置車両確認標章

重要度

車両の使用者や運転者は、警察署長の許可がなくても取り付けられた**放置車両確認標章**を取り除くことができます。

規制標識

重要度

規制標識及び運転者標識は、以下のとおりです。名称欄の赤字の標識は出題されることがありますので、押さえましょう。

規制標識

規制標識	名称	説明
通行止	通行止め	歩行者、車両、路面電車の通行を禁止する

規制標識	名称	説明
	車両通行止め	車両（自動車、原動機付自転車、軽車両）の通行を禁止する
	車両進入禁止	車両の通行につき、一定の方向への通行が禁止される道路において、車両がその禁止されている方向に向かって進入することを禁止する
	二輪の自動車以外の自動車通行止め	二輪の自動車以外の自動車は通行することを禁止する
	大型乗用自動車等通行止め	**大型自動車、特定中型自動車の通行を禁止する**（特定中型自動車：乗車定員 11 人以上 29 人以下）
	指定方向外進行禁止	標示板の矢印の示す方向以外の方向への車両の進行を禁止する
	車両横断禁止	**車両の横断を禁止する**[†]（ただし、道路外の施設または場所に出入りするための左折を伴う横断を除く） ✕指定された方向以外の方向への進行を禁止[†]

規制標識	名称	説明
	転回禁止	車両の転回（Uターン）を禁止する
 追越し禁止	追越し禁止	車両は、**他の車両（軽車両を除く）の追越しを禁止する** ※ 原動機付自転車は追越しできない
	駐停車禁止	車両は**駐停車を禁止**する（上の数字は駐停車禁止の時間を示しており、この場合は8時から20時まで）
	駐車禁止	車両は**駐車を禁止**†する（上の数字は駐車禁止の時間を示しており、この場合は8時から20時まで）　　　　✕停車を禁止する†
 白地に青い左向きの矢印	左折可	車両は信号が**黄色またはず赤色の灯火の信号にかかわら左折できる**（白地に青色の左向きの矢印）※青地に白色の矢印は「一方通行」
	重量制限	標示板に表示されている重量を**超える**総重量の車両の通行を禁止する
	高さ制限	標示板に表示されている高さを**超える**高さ（積載した貨物の高さを含む）の車両の通行を禁止する

規制標識	名称	説明
	最大幅	法令の規定で定める車両の最大幅（積載した貨物の幅を含む）を超える幅の車両の通行を禁止する
	特定の種類の車両の通行区分	車両通行帯に設けられた道路において、車両の種類を特定して、通行の区分を指定する
	専用通行帯	車両通行帯に設けられた道路において、特定の車両が通行しなければならない専用通行帯を指定する
	路線バス等優先通行帯	路線バス、通学・通園バスなどの優先通行帯であることを表示する
	高齢運転者等専用時間制限駐車区間	**高齢運転者等専用時間制限駐車区間は、**高齢運転者等標章車**以外は**駐車できない。高齢運転者等標章の交付を受けることができるのは、①70歳以上、②聴覚障害者・身体障害者（免許に条件を付与）、③妊娠中・出産後8週間以内の者
	タイヤチェーンを取り付けていない車両通行止め	チェーン規制が出された場合は、スタッドレスタイヤを着けていても、タイヤチェーンを装着していなければ走行できない

運転者標識

運転者標識	名称	対象者
	初心運転者標識 （義務）	普通自動車免許を受けた者で、当該自動車免許を受けていた期間（当該免許の効力が停止されていた期間を除く）が**通算して1年に達しない**者
	高齢運転者標識 （努力義務）	普通自動車を運転することができる免許を受けた**70歳以上**の者で、加齢に伴って生ずる身体機能の低下が自動車の運転に影響を及ぼすおそれがある者
	聴覚障害者標識 （**義務**）	普通自動車を運転することができる免許を受けた者で、政令で定める程度の**聴覚障害**のあることを理由に当該免許に条件を付されている者
	身体障害者標識 （努力義務）	普通自動車を運転することができる免許を受けた者で、**肢体不自由**であることを理由に当該免許に条件を付されている者

確認テスト

☑欄	空欄に入るべき字句を答えなさい。	解答
A ☐ B ☐	1. 第二種免許は、特別な教習を修了することにより、　A　以上で、かつ、普通免許等の通算期間が　B　以上あれば取得することができる。	A：19歳 B：1年
☐	2. 運転免許証の有効期間については、優良運転者であって更新日における年齢が70歳未満の者にあっては5年、70歳の者にあっては　　　である。	4年

☐	3. 免許証の更新を受けようとする者で更新期間が満了する日における年齢が ☐ 以上の者は、更新期間が満了する日前6ヵ月以内にその者の住所地を管轄する公安委員会が行った「高齢者講習」を受けなければならない。	70歳
☐	4. 「大型乗用車自動車等通行止め」の標識では、乗車定員 ☐A☐ 以上 ☐B☐ 以下の特定中型自動車は、通行禁止である。	A：11人 B：29人

過去問にチャレンジ

問1　道路交通法に定める用語の意義についての次の記述のうち、【誤っているもの
　　　を1つ】選びなさい。なお、解答にあたっては、各選択肢に記載されている事項以
　　　外は考慮しないものとする。

1.　車両とは、自動車、原動機付自転車、軽車両及びトロリーバスをいう。

2.　自動車とは、原動機を用い、かつ、レール又は架線によらないで運転する車で
　　あって、原動機付自転車、自転車及び身体障害者用の車椅子並びに歩行補助車
　　その他の小型の車で政令で定めるもの以外のものをいう。

3.　駐車とは、車両等が客待ち、荷待ち、貨物の積卸し、故障その他の理由により
　　継続的に停止すること（客待ちのための停止で5分を超えない時間内のもの及
　　び人の乗降のための停止を除く。）又は車両等が停止し、かつ、当該車両等の
　　運転をする者がその車両等を離れて直ちに運転することができない状態にある
　　ことをいう。

4.　路側帯とは、歩行者の通行の用に供し、又は車道の効用を保つため、歩道の設
　　けられていない道路又は道路の歩道の設けられていない側の路端寄りに設けら
　　れた帯状の道路の部分で、道路標示によって区画されたものをいう。

問2　道路交通法に定める交差点等における通行方法についての次の記述のうち、【正
　　　しいものを2つ】選びなさい。なお、解答にあたっては、各選択肢に記載されてい
　　　る事項以外は考慮しないものとする。

1.　左折又は右折しようとする車両が、法令の規定により、それぞれ道路の左側端、
　　中央又は右側端に寄ろうとして、手又は方向指示器による合図をした場合にお
　　いては、その後方にある車両は、いかなる場合であっても当該合図をした車両
　　の進路を妨げてはならない。

2.　車両等は、交差点に入ろうとし、及び交差点内を通行するときは、当該交差点
　　の状況に応じ、交差道路を通行する車両等、反対方向から進行してきて右折す

る車両等及び当該交差点又はその直近で道路を横断する歩行者に特に注意し、かつ、できる限り安全な速度と方法で進行しなければならない。

3. 車両等は、横断歩道に接近する場合には、当該横断歩道を通過する際に当該横断歩道によりその進路の前方を横断しようとする歩行者がいないことが明らかな場合を除き、当該横断歩道の直前で停止することができるような速度で進行しなければならない。

4. 車両等（優先道路を通行している車両等除く。）は、交通整理の行われていない交差点に入ろうとする場合において、交差道路が優先道路であるとき、又はその通行している道路の幅員よりも交差道路の幅員が明らかに広いものであるときは、その前方に出る前に必ず一時停止をしなければならない。

問3 道路交通法に定める過労運転に係る車両の使用者に対する指示についての次の文中、A、B、C、D に入るべき字句として、【いずれか正しいものを1つ】選びなさい。

　車両の運転者が道路交通法第66条（過労運転等の禁止）の規定に違反して過労により ☐ A ☐ ができないおそれがある状態で車両を運転する行為（以下「過労運転」という。）を当該車両の使用者（当該車両の運転者であるものを除く。以下同じ。）の業務に関してした場合において、当該過労運転に係る ☐ B ☐ が当該車両につき過労運転を防止するため必要な ☐ C ☐ を行っていると認められないときは、当該車両の使用の本拠の位置を管轄する公安委員会は、当該車両の使用者に対し、過労運転が行われることのないよう運転者に指導し又は助言することその他過労運転を防止するため ☐ D ☐ ことを指示することができる。

A　1. 運転の維持、継続　　　　　　2. 正常な運転
B　1. 車両の使用者　　　　　　　　2. 車両の所有者
C　1. 運行の管理　　　　　　　　　2. 労務の管理
D　1. 必要な施設等を整備する　　　2. 必要な措置をとる

問4 道路交通法に定める高速自動車国道等における自動車の交通方法等についての次の記述のうち、【正しいものを2つ】選びなさい。なお、解答にあたっては、各選択肢に記載されている事項以外は考慮しないものとする。

1. 自動車（緊急自動車を除く。）は、本線車道に入ろうとする場合（本線車道から他の本線車道に入ろうとする場合にあっては、道路標識等により指定された本線車道に入ろうとする場合に限る。）において、当該本線車道を通行する自動車があるときは、当該自動車の進行妨害をしてはならない。ただし、当該交差点において、交通整理が行なわれているときは、この限りでない。

2. 自動車は、高速自動車国道の往復の方向にする通行が行われている本線車道で、道路の構造上往復の方向別に分離されていない本線車道においては、道路標識等により自動車の最低速度が指定されている区間にあってはその最低速度に、その他の区間にあっては、毎時50キロメートルの最低速度に達しない速度で進行してはならない。

3. 自動車は、本線車道に入ろうとする場合において、加速車線が設けられているときは、その加速車線を通行しなければならない。ただし、当該本線車道において後方から進行してくる自動車がないときは、この限りではない。

4. 自動車は、高速自動車国道においては、法令の規定若しくは警察官の命令により、又は危険を防止するため一時停止する場合のほか、停車し、又は駐車してはならない。ただし、故障その他の理由により停車し、又は駐車することがやむを得ない場合において、停車又は駐車のため十分な幅員がある路肩又は路側帯に停車し、又は駐車する場合においてはこの限りでない。

問 5 車両等の運転者の遵守事項等についての次の記述のうち、【正しいものを2つ】選びなさい。なお、解答にあたっては、各選択肢に記載されている事項以外は考慮しないものとする。

1. 車両等の運転者は、身体障害者用の車椅子が通行しているときは、その側方を離れて走行し、車椅子の通行を妨げないようにしなければならない。

2. 車両等の運転者は、高齢の歩行者でその通行に支障のあるものが通行しているときは、一時停止し、又は徐行して、その通行を妨げないようにしなければならない。

3. 停留所において乗客の乗降のため停車していた乗合自動車が発進するため進路を変更しようとして手又は方向指示器により合図をした場合においては、その後方にある車両は、その速度を急に変更しなければならないこととなる場合に

あっても、当該合図をした乗合自動車の進路の変更を妨げてはならない。

4. 車両等の運転者は、児童、幼児等の乗降のため、車両の保安基準に関する規定に定める非常点滅表示灯をつけて停車している通学通園バス（専ら小学校、幼稚園等に通う児童、幼児等を運送するために使用する自動車で政令で定めるものをいう。）の側方を通過するときは、徐行して安全を確認しなければならない。

解答・解説

....

問1　解答　3.

1. 正。
2. 正。
3. 誤。駐車とは、車両等が客待ち、荷待ち、貨物の積卸し、故障その他の理由により継続的に停止すること（「**貨物の積卸し**」のための停止で5分を超えない時間内のもの及び人の乗降のための停止を除く。）又は車両等が停止し、かつ、当該車両等の運転をする者がその車両等を離れて直ちに運転することができない状態にあることをいう。　　　　　　　　　　×客待ち
4. 正。

問2　解答　2. 3.

1. 誤。左折又は右折しようとする車両が、法令の規定により、それぞれ道路の左側端、中央又は右側端に寄ろうとして、手又は方向指示器による合図をした場合においては、その後方にある車両は、「**その速度又は方向を急に変更しなければならないこととなる場合を除き、当該合図をした車両の進路の変更を妨げてはならない。**」

　　　　　　×いかなる場合であっても当該合図をした車両の進路を妨げてはならない

2. 正。
3. 正。
4. 誤。車両等（優先道路を通行している車両等除く。）は、交通整理の行われていない交差点に入ろうとする場合において、交差道路が優先道路であるとき、又はその通行している道路の幅員よりも交差道路の幅員が明らかに広いものであるときは、「**徐行しなければならない。**」

　　　　　　　　　×その前方に出る前に必ず一時停止をしなければならない

問3 解答 A＝2.（正常な運転）　B＝1.（車両の使用者）
C＝1.（運行の管理）　D＝2.（必要な措置をとる）

問4 解答 1. 4.

1．正。
2．誤。自動車は、高速自動車国道の本線車道においては、道路標識等により自動車の最低速度が指定されている区間にあってはその最低速度に、その他の区間にあっては、毎時50kmの最低速度に達しない速度で進行してはならない。ただし、**往復の方向にする通行が行われている本線車道で、道路の構造上往復の方向別に分離されていない場合を除く。**
3．誤。自動車は、**本線車道に入ろうとする場合において、加速車線が設けられているときは、その加速車線を通行しなければならない。**
　　　　×「ただし、当該本線車道において後方から進行してくる自動車がないときは、この限りではない」
4．正。

問5 解答 2. 4.

1．誤。車両等の運転者は、身体障害者用の車椅子が通行しているときは、「**一時停止し、又は徐行して、その通行を妨げないようにしなければならない。**」
　　　　×「その側方を離れて走行し車椅子の通行を妨げないようにしなければならない」
2．正。
3．誤。停留所において乗客の乗降のため停車していた乗合自動車が発進するため進路を変更しようとして手又は方向指示器により合図をした場合においては、その後方にある車両は、**その速度又は方向を急に変更しなければならないこととなる場合**「を除き」、当該合図をした乗合自動車の進路の変更を妨げてはならない。　　　　　　　　　　　　　　　　　×「にあっても」
4．正。

第4章 労働基準法

学 習 の ポ イ ン ト

総 括

全 30 問中 6 問が労働基準法からの出題です。6 問のうち 4 問は改善基準で、残りの 2 問は労働基準法（うち 1 問は労働安全衛生法の場合もあります）となっています。改善基準をしっかり理解できれば高得点を期待できることから合格するための鍵を握る分野といえます。

目 安

出題 6 問のうち、4 問は正解しましょう。

頻 出

改善基準は「拘束時間」「運転時間」「連続運転時間」「休日労働」「休息期間」、労働基準法・労働安全衛生法は「解雇」「年次有給休暇」「時間外及び休日の労働」「労働契約」「健康診断」などです。

1 労働基準法総則

「労働条件の原則」をはじめそれぞれの原則・定義をしっかり押さえましょう。特に、語尾に着目して学習しましょう。

●労働条件の原則

労働条件は、労働者が**人たるに値する生活**を営むための必要を充たすべきものでなければなりません。

この法律で定める**労働条件の基準**は最低のものであるから、**労働関係の当事者**は、この基準を理由として**労働条件**を**低下させてはならない**ことはもとより、その**向上**を図るように**努めなければなりません**。

> **✎重要**
>
> 労働基準法は、労働条件の最低の基準を定めているため、**労使当事者の合意があっても労働条件を低下させてはならない**とされ、規定の語尾は、「**～してはならない**」「**～しなければならない**」となっています。ただし、上記の労働条件の向上についてだけは「**～努めなければならない**」となっていることを押さえましょう。

●労働条件の決定

労働条件は労働者と使用者が**対等**の立場で決定すべきものです。

労働者（日雇いを含む）と使用者は、労働協約、**就業規則、労働契約を遵守し、誠実にその義務**を履行しなければなりません[†]。

×履行するように努めなければなりません[†]

労働基準法、労働協約、就業規則、労働契約のそれぞれの間の**優先順位**は、"**労働基準法 ＞ 労働協約 ＞ 就業規則 ＞ 労働契約**"であるため、労働基準法

で定める**基準に達しない**労働条件を定める労働契約は、その部分については**無効**となり、無効となった部分は**労働基準法で定める基準**によることになります。

● 労働者の定義

　労働者とは、**職業の種類を問わず**[†]、事業または事務所に**使用される者で、賃金を支払われる者**をいいます。

×賃金の支払いの有無を問わず[†]

● 使用者の定義

　使用者とは、①**事業主**、②**事業の経営担当者**、③**その他事業の労働者に関する事項について、事業主のために行為をするすべての者**（人事、給与、労務担当者等）をいいます。

● 均等待遇の原則

　使用者は、労働者の**国籍・信条・社会的身分**を理由として、賃金・労働時間その他の労働条件について、**差別的取扱いをしてはなりません**。

● 男女同一賃金の原則

　使用者は、労働者が**女性**であることを理由として、**賃金**について**男性と差別的取扱いをしてはなりません**。

● 強制労働の禁止

　使用者は、**暴行・脅迫・監禁その他精神・身体の自由を不当に拘束する手段**によって、**労働者の意思に反して労働を強制してはなりません**[†]。

×強制しないように努めなければなりません[†]

● 中間搾取の排除

何人も法律に基づいて許される場合のほか、業として他人の就業に介入して**利益を得てはなりません**。

● 公民権行使の保障

使用者は、労働者が**公民としての権利**（選挙権など）を行使し、または**公の職務**（裁判員など）を執行するために必要な時間を請求した場合、**拒んではなりません**。ただし、権利の行使または公の職務の執行に妨げがない限り、請求された時刻を変更することができます。

確認テスト

✓欄	空欄に入るべき字句を答えなさい。	解答
A ☐ B ☐	1. この法律で定める労働条件の基準は ☐A☐ のものであるから、労働関係の当事者は、この基準を理由として労働条件を低下させてはならないことはもとより、その ☐B☐ を図るように努めなければならない。	A：最低 B：向上
☐	2. この法律で「労働者」とは、職業の種類を問わず、事業又は事務所に使用される者で、☐☐ を支払われる者をいう。	賃金
☐	3. 使用者は、暴行・脅迫・監禁その他精神・身体の自由を不当に拘束する手段によって、☐☐ に反して労働を強制してはならない。	労働者の意思

2 労働契約

「労働契約の期間」「解雇制限」「解雇の予告」及び「金品の返還」については、よく出題されているので、必ず覚えましょう。

労働契約の期間

重要度 4

労働契約は、期間の定めのないものを除き、一定の事業の完了に必要な期間を定めるもののほかは、期間の定めのある労働契約は **3 年†**（次のいずれかに該当する労働契約にあっては、**5 年**）**を超える期間について締結してはなりません。** ×期間の定めのある労働契約は 1 年†

表 4.1　労働契約の期間

労 働 契 約	期　　間
期間の定めのある労働契約	3 年
（例外） ①専門的な知識・技術・経験を有する労働者との労働契約 ② 60 歳以上の労働者との労働契約	5 年

労働条件の明示

重要度 3

　使用者は、労働契約の締結に際し、賃金、労働時間その他の労働条件を明示しなければなりません。

　労働契約の期間、就業の場所及び従事する業務の変更の範囲、労働時間に関する事項、休日、休暇、賃金（昇給を除く）、退職に関する事項（解雇の事由を含む）は、書面により明示しなければなりません（退職金、賞与は書面による明示の義務はありません）。

　明示された労働条件が事実と異なる場合には、労働者は**労働契約を即時に解除†** することができます。 × 30 日前に予告して解除†

なお、就業のために住所を変更したとき、契約解除の日から14日以内に帰郷する場合には、使用者は必要な旅費を負担しなければなりません。

● 賠償予定の禁止

重要度

　使用者は、**労働契約の不履行について違約金を定め、または損害賠償額を予定する契約をしてはなりません**†。
　　　　　　　　　　　×労働者の同意があるときはできます†

● 前借金相殺の禁止

重要度

　使用者は、**前借金その他労働することを条件とする前貸の債権と賃金を相殺**してはなりません。

● 強制貯蓄の禁止

重要度

　使用者は、**労働契約に附随して貯蓄の契約をさせ、または貯蓄金を管理する契約をしてはなりません**。
　使用者は、労働者の貯蓄金をその委託を受けて管理しようとするときは、労働者の過半数の労働組合または過半数の代表者との書面による協定をし、行政官庁に届け出なければなりません。

● 解雇制限

重要度

　使用者は、労働者の次の期間は**解雇してはなりません**。
　①**業務上の負傷・疾病**により療養のために**休業する期間**及び**その後30日間**†
　②**産前6週間、産後8週間の期間**及び**その後30日間**†　　×その後6週間†
　ただし、使用者が、打切補償を支払う場合または天災事変その他やむを得ない事由のため、事業の継続が不可能になった場合を除きます。

●解雇の予告

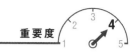

使用者は、**労働者を解雇しようとする場合においては、少なくとも30日前**[†]に解雇予告しなければなりません。　　　　　　　　　　×14日前[†]

30日前に予告をしない使用者は、30日分[†]**以上の平均賃金**（解雇予告手当）**を支払わなければなりません。**　　　　　　　　　　　　×14日分[†]

ただし、天災事変その他やむを得ない事由のため事業の継続が不可能になった場合、または労働者の責に帰すべき事由に基づいて解雇する場合を除きます。

予告の日数は1日について平均賃金を支払った場合、その日数を短縮できます。例えば、**10日分の平均賃金を支払った場合には、20日前に解雇を予告することができます。**

次のいずれかに該当する者は、法令に定める期間を超えない限り、上記の解雇の予告の規定は適用されません。

---

①日々雇い入れられる者

②**2カ月以内**[†]の期間を定めて使用される者　　　　　　　×3ヵ月以内[†]

③季節的業務に**4カ月以内**[†]の期間を定めて使用される者　　×6ヵ月以内[†]

④試みの使用期間中の者（**14日**[†]を超えて引き続き使用されるに至った場合においては、この限りでない）　　　　　　　　　　×1ヵ月

✎重要

解雇の予告の規定が適用されない、①**日々雇い入れられる者**、②**2ヵ月以内の期間を定めて使用される者**、④**試みの使用期間中の者**（**14日を超えて引き続き使用されるに至った場合は、この限りではない**）の3項目は、道路運送法の「選任することができない運転者」の要件と同じです。

● 退職時等の証明

労働者が**退職**の場合、**使用期間、業務の種類、地位、賃金、退職の事由**（解雇の場合にはその理由を含む）**の証明書の請求**があれば、使用者は遅滞なく**交付しなければなりません。**

● 金品の返還

使用者は、労働者の**死亡・退職**の場合において、権利者の**請求**があった場合においては、**7日以内**†に**賃金を支払い**、積立金、保証金その他名称の如何を問わず労働者の権利に属する**金品を返還しなければなりません。**

× 30 日以内†

確認テスト

☑欄	空欄に入るべき字句を答えなさい。	解答
☐	1. 労働契約は、期間の定めのないものを除き、一定の事業の完了に必要な期間を定めるもののほかは、 ☐ （法に定める労働契約にあっては、5年）を超える期間について締結してはならない。	3年
☐	2. 使用者は、労働者が業務上負傷し、又は疾病にかかり療養のために休業する期間及びその後 ☐ 並びに産前産後の女性が法の定めによって休業する期間及びその後 ☐ は、解雇してはならない。	30日間

	3. 解雇の予告の規定は、法に定める期間を超えない限りにおいて、日日雇い入れられる者、2ヵ月以内の期間を定めて使用される者、季節的業務に[　　]以内の期間を定めて使用される者又は試みの使用期間中の者、のいずれかに該当する労働者については適用しない。	4ヵ月
	4. 使用者は、労働者の死亡または退職の場合において、権利者の請求があった場合においては、[　　]以内に賃金を支払い、積立金、保証金、貯蓄金その他名称の如何を問わず、労働者の権利に属する金品を返還しなければならない。	7日

第4章

労働基準法

3 賃金

「平均賃金」「非常時払」「出来高払制の保障給」については、出題されていますので、必ず覚えましょう。

● 賃金の定義

重要度

賃金とは、賃金、給料、手当、賞与その他名称の如何を問わず、**労働の対償**として使用者が労働者に支払うすべてのものをいいます。

● 平均賃金

重要度

平均賃金は、次の計算式により算出します。

$$\frac{算定すべき事由が発生した日以前 3 カ月間に支払われた賃金の総額}{その期間の総日数^{†}}$$

$$×所定労働日数^{†}$$

例えば、上記の 3 カ月間の賃金の総額が 90 万円で、1〜3 月の**総日数**が 90 日のとき、平均賃金は 1 万円となります。

● 賃金支払の 5 原則

重要度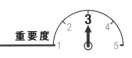

労働者に対する賃金の支払いには、次の 5 つの原則があります。

①通貨払いの原則　　②直接払いの原則　　③全額払いの原則

④毎月払いの原則　　⑤一定期日払いの原則

● 非常時払

重要度

使用者は、**出産、疾病、災害**その他厚生労働省令で定める**非常の場合の費用に充てるために請求する場合**においては、支払期日前であっても、**既往の労働に対する賃金を支払わなければなりません。**

● 休業手当

使用者の責に帰すべき事由による休業の場合には、使用者は、休業期間中、労働者に、平均賃金の $\frac{60}{100}$ 以上の手当を支払わなければなりません。

● 出来高払制の保障給

重要度

出来高払制その他の請負制で使用する労働者には、使用者は、**労働時間に応じ**† 一定額の賃金の保障をしなければなりません。　　×労働時間にかかわらず†

確認テスト

✓欄	空欄に入るべき字句を答えなさい。	解答
☐	1. 賃金とは、賃金、給料、手当、賞与その他名称の如何を問わず、 ☐ として使用者が労働者に支払うすべてのものをいう。	労働の対償
☐	2. 平均賃金とは、これを算定すべき事由の発生した日以前3ヵ月間にその労働者に対し支払われた賃金の総額をその期間の ☐ で除した金額をいう。	総日数
☐	3. 使用者は、労働者が出産、疾病、災害その他厚生労働省令で定める非常の場合の費用に充てるために請求する場合においては、支払期日前であっても、 ☐ に対する賃金を支払わなければならない。	既往の労働
☐	4. 出来高払制その他の請負制で使用する労働者については、使用者は、労働時間に ☐ の賃金の保障をしなければならない。	応じ

第 ④ 章　労働基準法

4 労働時間・休憩・休日、年次有給休暇

「休憩時間」「法定休日」「時間外及び休日の労働」及び「年次有給休暇」については、よく出題されているので、必ず覚えましょう。

● 法定労働時間

重要度

使用者は、労働者に**休憩時間を除き1週間について40時間を超えて労働させてはなりません**。

使用者は、1週間の各日については、**労働者に休憩時間を除き**[†] **1日について8時間を超えて労働させてはなりません**。

×含め[†]

● 労働時間の通算

重要度

労働時間は**事業場を異にする場合**においても、労働時間に関する規定の適用については、**通算します**。

● 休憩時間

重要度

使用者は、次の労働時間の場合には、**労働時間の途中**に休憩時間を与えなければなりません。

表 4.2　休憩時間

労 働 時 間	休憩時間
労働時間が6時間を超えて8時間以内のとき	少なくとも45分
労働時間が8時間を超えるとき	少なくとも60分

● 法定休日

重要度

　使用者は、労働者に対して、①**毎週少なくとも1回**[†]**の休日**または、②**4週間を通じ4日**[‡]**以上の休日**を与えなければなりません。　×2回[†]　×8日[‡]

● 時間外及び休日の労働

重要度

　使用者は、当該事業場に、労働者の過半数で組織する労働組合がある場合にはその**労働組合**（または労働者の過半数を代表する者）**との書面による協定**をし、これを**行政官庁に届け出た場合**においては、法定労働時間または法定休日に関する規定にかかわらず、その協定で定めるところによって**労働時間を延長**し、または**休日に労働させることができます**。

□労働者の過半数で組織する労働組合がない場合における「**労働者の過半数を代表する者**」とは、**投票、挙手等による手続きにより選出された者**であって、**使用者により指名された者ではありません**。

　坑内労働その他厚生労働省令で定める**健康上特に有害な業務の労働時間の延長**は、**1日について2時間を超えてはなりません**。

　災害その他避けることのできない事由によって、臨時の必要がある場合においては、使用者は、**行政官庁の許可**を受けて、その必要の限度において法に定める労働時間を延長し、または休日に労働させることができます。ただし、事態急迫のために行政官庁の許可を受ける暇がない場合においては、事後に遅滞なく届け出なければなりません。

第**④**章

労働基準法

● 時間外・休日・深夜の割増賃金

重要度 **4**

　使用者が、法の規定により**労働時間を延長**し、または**休日に労働**させた場合においては、その時間またはその日の労働については、通常の労働時間または労働日の賃金の計算額の**2割5分以上5割以下**の範囲内でそれぞれ政令で定める率以上の率で計算した**割増賃金を支払わなければなりません**。

> **参 考**
>
> 　時間外労働、休日労働及び深夜労働における割増賃金の率については、それぞれ次のとおり定められています。
> ①**時間外労働**は、**2割5分**以上の割増賃金
> ②**休日労働**は、**3割5分**以上の割増賃金
> ③**深夜労働**は、**2割5分**以上の割増賃金
> 深夜労働とは午後10時から午前5時までの間の労働をいいます。

　ただし、延長して労働させた時間が1カ月について**60時間**を超えた場合は、その超えた時間の労働については、通常の労働時間の賃金の計算額の**5割以上**の率で計算した割増賃金を支払わなければなりません。

● 年次有給休暇

重要度 **5**

（1）使用者は、**その雇入れの日から起算して6カ月間**[†]継続勤務し全労働日の**8割以上出勤**した労働者に対して、**継続**し、または**分割した10労働日**の有給休暇を与えなければなりません。

×3カ月間[†]

> **✍ 覚えるコツ！**
>
> 6カ月間、8割以上、10労働日を「2」の等間隔として覚えましょう。
>
> |　　2　　| |　　2　　| |
> | 6カ月間継続勤務 | 全労働日の8割以上 | 10労働日の有給休暇 |

（2）使用者は、**年次有給休暇の日数**が**10労働日以上の労働者**に対し、年次有給休暇の日数のうち**5日**については、基準日から1年以内の期間に、労働者ごとにその**時季を定める**ことにより与えなければなりません。

（3）使用者は、法の規定による**有給休暇を労働者の請求する時季に与えなければなりません。**ただし、請求された時季に有給休暇を与えることが事業の正常な運営を妨げる場合においては、他の時季にこれを与えることができます。

（4）労働者が**業務上負傷・疾病にかかり**療養のために**休業した期間**及び育児・介護休業法に規定する**育児休業・介護休業をした期間**及び**産前産後の休業の期間**は、**年次有給休暇取得のための出勤率の算定上、これを出勤したものとみなします。**

確認テスト

☑欄	空欄に入るべき字句を答えなさい。	解答
☐	1. 使用者は、労働者に、休憩時間を ☐ 1週間について 40 時間を超えて、労働させてはならない。	除き
A ☐ B ☐	2. 使用者は、労働時間が 6 時間を超える場合においては少なくとも ☐A☐ 、8 時間を超える場合においては少なくとも ☐B☐ の休憩時間を労働時間の途中に与えなければならない。	A：45 分 B：60 分
A ☐ B ☐ C ☐	3. 使用者は、その雇入れの日から起算して ☐A☐ 継続勤務し全労働日の ☐B☐ 以上出勤した労働者に対して、継続し、又は分割した ☐C☐ 労働日の有給休暇を与えなければならない。	A：6ヵ月間 B：8 割 C：10

5 年少者・妊産婦等の保護

　「深夜業の制限」「産前・産後休業」については、出題されていますので、必ず覚えましょう。

● 年少者の保護

重要度

　労働基準法で定める年少者の保護は、次のとおりです。

（1）労働者の最低年齢

　使用者は、義務教育期間中（**満15歳に達した日以後の最初の3月31日が終了するまで**）は労働者として使用してはなりません。

（2）年少者の証明書

　使用者は、満18歳未満の者を使用するときは、その年齢を証明する**戸籍証明書**を事業場に備え付けなければなりません。

（3）未成年者の労働契約

　親権者または後見人は未成年者に代わって労働契約を締結してはなりません。

　未成年者は独立して賃金を請求でき、親権者または後見人は未成年者の賃金を代わって受け取ってはなりません。

（4）深夜業の制限

　使用者は、満18歳未満の者を午後10時から午前5時までの間において使用してはなりません。

　（例外）交替制勤務の満16歳以上の男性

📖 定 義

「児童」…満15歳に達した日以後の最初の3月31日が終了するまでの者
「年少者」…満18歳未満の者
「未成年者」…満18歳未満の者

● 妊産婦等の保護

労働基準法で定める妊産婦等の保護は、次のとおりです。

（1）産前・産後休業

①使用者は、産前6週間（多胎妊娠は14週間）**以内**の女性が休業を**請求**したときは、**就業させてはなりません。**

②使用者は、産後8週間を**経過しない**女性を**就業させてはなりません。**ただし、産後6週間を経過し**請求**があった場合においては、**医師が支障がないと認めた業務**に就かせても差し支えありません。

③使用者は、**妊娠中の女性が請求**した場合においては、**他の軽易な業務に転換させなければなりません。**

図4.1 産前・産後休業

6週間	予定日 出産日	6週間	8週間
← 請求の場合 → 就業不可		← 就業禁止 →	← 請求があり**医師が認めた業務は可**

（2）育児時間

生後満1年に達しない生児を育てる女性は、休憩時間のほか、1日2回それぞれ少なくとも**30分**[†]、**その生児を育てるための時間**を**請求**することができます。

×20分[†]

第**4**章

労働基準法

☑欄	空欄に入るべき字句を答えなさい。	解答
A☐ B☐	1. 使用者は、　A　に満たない者を午後10時から午前5時までの間において使用してはならない。ただし、交替制によって使用する　B　以上の男性については、この限りでない。	A：満18歳 B：満16歳
A☐ B☐	2. 使用者は、産後　A　を経過しない女性を就業させてはならない。ただし、産後　B　を経過した女性が請求した場合において、その者について医師が支障がないと認めた業務に就かせることは、差し支えない。	A：8週間 B：6週間
☐	3. 生後満1年に達しない生児を育てる女性は、休憩時間のほか、1日2回各々少なくとも　　　、その生児を育てるための時間を請求することができる。	30分

6 就業規則・労働安全衛生法

「就業規則」「健康診断」及び「健康診断の結果の医師からの意見聴取」を
しっかり押さえましょう。

● 就業規則

重要度

　常時 10 人以上の労働者を使用する使用者は、**就業規則を作成（変更）し、
行政官庁に届け出なければなりません。**

（1）労働組合の意見

　使用者は、就業規則の作成（変更）について、労働者の過半数で組織する労
働組合がある場合にはその**労働組合**（または労働者の過半数を代表する者）の
意見を聴かなければなりません†。　　　　　　×同意を得なければならない†

（2）記載事項

　就業規則には、①労働時間関係（**始業・終業の時刻、休憩時間、休日、休暇、
就業時転換に関する事項**）、②賃金関係（**賃金の決定、計算及び支払い方法、
賃金の締切り及び支払い時期、昇給に関する事項**）、③退職関係（**退職に関す
る事項（解雇の事由を含む）**）は必ず記載しなければなりません。

（3）減給の制裁

　就業規則において、減給の制裁を定める場合には、

> ① 1 回の額は平均賃金の 1 日分の半額以内で
> ②総額は 1 賃金支払期における賃金の総額の $\frac{1}{10}$ 以内

でなければなりません。

（4）変更命令

　行政官庁は、法令または労働協約に抵触する就業規則の変更を命じることが
できます。

（5）基準に達しない労働契約

　就業規則で定める**基準に達しない**労働条件を定める**労働契約**は、その部分に

第**4**章
労働基準法

ついては無効とします。この場合において、**無効となった部分は就業規則で定める基準による**こととされます。

（6）労働者への周知

就業規則は常時事業所の見やすい場所へ掲示し、または備え付けるなど厚生労働省令で定める方法によって**労働者に周知**させなければなりません。

● 労働者名簿

重要度

使用者は、事業所ごとに労働者名簿（日雇い労働者を除く）、賃金台帳及び雇い入れ、解雇、災害補償、賃金その他労働関係に関する重要な書類を、**5年間（当分の間 3 年間）保存**しなければなりません。

● 健康診断

重要度

（1）事業者は、労働者に対し、**医師**（一部の有害な業務は歯科医師）**による健康診断**（心理的な負担の程度を把握するための検査を除く）を行わなければなりません。

表 4.3　健康診断の種類及び実施時期

種　　　類	実　施　時　期
①雇い入れ時の健康診断	事業者は**常時使用する労働者を雇い入れるときは、法令に定める項目について医師による健康診断を**行わなければなりません。ただし、医師による健康診断を受け、**3 カ月**[†]を経過しない者を雇い入れる場合において、当該健康診断の結果を証明する書面を提出したときは、当該健康診断の項目に相当する項目は、この限りではありません　×6カ月[†]
②定期健康診断	事業者は、**常時使用する労働者**（深夜業を含む業務等法令に定める労働者を除く）に対し 1 年以内ごとに 1 回、法令に定める項目について**医師による健康診断**を行わなければなりません

（次ページに続く）

③特定業務従事者（深夜業務等）の健康診断	事業者は、深夜業務（午後 10 時から午前 5 時まで）等に**常時従事する労働者**に対し当該業務への配置替えの際及び **6 カ月以内ごとに 1 回**、定期に医師による健康診断を行わなければなりません

（2）労働者は、**事業者の指定**した医師または歯科医師が行う**健康診断を希望しない場合**、他の医師または歯科医師の行う健康診断を受け、**その結果を証明する書面を事業者に提出**することができます。

（3）事業者は、健康診断を受けた労働者に対し、**健康診断の結果を通知**しなければなりません[†]。　　　　　×労働者から請求のあった場合に限り通知[†]

（4）事業者は、健康診断の結果に基づいて、**健康診断個人票**を作成して **5 年間**[†]
保存しなければなりません。　　　　　　　　　　　　　　×3 年間[†]

健康診断の結果の医師からの意見聴取　　重要度 3

（1）事業者は、**健康診断の結果**（健康診断の項目に**異常の所見があると診断された労働者に係るものに限る**）に基づき、当該労働者の健康を保持するために必要な措置について、**医師**または**歯科医師**の意見を聴かなければなりません。

（2）健康診断の結果（健康診断の項目に**異常の所見**があると診断された労働者に係るものに限る）に基づき、**医師からの意見聴取**は**健康診断が行われた日**（事業者の指定した医師ではなく、他の医師の行う健康診断を受けたときは労働者が健康診断の結果を証明する書面を事業者に提出した日）から **3 カ月以内**に行わなければなりません。

（3）**深夜業に従事する労働者が、自ら受けた健康診断の結果を証明する書面を事業者に提出した場合**は、その健康診断の結果に基づく**医師からの意見聴取**は、健康診断の結果を証明する書面が**事業者に提出された日から 2 カ月以内**[†]に行わなければなりません。　　　　　　×4ヵ月以内[†]

第 **4** 章　労働基準法

●医師による面接指導

事業者は、労働者の健康の保持を考慮して、休憩時間を除き1週間当たり40時間を超えて労働させた場合におけるその超えた時間が**1カ月当たり80時間**を超え、かつ、**疲労の蓄積が認められる労働者**の申し出があったときは、**医師による面接指導**を行わなければなりません。

確認テスト

☑欄	空欄に入るべき字句を答えなさい。	解答
☐	1. 常時 □ 以上の労働者を使用する使用者は、就業規則を作成し、行政官庁に届け出なければならない。	10人
☐	2. 事業者は、常時使用する労働者を雇い入れるときは、当該労働者に対し、医師による健康診断を行わなければならない。ただし、医師による健康診断を受けた後、□を経過しない者を雇い入れる場合において、その者が当該健康診断の結果を証明する書面を提出したときは、当該健康診断の項目に相当する項目については、この限りでない。	3ヵ月
☐	3. 事業者は、法令の定めにより、深夜業に従事する労働者が、自ら受けた健康診断の結果を証明する書面を事業者に提出した場合において、その健康診断の結果（当該健康診断の項目に異常に所見があると診断された労働者に係るものに限る。）に基づく医師からの意見聴取は、当該健康診断の結果を証明する書面が事業者に提出された日から□以内に行わなければならない。	2ヵ月

7 改善基準告示

拘束時間、休息期間、運転時間、連続運転時間、休日労働のほか、バス運転者の特例について、重点的に学習をしましょう。目的等は穴うめの対策として、キーワードを覚えましょう。

● 目的等

重要度 4

（1）自動車運転者の労働時間等の改善のための基準（以下「改善基準告示」という。）**自動車運転者**（ 四輪以上の自動車 の運転従事者）**の労働時間等の改善のための基準を定める**ことにより、**自動車運転者の労働時間等の** 労働条件の向上 を図ることを目的としています。

（2） 労働関係の当事者 はこの基準を理由として、**自動車運転者の** 労働条件を低下 **させてはならない**ことはもとより、その 向上 に努めなければなりません。

（3）**使用者及び労働者の過半数で組織する労働組合または労働者の過半数を代表する者**は、労働時間を延長し、休日に労働させるための「**時間外・休日労働協定**」をする場合、次に掲げる事項に十分留意しなければなりません。

一 **労働時間を延長して労働させることができる時間**は、1ヵ月45時間、1年360時間（対象期間として3ヵ月を超える期間を定めて1年単位の変形時間制により労働させる場合は、1ヵ月42時間、1年320時間。「限度時間」という）**を超えない時間に限る**こと。

二 前号に定める1年についての限度時間を超えて労働させることができる**時間を定める**に当たっては、事業場における**通常予見することのできない業務量の大幅な増加等に伴い臨時的に限度時間を超えて労働させる必要がある場合でも、協定した時間を含め、** 960時間 **を超えない範囲内**とされていること。

三 前二号に掲げる事項のほか、**労働時間の延長・休日の労働は必要最小限**

第 **4** 章

労働基準法

にとどめられるべきであること**その他の労働時間の延長・休日の労働を**
適正なものと**する**ために必要な事項は、**協定で定める労働時間の延長・**
休日の労働について留意すべき事項等に関する指針において定められて
いること。

> 📖 **定 義**
> ────────────────────────────────────
> ①拘束時間 … 始業時刻から終業時刻までの時間で、労働時間と休憩時間
> を合計した時間をいいます。
>   労働時間は、作業時間で、手待ち時間を含みます。
>   休憩時間は、仮眠時間を含みます。
> ②休息期間 … 勤務と次の勤務との間にあって、**休息期間の直前の拘束時**
> **間における疲労の回復を図る**とともに、**睡眠時間を含む労働者の生活時**
> **間**として、労働者の全く自由な時間をいいます。

図 4.2　拘束時間と休息期間

0:00	休息期間		
8:00			
	拘束時間	労働時間	作業時間 手待ち時間
		休憩時間	仮眠時間を含む
17:00	休息期間		
24:00			

7.1　労働時間等の改善基準（バス）

● 拘束時間

重要度

バス運転者は、1 日の拘束時間に加えて、事業場の労務管理の実態に応じ、
1 ヵ月及び 1 年の拘束時間または 4 週間を平均した 1 週間当たり及び 52 週間
の拘束時間のいずれかの拘束時間の適用を受けます。

1. 1日の拘束時間（1日とは、始業時刻から起算して24時間をいう）

① 1日の拘束時間は 13時間 を超えてはなりません。13時間を延長する

　場合でも最大拘束時間は 15時間 です。

② 1日の拘束時間が **14時間を超える回数**をできる限り少なくするよう努

　めなければなりません。

③ 14時間 を超える回数は、1週間について 3回 以内を目安とします。

　1日の拘束時間が 14時間を超える日が連続することは望ましくありま

せん。

図4.3　1日についての拘束時間の例

1日の拘束時間は、当日12時間と翌日1時間の**合計13時間**となります。

覚えるコツ！

1日の拘束時間は

　"意味のある　囲碁　の　石は、週3回までが**目安**" と覚えましょう。
　　 13時間　　 15時間　 14時間

2. 1ヵ月・1年または4週平均1週・52週の拘束時間

（1）1ヵ月及び1年の拘束時間

① 1ヵ月の拘束時間は、 281時間 以内で、かつ、1年は 3,300時間

　を超えてはなりません。

≪例外≫

　貸切バス等乗務者※については、**労使協定**※※により1年のうち6ヵ月ま

　では、1年の総拘束時間が 3,400時間 を超えない範囲内で、1ヵ月の

　拘束時間を 294時間 まで延長できます。

② 1ヵ月の拘束時間が　281 時間　を超える月は、連続　4ヵ月　が限度です。

※**貸切バス等乗務者**：①貸切バスを運行する営業所において運転の業務に従事する者、②乗合バスに乗務する者（一時的な需要に応じて追加的に自動車の運行を行う営業所において運転の業務に従事する者に限る。）、③高速バスに乗務する者、④貸切バスに乗務する者をいいます。

※※**労使協定**：1ヵ月及び 1 年の拘束時間の延長に関する協定。

　図 4.4 の例では、1ヵ月の拘束時間は 281 時間を超え 294 時間までの月数は **6ヵ月**であり、281 時間を超える月が**連続 4ヵ月以内**となっているので、**適法**です。

図 4.4　労使協定締結の例（年間合計 3,400 時間）

1月	2月	3月	4月	5月	6月	7月	8月	9月	10月	11月	12月
281	288	273	270	294	289	290	294	281	271	288	281

チェック

□労使協定があるとき、1ヵ月の拘束時間が、毎月 281 時間の場合、1 年の拘束時間が、3,300 時間を超えるため、**違反**です。1ヵ月の拘束時間が 281 時間が 6ヵ月、294 時間が 6ヵ月の場合も、1 年の拘束時間が、3,400 時間を超えるため、同様に**違反**です。

覚えるコツ！

1ヵ月及び 1 年の拘束時間は
"3,300坪　の　庭いじり　1年の半分は雑草憎し（にくし）の3,400坪"
年 3,300 時間　281 時間　　　　　　　294 時間　　　3,400 時間

（2）4週間平均1週間当たり及び52週間の拘束時間

①4週間を平均し1週間当たりの拘束時間は、 65時間 以内で、かつ、52週間の拘束時間は 3,300時間 を超えてはなりません。

≪例外≫

貸切バス等乗務者については、「4週平均1週および52週の拘束時間の延長に関する協定」（**労使協定**）により **52週間のうち** 24週間 までは、**52週間の総拘束時間**が 3,400時間 を超えない範囲内で、4週間を平均し1週間当たり 68時間 まで**延長**できます。

---

②4週間を平均し1週間当たり 65時間 を超える週は、連続 16週間 が限度です。

図4.5は4週間を平均した1週間当たりの拘束時間が4週間単位で**65時間を超え68時間**までの回数が13回（52週間）のうち**6回（24週間）**まで、4週間を平均し1週間当たり65時間を超える週が**連続16週間**を超えておらず、52週間の拘束時間は3400時間となっているため、**適法**です。

図4.5　労使協定締結の例　　　（最下段：1週間当たり平均時間）

1	2	3	4	5	6	7	8	9	10	11	12	13
4週	4週	4週	4週	4週	4週	4週	4週	4週	4週	4週	4週	4週
65	68	63	65	63	66	66	66	68	65	64	68	63

（52週間の拘束時間 3400時間）

✓チェック

□労使協定があるとき、4週間平均1週間当たりの拘束時間が、52週間すべて65時間の場合、52週間の拘束時間が3,300時間を超えるため、**違反**です。4週間平均1週間の拘束時間が65時間が28週間、68時間が24週間の場合も、52週間の拘束時間が3,400時間を超えるため、同様に**違反**です。

4週間を平均した1週間当たりの拘束時間は、次のとおり覚えましょう。
"婿（むこ）は　　さんざん　　6箱（はこ）のタニシは
　　　65時間　年 3,300時間　68時間　　　　24週間まで
酸（さん）で死んだ"
年 3,400時間

● 休息期間

重要度

（1）1日の休息期間は、**勤務終了後、継続11時間以上与えるよう努めること**を基本とし、継続 9時間 を下回ってはなりません。

（2） 住所地 における休息期間が、それ以外の場所の休息期間より長くなるように努めなければなりません。

● 運転時間

重要度

（1）1日の運転時間

　運転時間は、2日（ 始業時刻 から起算し**48時間**をいいます）を平均し9時間を超えてはなりません。

　特定日の運転時間（a）、特定日の前日の運転時間（b）、特定日の翌日の運転時間（c）において、**違反となるのは、次の場合**です。

$$\frac{a+b}{2} > \boxed{9時間} \quad かつ \quad \frac{a+c}{2} > \boxed{9時間}$$

言い換えると、**違反となるのは**、

a＋b＞18時間　かつ　a＋c＞18時間　の場合です。

　特定日の運転時間と特定日の前日の運転時間の合計時間、特定日の運転時間と特定日の翌日の運転時間の合計時間が、ともに**18時間を超えている**ときが、改善基準に**違反している**といえます。

図 4.6 の例は、a ＋ b、a ＋ c の時間が、ともに **18 時間**（2 日を平均し 1 日当たり 9 時間）**を超えていますので、改善基準に違反**となります。

図 4.6　改善基準に違反の例

	特定日の前日（b）	特定日（a）	特定日の翌日（c）
運転時間	10 時間	10 時間	9 時間

（2）4 週間を平均した 1 週間当たりの運転時間

運転時間は、**4 週間を平均し 1 週間当たり 40 時間を超えてはなりません。**

ただし、貸切バス等常務者については、「4 週平均 1 週および 52 週の拘束時間の延長に関する協定」（**労使協定**）があるときは、**52 週間についての運転時間が 2,080 時間**（52 週間 × 40 時間）**を超えない範囲内**において、**52 週間のうち 16 週間までは、4 週間を平均し 1 週間当たり 44 時間 まで延長**することができます。

図 4.7 の例は、4 週間単位で 40 時間を超え 44 時間までの回数が 13 回（52 週間）のうち 4 回（16 週間）ですので、**適法**です。

図 4.7　労使協定締結の例　　　　　　　　（52 週間合計 2,080 時間）

1〜4 週	5〜8	9〜12	13〜16	17〜20	21〜24	25〜28	29〜32	33〜36	37〜40	41〜44	45〜48	49〜52
39	40	39	43	36	39	44	40	37	39	43	38	43

✓チェック

□労使協定があるとき、4 週間平均 1 週当たりの運転時間が、40 時間が 36 週間、44 時間が 16 週間の場合、52 週間の運転時間が 2,080 時間を超えるため、**違反**です。

● 連続運転時間

重要度

（1）連続運転時間は 4 時間 を超えてはなりません。運転開始後 4 時間以内または 4 時間経過直後に 30 分以上（1 回が連続 10 分 以上の分割はできます。）運転を中断して休憩等を確保しなければなりません。

（2）**高速バス特定運転者・貸切バスに乗務する者**が**高速道路等**（旅客が乗車することができる区間として設定したものに限る）を**運行する場合**は、一の連続運転時間についての高速道路等における連続運転時間（夜間において長距離の運行を行う貸切バスについては、高速道路等以外の区間における運転時間を含む）は、おおむね 2 時間までとするよう**努めなければなりません。**

≪例外≫

交通の円滑を図るため、軽微な移動（消防車、救急車等の緊急通行車両の通行に伴い、または**他の車両の通行の妨げを回避**するため、駐車・停車した自動車を予定された場所から移動させること）を行う必要が生じた場合、軽微な必要が生じたことに関する記録※がある場合に限り、軽微な移動のために運転した時間を、一の連続運転時間当たり 30 分を上限として、連続運転時間から除外できます。

なお、一の連続運転時間につき、**軽微な移動のために運転した時間が合計 30 分を超えた場合は、超過した時間**は連続運転時間として合算されます。

※ 「軽微な移動を行う必要が生じたことに関する記録」とは、軽微な移動の事実（①移動前後の場所、②移動が必要となった理由、③移動に要したおおむねの時間数）を、運転日報上の記録等により確認できる場合が該当します。

図 4.8　（例）

計画			
運転 時間	休憩 20 分		運転 時間

実態				
運転 時間	**休憩** **10 分**	**軽微な** **移動 5 分**	休憩 5 分	運転 時間

　図 4.8 の例では、軽微な移動を行う必要が生じたことに関する記録がある場合には、**軽微な移動の 5 分は、「連続運転時間」の対象とはなりません。**

　なお、**休憩 10 分は「運転の中断」となりますが、休憩 5 分は 1 回当たり 10 分以上の要件を満たしていないため、「運転の中断」とは、認められません。**

□ **「運転の中断」とは、休憩、旅客乗車・降車等の「運転に従事しない時間」をいいます。**
　なお、次の場合には、連続運転時間がリセットされます。
□ **運転時間が通算 4 時間になる前に、運転の中断が 1 回につき連続 30 分以上あるとき**
□ **運転時間が通算 4 時間になる前に、運転の中断が合計 30 分以上あるとき**

（例 1）**適法**

　運転時間が通算 4 時間になる前に、運転の中断が運転の途中に合計 30 分あるため、リセット（▽）される。その後、運転時間 2 時間であるため、**適法**です。

運転時間	休憩時間	運転時間	休憩時間	運転時間
1 時間	20 分	1 時間	10 分	2 時間

（例2）**適法**

　運転時間が通算 4 時間になる前に、運転の中断が運転の途中に 1 回につき 30 分あるため、リセット（▽）される。その後、通算運転時間が 3 時間であり、**適法**です。

運転時間	休憩時間	運転時間	休憩時間	運転時間
1 時間	30 分	1 時間	10 分	2 時間

（例3）**違反**

　運転時間が通算 4 時間時点で、運転の中断が運転の途中の 25 分しかない（運転時間 4 時間経過直後は運転中のため運転の中断はない）ため、**違反**です。

　なお、10 分未満の休憩は、運転の中断とは認められません。

運転時間	休憩時間	運転時間	休憩時間	運転時間
1 時間 30 分	5 分	1 時間 30 分	25 分	2 時間

●予期し得ない事象への対応時間の取扱い　重要度 3

　災害、事故等通常予期し得ない事象に遭遇し、運行が遅延した場合、「1日についての拘束時間」、「2日を平均した1日当たりの運転時間」及び「連続運転時間」から、「予期し得ない事象への対応時間」を除外できます。

　この場合、勤務終了後、**継続 11 時間以上の休息期間を与えるよう努めることを基本**とし、休息期間は継続 9 時間を下回ってはなりません。

「予期し得ない事象への対応時間」（Ⅰ、Ⅱの両方の要件を満たす時間）

Ⅰ 次の事象により生じた運行の遅延に対応するための時間であること

① 運転中に乗務している車両が**予期せず**故障した

② 運転中に予期せず乗船予定の**フェリーが欠航**した

③ 運転中に**災害や事故の発生**に伴い、道路が封鎖または**道路が渋滞**した

④ 異常気象（警報発表時）に遭遇し運転中に**正常な運行が困難**となった

なお、平常時の交通状況等から事前に発生を予測可能な道路渋滞等は、該当しません。

Ⅱ 客観的な記録により確認できる時間であること

次の①の記録に加え、②の記録により事象の発生日時等を客観的に確認できること

① **運転日報上の記録**

対応を行った場所、予期し得ない事象に係る具体的事由、当該事象への対応の開始・終了した時刻・所要時間数

② **予期し得ない事象の発生を特定できる客観的な資料**

ア 修理会社等が発行する**故障車両の修理明細書**等

イ フェリー運航会社等のホームページに掲載された**フェリー欠航情報の写し**

ウ 公益財団法人日本道路交通情報センター等のホームページに掲載された**道路交通情報の写し**（渋滞の日時・原因を特定できるもの）

エ 気象庁のホームページ等に掲載された異常気象等に関する**気象情報等の写し**　等

第**4**章 労働基準法

1日の拘束時間	実際の時間 （A）	予期し得ない事象 への対応時間 （B）	改善基準告示の 適用となる時間 （C）＝（A）−（B）
運転時間（2日平均）			
連続運転時間			

なお、1ヵ月の拘束時間は「予期し得ない事象への対応時間」を除外できません。

休日労働

重要度

使用者は、バス運転者等に**労働基準法に定める休日に労働させる場合**は、**労働させる休日**は 2 週間 について 1 回[†] を超えてはなりません。

×4週間について3回[†]

なお、休日の労働によって、改善基準に定める**拘束時間及び最大拘束時間**の**限度を超えてはなりません。**

休息期間の分割の特例

重要度

業務の必要上、**勤務の終了後継続 9 時間以上の休息期間を与えることが困難な場合**、当分の間、**一定期間（1ヵ月程度を限度）**における**全勤務回数の** $\frac{1}{2}$[†] **を限度**に、**休息期間を拘束時間の途中及び拘束時間の経過直後に分割して与える**ことができます。

× $\frac{2}{3}$[†]

（1）**分割された休息期間**は、1 日において、1 回当たり継続 4 時間以上、合計 11 時間以上とします。

（2）2 分割のみとし、**3 分割以上は認められません。**

（例1）**適法**

休息期間は、2 分割で継続 4 時間以上合計 11 時間であり、**適法**です。

拘束時間	休息期間	拘束時間	休息期間
7 時間	**4 時間**	6 時間	**7 時間**

（例2）**違反**

休息期間は、2分割で合計11時間以上ですが、継続3時間であるため、**違反**です。

拘束時間	休息期間	拘束時間	休息期間
7時間	**3時間**	6時間	**8時間**

（例3）**違反**

休息期間は、継続4時間以上合計11時間以上ですが、3分割のため、**違反**です。

拘束時間	休息期間	拘束時間	休息期間	拘束時間	休息期間
5時間	**4時間**	4時間	**4時間**	3時間	**4時間**

●2人乗務の特例

重要度

運転者が同時に1台の自動車に2人以上乗務する場合、**車両内に身体を伸ばして休息できる設備があるとき**は、次のとおり**拘束時間を延長し、休息期間を短縮**することができます。

バス運転者の専用の座席として、身体を伸ばして休息できるリクライニング方式の座席が少なくとも**1座席以上確保**されている場合は、**最大拘束時間を19時間まで延長し、休息期間を5時間まで短縮**することができます。

（例1）

始業13時		終業8時		始業13時	
拘束時間 19時間		**休息期間 5時間**		拘束時間	

≪例外≫

①設備として**車両内ベッドが設けられている**または②バス運転者の休息の
ための措置として、前述の要件を満たす**専用の座席を設けた上で、当該座
席について**カーテン等により他の乗客からの視線を遮断する措置が講じら
れている場合には、**拘束時間を 20 時間まで延長し、休息期間を 4 時間ま
で短縮**することができます。

(例2)

始業 13 時 　　　　　　　　　　　　終業 9 時　　　始業 13 時

拘束時間 20 時間	休息期間 4 時間	拘束時間

● 隔日勤務の特例

重要度

業務の必要上やむを得ない場合には、当分の間、次の要件を満たす場合、**隔
日勤務**（始業・終業の時刻が同一の日に属さない業務）に就かせることができ
ます。

①**2 暦日についての拘束時間が 21 時間を超えない**
②**勤務終了後、継続 20 時間以上の休息期間を与える**

≪例外≫

　事業場内仮眠施設において、**夜間 4 時間以上の仮眠を与える場合**には、
2 週間についての拘束時間が 126 時間（21 時間 × 6 勤務）を超えない
範囲において、**2 週間について 3 回**を限度に、**2 暦日の拘束時間を 24
時間まで延長**できます。

● フェリー乗船の特例

（1）**運転者が勤務の中途において、フェリーに乗船している時間は、原則と
して休息期間として取り扱います。**

（2）その場合、**休息期間とされた時間を与えるべき休息期間（9 時間）から
減じる**ことができます。ただし、**減算後の休息期間**は、2 人乗務の場合を除
き、**フェリー下船時刻から終業時刻までの時間の$\frac{1}{2}$**†を下回ってはなりませ
ん。 $\times \frac{1}{3}$†

　　フェリーの**乗船時間**が **9 時間**※を超える**場合**には、原則として**フェリー
下船時刻から次の勤務が開始**されます。

※2 人乗務の場合は **5 時間**（車両内ベッドが設けられている場合や、カー
テン等により他の乗客からの視線を遮断する等の措置が講じられている
場合には **4 時間**）

※隔日勤務の場合は **20 時間**。

（例）**フェリー乗船時間（6 時間）は、休息期間。**与えるべき休息期間（9 時
間）からフェリー乗船時間（6 時間）を減じるため、減算後の休息期間は 3
時間以上が必要です。減算後の休息期間は、フェリー下船時刻から終業の時
刻までの時間（6 時間）の$\frac{1}{2}$である 3 時間を下回ってはなりません。本例
では、C は 4 時間となっているため、**適法**です。

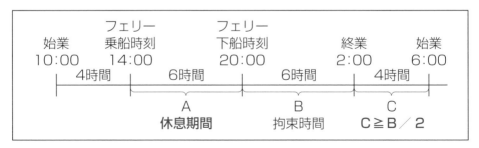

7.2　タクシー運転者の労働時間等

タクシー運転者には、勤務の態様として、日勤勤務と隔日勤務があります。

● 日勤勤務

重要度

（1）1日の拘束時間（1日とは、始業時刻から起算して 24 時間をいいます）

① 1日の拘束時間は、13 時間を超えてはなりません。延長する場合でも最大拘束時間は 15 時間です。

② 1日の拘束時間が 14 時間を超える回数をできる限り少なくするよう努めなければなりません。

③ 14 時間を超える回数は 1 週間について 3 回以内を目安とします。

　　1日の拘束時間が 14 時間を超える日が連続することは望ましくありません。

（2）1日の休息期間

　1日の休息期間は、**勤務終了後、継続 11 時間以上与えるよう努めること**を基本とし、**継続9時間を下回ってはなりません。**

（3）1ヵ月の拘束時間

　1ヵ月の拘束時間は、 288 時間 以内です。

≪車庫待ち等（顧客の需要に応ずるため常態として車庫等において待機する就労形態）**の運転者の特例≫**

① 1日の拘束時間

　次の要件の下に、1日の拘束時間を 24 時間まで**延長**することができます。

・勤務終了後、**継続 20 時間 以上の休息期間を与える**

・1日の拘束時間が 16 時間 を**超える回数が、1カ月について 7 回以内である**

・1日の拘束時間が 18 時間 を**超える**場合には、**夜間 4 時間以上の仮眠時間を与える**

② 1 カ月の拘束時間

「車庫待ち等の日勤勤務のタクシー運転者に係る 1 カ月についての拘束時間の延長に関する協定」（**労使協定**）を締結することにより、1 カ月の拘束時間を 300 時間 まで**延長**することができます。

日勤勤務の 1 カ月の拘束時間の 288 時間と「車庫待ちの運転者の特例」で労使協定がある場合の 300 時間を
" ２人のパパは　　合計 300kg " として覚えましょう。
　２　　88 時間　　　300 時間

● 隔日勤務

重要度　→ 5

隔日勤務とは、**始業・終業の時刻が同一の日に属さない業務で、2 労働日の勤務を 1 勤務にまとめて行うもの**をいいます。

（1）2 暦日の拘束時間

2 暦日の拘束時間は、 22 時間 以内で、かつ、2 回の隔日勤務を平均し隔日勤務 1 回当たり 21 時間を超えてはなりません。

次の①と②がともに 21 時間を超えたときが**改善基準告示**に**違反**となります。

① $$\dfrac{特定の隔日勤務（A）＋特定の隔日勤務の前の隔日勤務（B）}{2}$$

② $$\dfrac{特定の隔日勤務（A）＋特定の隔日勤務の次の隔日勤務（C）}{2}$$

（例）前述①は 21.5 時間、前述②は 21.5 時間でともに 21 時間を超えているため、違反です。

特定の隔日勤務の前の隔日勤務（B）	特定の隔日勤務（A）	特定の隔日勤務の次の隔日勤務（C）
21 時間	22 時間	21 時間

（2）2 暦日の休息期間

2 暦日の休息期間は、勤務終了後、継続 24 時間以上与えるよう努めることを基本とし、継続 22 時間 を下回ってはなりません。

（3）隔日勤務者の 1 ヵ月の拘束時間

隔日勤務者の 1 ヵ月の拘束時間は、 262 時間 を超えてはなりません。

ただし、**地域的事情その他の特別な事情**がある場合において、**労使協定がある**ときは、 1 年のうち 6 ヵ月までは、 1 か月の拘束時間を 270 時間 まで**延長**することができます。

🐟 覚えるコツ！

2 暦日の拘束時間 22 時間以内と隔日勤務者の 1 ヵ月の拘束時間で労使協定がない場合の 262 時間以内を

　"夫婦（ふうふ）　で　風呂に行く" と覚えましょう。
　　　22 時間　　　　　262 時間

≪**車庫待ち等**（顧客の需要に応ずるため常態として車庫等において待機する就労形態）**の運転者の特例**≫

（1）2 暦日の拘束時間

次の①②の要件を満たす場合、**2 暦日の拘束時間**を 24 時間まで延長できます。

①**夜間**に **4 時間以上の仮眠時間**を与える

②**2 暦日の拘束時間**が **22 時間を超える回数**と **2 回の隔日勤務**を平均し

隔日勤務1回当たり21時間を超える回数の合計を、**労使協定により1ヵ月7回以内の範囲**に定める

（2）隔日勤務の1ヵ月の拘束時間

隔日勤務の1ヵ月の拘束時間は262時間以内とし、**労使協定により270時間まで延長**することができます。

上記（1）①②の要件を満たす場合には、262時間または270時間に**10時間を加えた時間まで延長**することができます。

● 予期し得ない事象への対応時間の取扱い

重要度

災害、事故等通常予期し得ない事象に遭遇し、運行が遅延した場合、「1日の拘束時間」及び「2暦日の拘束時間」から、「予期し得ない事象への対応時間」を除外できます。

この場合、**予期し得ない事象への対応時間**により、1日の拘束時間が**最大拘束時間を超えた場合、勤務終了後、継続11時間以上、2暦日の拘束時間が22時間を超えた場合、勤務終了後、継続24時間以上**の**休息期間**を与えなければなりません。

「予期し得ない事象への対応時間」（Ⅰ、Ⅱの両方の要件を満たす時間）

Ⅰ 次の事象により生じた運行の遅延に対応するための時間であること

① 運転中に乗務している車両が**予期せず**故障した

② 運転中に予期せず乗船予定の**フェリーが欠航**した

③ 運転中に**災害や事故の発生**に伴い、**道路が封鎖**または**道路が渋滞**した

④ **異常気象（警報発表時）**に遭遇し運転中に**正常な運行が困難**となった

なお、平常時の交通状況等から事前に発生を予測可能な道路渋滞等は、該当しません。

Ⅱ 客観的な記録により確認できる時間であること

次の①の記録に加え、②の記録により事象の発生日時等を客観的に確認

できること

① **運転日報上の記録**

対応を行った場所、予期し得ない事象に係る具体的事由、当該事象への

対応の開始・終了した時刻・所要時間数

② **予期し得ない事象の発生を特定できる客観的な資料**

ア 修理会社等が発行する**故障車両の修理明細書**等

イ フェリー運航会社等のホームページに掲載された**フェリー欠航情報**

の写し

ウ 公益財団法人日本道路交通情報センター等のホームページに掲載さ

れた**道路交通情報の写し**（渋滞の日時・原因を特定できるもの）

エ 気象庁のホームページ等に掲載された異常気象等に関する**気象情報**

等の写し　等

1 日の拘束時間	実際の時間 （A）	予期し得ない事象 への対応時間 （B）	改善基準告示の 適用となる時間 （C）＝（A）－（B）
2 暦日の拘束時間			

なお、1ヵ月の拘束時間は「予期し得ない事象への対応時間」を除外できま

せん。

●休日労働

重要度

使用者は、タクシー運転者に**労働基準法に定める休日に労働させる場合**は、

労働させる休日は **2 週間**について **1 回**を超えてはなりません。

なお、休日の労働によって、改善基準に定める**拘束時間**及び**最大拘束時間を**

超えてはなりません。

☑欄	次の各文章の空欄に入るべき字句を答えなさい。	解答
A □ B □	1. 改善基準は、自動車運転者（ A 以上の自動車の運転の業務に主として従事する者をいう）の労働時間等の改善のための基準を定めることにより、自動車運転者の労働時間等の B の向上を図ることを目的とする。	A：四輪 B：労働条件
A □ B □	2. バス運転者の1日についての拘束時間は、13時間を超えないものとし、当該拘束時間を延長する場合でも、最大拘束時間は A とする。ただし、1日についての拘束時間が14時間を超える回数をできるだけ少なくするよう努めるものとする。回数については、1週間について B 以内を目安とする。この場合、1日の拘束時間が14時間を超える日が連続することは望ましくない。	A：15時間 B：3回
A □ B □	3. バス運転者の1ヵ月の拘束時間は、 A を超えてはならず、かつ、1年については3,300時間を超えてはならない。ただし、労使協定により、1年について6ヵ月までは、1年については3,400時間を超えない範囲内において、1ヵ月について B まで延長することができる。この場合、1ヵ月の拘束時間が281時間を超える月が4ヵ月を超えて連続しないこと。	A：281時間 B：294時間

A☐ B☐	4. バス運転者の連続運転時間（1回が連続 ☐A☐ 以上で、かつ、合計が30分以上の運転の中断をすることなく連続して運転する時間をいう）は、4時間を超えないものとすること。ただし、貸切バスの高速道路（貸切バスの夜間運行については、高速道路以外も含む。）の実車運行区間における連続運転時間は概ね ☐B☐ までとするよう努めるものとする。	A：10分 B：2時間
A☐ B☐	5. タクシーの隔日勤務者の2暦日についての拘束時間は、☐A☐ を超えないものとし、この場合において、2回の隔日勤務を平均し隔日勤務1回当たり ☐B☐ を超えないものとする。	A：22時間 B：21時間

特別講座:改善基準告示に関する問題のチェックポイント

「自動車運転者の労働時間等の改善のための基準」で出題される演習問題（7つの形態）について、正解するためのチェックポイントを解説します。

【例1】1日についての拘束時間（バス、隔日勤務を除くタクシー）

1日（始業時刻から起算して24時間）の拘束時間は、13時間以内で、延長する場合でも15時間（**最大拘束時間**）が限度です。1日の拘束時間が**14時間を超える回数をできる限り少なくするよう**努めるものとし、14時間を超える回数は1週間について **3回以内を目安**とします。1日の拘束時間が14時間を超える日が連続することは望ましくありません。

次のことをチェックしましょう。

☐	1日の拘束時間を算出するとき（当日の終業時刻－当日の始業時刻）だけを算出していないか。当日の始業時刻から起算した24時間時点の時刻より翌日の始業時刻が早いときはその間差の時間を当日の拘束時間に加算しなければなりません。
☐	1日の最大拘束時間（15時間）を超えていないか
☐	1日の拘束時間が14時間を超える回数が1週間に目安の3回を超えていないか

【例題1】

下図は、貸切バスの運転者の5日間の勤務状況の例を示したものであるが、「自動車運転者の労働時間等の改善のための基準」に基づく1日の拘束時間の次の組合せのうち、【正しいものを1つ】選びなさい。

1日目	2日目	3日目	4日目	5日目

始業	終業	始業	終業	始業	終業	始業	終業	始業	終業
0時 7時	19時 0時	6時	20時 0時	8時	19時 0時	6時	18時 0時	7時	19時 0時

	拘束 時間		拘束 時間		拘束 時間		拘束 時間		拘束 時間

1. 1日目：12時間　2日目：14時間　3日目：11時間　4日目：12時間
2. 1日目：12時間　2日目：15時間　3日目：11時間　4日目：13時間
3. 1日目：13時間　2日目：14時間　3日目：13時間　4日目：12時間
4. 1日目：13時間　2日目：15時間　3日目：13時間　4日目：13時間

解答 3

1日目：12時間（終業19時－始業7時）＋翌日の1時間（7時－始業6時）
　　　＝13時間

2日目：14時間（終業20時－始業6時）

3日目：11時間（終業19時－始業8時）＋翌日の2時間（8時－始業6時）
　　　＝13時間

4日目：12時間（終業18時－始業6時）

●【例2】1ヵ月及び1年の拘束時間（バス）

　1ヵ月の拘束時間は、**281時間以内**で、かつ、**1年の拘束時間は3,300時間が限度**です。ただし、**貸切バス等乗務者等については、労使協定を締結**すれば、1年のうち**6ヵ月まで**は、**1年の拘束時間が3,400時間を超えない範囲内**で、**1ヵ月の拘束時間を294時間まで延長**することができます。1ヵ月の拘束時間が**281時間を超える月は連続4ヵ月を超えてはなりません**。

労使協定を締結している場合には、次のことをチェックしましょう。

☐	1ヵ月の拘束時間が 294 時間を超えていないか
☐	1ヵ月の拘束時間が 281 時間を超え、294 時間までが 1 年のうち、6ヵ月を超えていないか
☐	1 年間の拘束時間が 3,400 時間を超えていないか
☐	1ヵ月の拘束時間が 281 時間を超える月が連続 4ヵ月を超えていないか

【例題 2】

　下表は、貸切バス等乗務者の 1 年間における各月の拘束時間の例を示したものであるが、このうち「自動車運転者の労働時間等の改善のための基準」に【適合しているものを 1 つ】選びなさい。ただし、「1ヵ月及び 1 年の拘束時間の延長に関する労使協定」があるものとする。

第 ④ 章　労働基準法

1.

	4月	5月	6月	7月	8月	9月	10月	11月	12月	1月	2月	3月	1年間
拘束時間	283 時間	291 時間	275 時間	294 時間	291 時間	268 時間	283 時間	290 時間	275 時間	293 時間	273 時間	281 時間	3,397 時間

2.

	4月	5月	6月	7月	8月	9月	10月	11月	12月	1月	2月	3月	1年間
拘束時間	277 時間	285 時間	279 時間	289 時間	295 時間	281 時間	273 時間	294 時間	286 時間	277 時間	275 時間	285 時間	3,396 時間

3.

	4月	5月	6月	7月	8月	9月	10月	11月	12月	1月	2月	3月	1年間
拘束時間	286 時間	277 時間	276 時間	274 時間	285 時間	292 時間	276 時間	291 時間	294 時間	292 時間	278 時間	264 時間	3,385 時間

4.

	4月	5月	6月	7月	8月	9月	10月	11月	12月	1月	2月	3月	1年間
拘束時間	275時間	281時間	277時間	293時間	281時間	283時間	285時間	294時間	286時間	292時間	278時間	281時間	3,406時間

解答 3

1：不適合。1ヵ月の拘束時間が281時間を超えて294時間までの月が、1年のうち6ヵ月を超えて、7ヵ月（4月、5月、7月、8月、10月、11月、1月）となっているため、**違反**です。

2：不適合。8月の拘束時間が294時間を超えて295時間となっているため、**違反**です。

3：適合。

4：不適合。1年間の拘束時間が3,400時間を超えて、3,406時間となっているため、違反。また、281時間を超えて294時間までの月が、連続4ヵ月を超えて5ヵ月（9月〜1月）となっているため、**違反**です。

●【例3】 4週間を平均した1週間あたり及び52週の拘束時間（バス）

　4週間を平均した1週間あたりの拘束時間は、65時間以内で、かつ、**52週間の拘束時間**は3,300時間が限度です。ただし、貸切バス等乗務者については、**労使協定により、52週間のうち24週間までは、52週間の総拘束時間が3,400時間を超えない範囲内で、4週間を平均し1週間当たり68時間まで延長**することができます。また、**4週間を平均し1週間当たり65時間を超える週は、連続16週間を超えてはなりません。**

　労使協定を締結している場合には、次のことをチェックしましょう。

☐	4週間を平均し1週間当たりの拘束時間が68時間を超えていないか
☐	4週間を平均し1週間当たりの拘束時間が65時間を超え、68時間までが52週間（4週間単位で13回）のうち、24週間（4週間単位では6回）を超えていないか

	52 週間の総拘束時間が **3,400 時間**を超えていないか
☐	
☐	4 週平均 1 週の拘束時間が **65 時間**を超える週が、連続 **16 週間（4 週間単位では 4 回）**を超えていないか

【例題3】

　下表は、貸切バス等乗務者の 4 週間を平均した 1 週間当たりの拘束時間の例を示したものであるが、このうち、「自動車運転者の労働時間等の改善のための基準」に【適合しているものを 1 つ】選びなさい。なお、隔日勤務に就く場合には該当しないものとする。また、「4 週平均 1 週及び 52 週の拘束時間の延長に関する労使協定」があるものとする。

1.

1～4週	5～8週	9～12週	13～16週	17～20週	21～24週	25～28週	29～32週	33～36週	37～40週	41～44週	45～48週	49～52週	52週合計
66時間	65時間	68時間	65時間	63時間	68時間	67時間	64時間	65時間	66時間	64時間	63時間	67時間	3404時間

2.

1～4週	5～8週	9～12週	13～16週	17～20週	21～24週	25～28週	29～32週	33～36週	37～40週	41～44週	45～48週	49～52週	52週合計
65時間	63時間	67時間	65時間	68時間	61時間	65時間	62時間	68時間	66時間	63時間	68時間	66時間	3388時間

3.

1～4週	5～8週	9～12週	13～16週	17～20週	21～24週	25～28週	29～32週	33～36週	37～40週	41～44週	45～48週	49～52週	52週合計
64時間	67時間	66時間	64時間	64時間	69時間	68時間	61時間	63時間	67時間	68時間	62時間	65時間	3392時間

4.

1～4週	5～8週	9～12週	13～16週	17～20週	21～24週	25～28週	29～32週	33～36週	37～40週	41～44週	45～48週	49～52週	52週合計
64時間	61時間	63時間	64時間	65時間	63時間	67時間	68時間	66時間	67時間	66時間	65時間	64時間	3372時間

解答 2

1：不適合。52週間の総拘束時間が3,400時間を超えて3,404時間となっているため、**違反**です。

2：適合。

3：不適合。21～24週が、4週平均1週の拘束時間が68時間を超えて69時間となっているため、**違反**です。

4：不適合。4週平均1週の拘束時間が65時間を超える週が、連続16週間を超えて20週間（25週～44週）となっているため、**違反**です。

●【例4】2日を平均した1日当たりの運転時間（バス）

運転時間は2日（始業時刻から起算して48時間）を平均し1日当たり9時間を超えてはなりません。①特定日の前日の運転時間と特定日の運転時間、②特定日の運転時間と特定日の翌日の運転時間が2日を平均し、ともに1日当たり9時間を超えているときが違反となります。

次のことをチェックしましょう。

☐	①特定日の前日の運転時間と特定日の運転時間、②特定日の運転時間と特定日の翌日の運転時間が、2日（始業時刻から起算して48時間）を平均し1日当たりともに9時間を超えていないか。または、①特定日の前日の運転時間と特定日の運転時間、②特定日の運転時間と特定日の翌日の運転時間の合計時間がともに18時間を超えていないか

【例題4】

下図は、貸切バス等乗務者の運転時間の例を示したものであるが、2日目を特定日とした場合、次のうち、2日を平均した1日当たりの運転時間について「自動車運転者の労働時間等の改善のための基準」に【違反しているものを1つ】選びなさい。

1.

1日目	2日目	3日目	4日目
運転時間 10時間	運転時間 8時間	運転時間 10時間	運転時間 9時間

2.

1日目	2日目	3日目	4日目
運転時間 10時間	運転時間 10時間	運転時間 8時間	運転時間 9時間

3.

1日目	2日目	3日目	4日目
運転時間 11時間	運転時間 9時間	運転時間 8時間	運転時間 11時間

4.

1日目	2日目	3日目	4日目
運転時間 10時間	運転時間 10時間	運転時間 9時間	運転時間 9時間

解答 4

　改善基準違反は、①特定日の前日の運転時間と特定日の運転時間と②特定日の運転時間と特定日の翌日の運転時間が、2日を平均し1日当たりともに9時間（または合計で18時間）を超えている場合となります。本問では、2日目が特定日となっています。

　4.は1日目の運転時間（10時間）と2日目の運転時間（10時間）の2日を平均した1日当たりの運転時間が10時間、2日目の運転時間（10時間）と3日目の運転時間（9時間）の2日を平均した1日当たりの運転時間が9.5時間と2日を平均した1日当たりの運転時間が、ともに9時間（合計で18時間）を超えているため、**違反**です。

　1は、1日目の運転時間と2日目の運転時間及び2日目の運転時間と3日

目の運転時間は、2日を平均した1日当たりの運転時間は、ともに9時間を超えていないため、**適法**です。

2.と3.は、1日目の運転時間と2日目の運転時間の2日を平均した1日当たりの運転時間は9時間を超えていますが、2日目の運転時間と3日目の運転時間の2日を平均した1日当たりの運転時間は9時間を超えていないため、いずれも**適法**です。

【例5】4週間を平均した1週間当たりの運転時間（バス）

4週間を平均した1週間当たりの運転時間は40時間**以内**でなければなりません。ただし、貸切バス等乗務者については、**労使協定**があるときは、**52週間についての運転時間が2,080時間を超えない範囲内**において、**52週間のうち16週間までは、4週間を平均し1週間当たり44時間まで延長**できます。

労使協定を締結している場合には、次のことをチェックしましょう。

☐	4週間を平均し1週間当たりの運転時間が44時間間を超えていないか
☐	4週間を平均し1週間当たりの運転時間が40時間を超え、44時間までが52週間（4週間単位で**13回**）のうち、16週間（4週間単位では4回）を超えていないか
☐	52週間の総運転時間が2,080時間を超えていないか

【例題5】

下表は、貸切バス等乗務者の52週間における各4週間を平均した1週間当たりの運転時間の例を示したものであるが、このうち、「自動車運転者の労働時間等の改善のための基準」に【適合しているものを1つ】選びなさい。ただし、「4週平均1週及び52週の運転時間の延長に関する労使協定」があるものとする。

1.

	1〜4週	5〜8週	9〜12週	13〜16週	17〜20週	21〜24週	25〜28週	29〜32週	33〜36週	37〜40週	41〜44週	45〜48週	49〜52週	52週間の運転時間
4週間を平均した1週間当たりの運転時間	37時間	36時間	44時間	37時間	36時間	44時間	43時間	38時間	37時間	44時間	39時間	40時間	44時間	2,076時間

2.

	1〜4週	5〜8週	9〜12週	13〜16週	17〜20週	21〜24週	25〜28週	29〜32週	33〜36週	37〜40週	41〜44週	45〜48週	49〜52週	52週間の運転時間
4週間を平均した1週間当たりの運転時間	39時間	36時間	38時間	45時間	38時間	40時間	35時間	41時間	44時間	40時間	36時間	44時間	40時間	2,064時間

3.

	1〜4週	5〜8週	9〜12週	13〜16週	17〜20週	21〜24週	25〜28週	29〜32週	33〜36週	37〜40週	41〜44週	45〜48週	49〜52週	52週間の運転時間
4週間を平均した1週間当たりの運転時間	37時間	36時間	44時間	38時間	36時間	40時間	43時間	39時間	40時間	39時間	39時間	44時間	43時間	2,072時間

4.

	1〜4週	5〜8週	9〜12週	13〜16週	17〜20週	21〜24週	25〜28週	29〜32週	33〜36週	37〜40週	41〜44週	45〜48週	49〜52週	52週間の運転時間
4週間を平均した1週間当たりの運転時間	38時間	39時間	44時間	39時間	37時間	38時間	40時間	38時間	40時間	44時間	40時間	41時間	43時間	2,084時間

第**4**章

労働基準法

[解 答] 3

1：不適合。4週間を平均した1週間当たりの運転時間が40時間を超え44時間までの回数が4週間単位で5回（9〜12週：44時間、21〜24週：44時間、25〜28週：43時間、37〜40週：44時間、49〜52週：44時間）となっているため、**違反**です。

2：不適合。4週間を平均した1週間当たりの運転時間が13〜16週（45時間）では、44時間を超えているため、**違反**です。

3：適合。

4：不適合。52週間の運転時間（2,084時間）が、2,080時間を超えているため、**違反**です。

●【例6】連続運転時間（バス）

運転開始後、4時間以内または4時間経過直後の時点で「運転の中断」が途中、直後で合計30分以上なければなりません。ただし、30分以上を分割する場合には1回につき最低10分以上が必要となります。

次のことをチェックしましょう。

☐	連続運転時間が4時間を超えていないか
☐	運転開始後、4時間以内または4時間経過直後の時点で運転の中断が途中、直後で合計30分以上となっているか
☐	30分以上の運転の中断を分割する場合、1回につき連続10分以上となっているか
☐	特定運転者・貸切バスに乗務する者が高速道路等を運行する場合、一の連続運転時間についての高速道路等における連続運転時間（夜間において長距離の運行を行う貸切バスは、高速道路等以外の区間における運転時間を含む）は、おおむね2時間までとなっているか（努力義務）
☐	軽微な移動（消防車、救急車等の緊急通行車両の通行に伴い、または他の車両の通行の妨げを回避するため、駐車・停車した自動車を予定の場所から移動させること）を行う必要が生じたとき（記録がある場合に限る）、軽微な移動のための運転時間を、連続運転時間から除いているか

【例題6】

下表は、貸切バスの運転者の運転時間及び休憩時間の例を示したものであるが、このうち、連続運転の中断方法として「自動車運転者の労働時間等の改善のための基準」に【適合しているものを1つ】選びなさい。

1.

乗務開始 乗務終了

運転時間	休憩時間	運転時間	休憩時間	運転時間	休憩時間	運転時間
2 時間 30 分	10 分	1 時間 30 分	20 分	4 時間	30 分	30 分

2.

乗務開始 乗務終了

運転時間	休憩時間	運転時間	休憩時間	運転時間	休憩時間	運転時間
2 時間 50 分	20 分	1 時間 10 分	20 分	4 時間	20 分	30 分

3.

乗務開始 乗務終了

運転時間	休憩時間	運転時間	休憩時間	運転時間	休憩時間	運転時間
3 時間 20 分	25 分	40 分	5 分	3 時間 30 分	30 分	1 時間

4.

乗務開始 乗務終了

運転時間	休憩時間	運転時間	休憩時間	運転時間	休憩時間	運転時間
4 時間	40 分	2 時間 40 分	20 分	1 時間 40 分	30 分	30 分

解答 1

1：適合。運転時間が通算 4 時間時点（2 時間 30 分と 1 時間 30 分）では途中と直後の休憩時間の合計は 30 分あり、また、次の連続運転時間 4 時間直後には 30 分の休憩時間があるため、**適法**です。

2：不適合。連続運転時間 4 時間直後の休憩時間は 20 分しかないため、**違反**です。

3：不適合。運転時間が通算 4 時間時点（3 時間 20 分と 40 分）で運転の中断は途中の 25 分しかないため、**違反**です。休憩時間の 5 分は分割の要件

第**4**章

労働基準法

である 1 回につき 10 分以上を満たしていないため、運転時間の中断には算入できません。

4. 不適合。連続運転時間 4 時間直後に休憩時間が 40 分あるため、リセットできます。次の運転時間の通算 4 時間時点（2 時間 40 分と 1 時間 20 分）では運転中のため、運転の中断は途中の休憩時間 20 分しかないので、**違反**です。

●【例 7】隔日勤務の 2 暦日・1ヵ月の拘束時間（タクシー）

隔日勤務に就く者の拘束時間は、2 暦日について、22 時間以内で、かつ、2 回の隔日勤務を平均し隔日勤務 1 回当たり 21 時間以内です。

隔日勤務者の 1ヵ月の拘束時間については、262 時間以内です。地域的事情その他の特別な事情がある場合において、労使協定があるときは、1 年のうち 6ヵ月までは、1ヵ月の拘束時間を 270 時間まで延長することができます。

次のことをチェックしましょう。

☐	2 暦日の拘束時間が 22 時間を超えていないか
☐	2 回の隔日勤務を平均し隔日勤務 1 回当たり 21 時間を超えていないか
☐	1ヵ月の拘束時間が 262 時間を超えていないか（労使協定がないとき）
☐	労使協定があるとき、1ヵ月の拘束時間が 270 時間を超えていないか
☐	労使協定があるとき、1ヵ月の拘束時間が 262 時間を超え 270 時間までが 1 年のうち 6ヵ月を超えていないか

【例題 7】

下表は、一般乗用旅客自動車運送事業に従事する自動車運転者であって隔日勤務に就くものの勤務状況を示したものであるが、「自動車運転者の労働時間等の改善のための基準」（以下「改善基準」という。）に定める拘束時間に関する次の記述のうち【違反しているものを 2 つ】選びなさい。ただし、「1ヵ月についての拘束時間の延長に関する労使協定」はないものとし、また、車庫待ち等による就労形態ではないものとする。

日	始業時刻（午前）		終業時刻（午前）
1	7：00		
2			5：00
3	7：00		
4			3：00
5	8：00		
6			4：00
7		公休	
8	7：00		
9			5：00
10	8：00		
11			5：00
12	8：00		
13			6：00
14		公休	
15		公休	
16	7：00		
17			4：00
18	8：00		
19			5：00
20		公休	
21	8：00		
22			3：00
23	7：00		
24			4：00
25		公休	
26		公休	
27	8：00		
28			5：00
29	8：00		
30			7：00
31		公休	

1．２暦日の隔日勤務の拘束時間は、改善基準に違反していないが、２回の隔日勤務を平均し隔日勤務１回当たりの拘束時間は改善基準に違反している。

2．２回の隔日勤務を平均し隔日勤務１回当たりの拘束時間は改善基準に違反していないが、１ヵ月の拘束時間は改善基準に違反している。

3．２暦日の隔日勤務の拘束時間は、改善基準に違反していないし、また、１ヵ月の拘束時間も改善基準に違反していない。

4．２暦日の隔日勤務の拘束時間は、改善基準に違反しているし、また、２回の隔日勤務を平均し隔日勤務１回当たりの拘束時間も改善基準に違反している。

解 答 4

（1）**１ヵ月の拘束時間**は 253 時間で、262 時間を超えていないため、**適法**です。

１２出番の拘束時間は、月初から順に 22 時間、20 時間、20 時間、22 時間、21 時間、22 時間、21 時間、21 時間、19 時間、21 時間、21 時間、23 時間、合計 253 時間

（2）**２暦日の隔日勤務の拘束時間**は、29 日 8 時から 30 日 7 時は 23 時間となっており、22 時間を超えているため、**違反**です。

（3）**２回の隔日勤務を平均し隔日勤務１回当たりの拘束時間**は、10〜11 日の隔日勤務を「特定の隔日勤務」とした場合には、「特定の隔日勤務の前の隔日勤務」（8〜9 日 22 時間）と「特定の隔日勤務」（21 時間）との平均と「特定の隔日勤務」（21 時間）と「特定の隔日勤務の次の隔日勤務」（12〜13 日 22 時間）との平均が、ともに 21 時間を超えているため、**違反**です。

以上のことから、正解は、4。

過去問にチャレンジ

問1　労働基準法（以下「法」という。）に定める労働契約等についての次の記述のうち、【正しいものを2つ】選びなさい。なお、解答にあたっては、各選択肢に記載されている事項以外は考慮しないものとする。

1. 使用者は、労働者が業務上負傷し、又は疾病にかかり療養のために休業する期間及びその後6週間並びに産前産後の女性が法第65条（産前産後）の規定によって休業する期間及びその後6週間は、解雇してはならない。

2. 使用者は、労働者が出産、疾病、災害その他厚生労働省令で定める非常の場合の費用に充てるために請求する場合においては、支払期日前であっても、既往の労働に対する賃金を支払わなければならない。

3. 使用者は、労働者の国籍、信条又は社会的身分を理由として、賃金、労働時間その他の労働条件について、差別的取扱をしてはならない。

4. 法第20条（解雇の予告）の規定は、法に定める期間を超えない限りにおいて、「日日雇い入れられる者」、「3ヵ月以内の期間を定めて使用される者」、「季節的業務に6ヵ月以内の期間を定めて使用される者」又は「試の使用期間中の者」のいずれかに該当する労働者については適用しない。

問2　労働基準法（以下「法」という。）の定める労働条件及び労働契約についての次の記述のうち、【正しいものを1つ】選びなさい。なお、解答にあたっては、各選択肢に記載されている事項以外は考慮しないものとする。

1. 法で定める労働条件の基準は最低のものであるから、労働関係の当事者は、当事者間の合意がある場合を除き、この基準を理由として労働条件を低下させてはならないことはもとより、その向上を図るように努めなければならない。

2. 使用者は、労働契約の不履行についての違約金を定め、又は損害賠償額を予定する契約をしてはならない。ただし、当該事業場に、労働者の過半数で組織する労働組合がある場合においてはその労働組合、労働者の過半数で組織する労

働組合がない場合においては労働者の過半数を代表とする者との書面による協定があるときは、この限りではない。

3. 労働契約は、期間の定めないものを除き、一定の事業の完了に必要な期間を定めるもののほかは、3年（法第14条（契約期間等）第1項各号のいずれかに該当する労働契約にあっては、5年）を超える期間について締結してはならない。

4. 労働者は、労働契約の締結に際し使用者から明示された賃金、労働時間その他の労働条件が事実と相違する場合においては、少なくとも30日前に使用者に予告したうえで、当該労働契約を解除することができる。

問3 「自動車運転者の労働時間等の改善のための基準」に定める目的等についての次の文中、A、B、C、Dに入るべき字句として【いずれか正しいものを1つ】選びなさい。

1. この基準は、自動車運転者（労働基準法（以下「法」という。）第9条に規定する労働者であって、　　A　　の自動車の運転の業務（厚生労働省労働基準局長が定めるものを除く。）に主として従事する者をいう。以下同じ。）の労働時間等の改善のための基準を定めることにより、自動車運転者の　　B　　等の労働条件の向上を図ることを目的とする。

2. 　　C　　は、この基準を理由として自動車運転者の労働条件を低下させてはならないことはもとより、その　　D　　に努めなければならない。

A	①	二輪以上	②	四輪以上
B	①	労働時間	②	運転時間
C	①	使用者	②	労働関係の当事者
D	①	維持	②	向上

問4 「自動車運転者の労働時間等の改善のための基準」に定める一般乗用旅客自動車運送事業以外の旅客自動車運送事業に従事する自動車運転者（以下「バス運転者」という。）の拘束時間等に関する次の記述のうち、【正しいものを2つ】選びなさい。なお、解答にあたっては、各選択肢に記載されている事項以外は考慮しないものとする。

1. 拘束時間とは、始業時間から終業時間までの時間で、休憩時間を除く労働時間の合計をいう。

2. 使用者は、バス運転者の休息期間については、当該バス運転者の住所地における休息期間がそれ以外の場所における休息期間より長くなるように努めるものとする。

3. 連続運転時間（1回が連続10分以上で、かつ、合計が30分以上の運転の中断をすることなく連続して運転する時間をいう。）は、4時間を超えないものとする。

4. 使用者は、バス運転者に労働基準法第35条の休日に労働させる場合は、当該労働させる休日は4週間について3回を超えないものとし、当該休日の労働によって改善基準告示第5条第1項に定める拘束時間及び最大拘束時間の限度を超えないものとする。

問5 下図は、旅客自動車運送事業（一般乗用旅客自動車運送事業を除く。）に従事する自動車運転者の運転時間及び休憩時間の例を示したものであるが、このうち、連続運転の中断方法として「自動車運転者の労働時間等の改善のための基準」に【適合しているものを2つ】選びなさい。

1.

乗務開始	運転	休憩	運転	休憩	運転	休憩	運転	休憩	運転	休憩	運転	休憩	運転	業務終了
	30分	10分	2時間	15分	30分	10分	1時間30分	1時間	2時間	15分	1時間30分	10分	1時間	

2.

乗務開始	運転	休憩	運転	休憩	運転	休憩	運転	休憩	運転	休憩	運転	休憩	運転	業務終了
	1時間	15分	2時間	10分	1時間	15分	1時間	1時間	1時間30分	10分	1時間	5分	30分	

3.

乗務開始	運転	休憩	運転	休憩	運転	休憩	運転	休憩	運転	休憩	運転	休憩	運転	業務終了
	2時間	10分	1時間30分	10分	30分	10分	1時間	1時間	1時間	10分	1時間	10分	2時間	

4.

乗務開始	運転	休憩	運転	休憩	運転	休憩	運転	休憩	運転	休憩	運転	休憩	運転	業務終了
	1時間	10分	1時間30分	15分	30分	5分	1時間30分	1時間	2時間	10分	1時間30分	10分	30分	

問6 下図は、貸切バス運転者の4週間の運転時間の例を示したものである。図の空欄A、B、C、Dについて、次の選択肢1～4の運転時間の組み合わせを当てはめた場合、【2日を平均し1日当たりの運転時間及び4週間を平均し1週間当たりの運転時間が「自動車運転者の労働時間等の改善のための基準」に違反せず、かつ、当該4週間の運転時間の合計が最少となるものを1つ】選びなさい。ただし、1人乗務とし、「4週平均1週及び52週の運転時間の延長に関する労使協定」があり、下図の4週間は、当該協定により4週間を平均し1週間あたりの運転時間を延長することができるものとする。

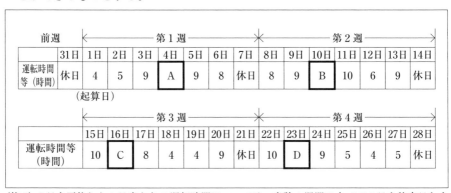

(注1) 2日を平均した1日当たりの運転時間については、当該4週間のすべての日を特定日とすること。
(注2) 4週間の起算日は1日とする。
(注3) 各労働日の始業時刻は午前8時とする。

		A（時間）	B（時間）	C（時間）	D（時間）	第1週～第4週の4週間を平均した1週間当たりの運転時間（時間）
選択肢	1	9	8	7	9	44.5
	2	8	6	10	7	44.0
	3	6	6	8	9	43.5
	4	10	5	6	6	43.0

解答・解説

....

問 1 　解答　2. 3.

1：誤。使用者は、労働者が業務上負傷し、又は疾病にかかり療養のために休業する期間及びその後「**30 日間**」並びに産前産後の女性が法第 65 条（産前産後）の規定によって休業する期間及びその後「**30 日間**」は、解雇してはならない。 　　　　　　　　　　　　　　　　　　　　　　　　×6週間

2：正。

3：正。

4：誤。解雇の予告の規定は、法に定める期間を超えない限りにおいて、「日日雇い入れられる者」、「**2ヵ月以内**の期間を定めて使用される者」、「季節的業務に **4ヵ月**以内の期間を定めて使用される者」又は「試みの使用期間中の者」のいずれかに該当する労働者については適用しない。　　×3ヵ月　×6ヵ月

問 2 　解答　3.

1．誤。法で定める労働条件の基準は最低のものであるから、労働関係の当事者は、この基準を理由として労働条件を低下させてはならないことはもとより、その向上を図るように努めなければならない。

　　　　　　　　　　　　　　　×「労働関係の当事者は、当事者間の合意がある場合を除き、」

2．誤。使用者は、労働契約の不履行についての違約金を定め、又は損害賠償額を予定する契約をしてはならない。（ただし書きを削除すれば正しい）

3．正。

4．誤。労働契約の締結に際し使用者から明示された賃金、労働時間その他の労働条件が事実と相違する場合においては、労働者は、「**即時に**」労働契約を解除することができる。

　　　　　　　　　　　　　　　　　×「少なくとも 30 日前に使用者に予告したうえで、」

問3 **解答** A = 2.（四輪以上） B = 1.（労働時間）
C = 2.（労働関係の当事者） D = 2.（向上）

問4 **解答** 2. 3.

1. 誤。拘束時間とは、始業時間から終業時間までの時間で、「**休憩時間と労働時間**」の合計をいう。 ×休憩時間「を除く」労働時間の合計
2. 正。
3. 正。
4. 誤。使用者が、バス運転者に休日に労働させる場合は、労働させる休日は「**2週間について1回**」を超えないものとする。 ×「4週間について3回」

問5 **解答** 2. 3.

　連続運転時間は、運転開始後、4時間以内または4時間経過直後に30分以上（1回につき10分以上の分割はできる）の運転を中断しなければならない。運転時間が通算して4時間前のとき、①運転の中断が合計して30分以上あるとき、②運転の中断が1回30分以上あるとき、連続運転時間はリセットされます。

1. 不適合。運転開始後、運転時間が通算4時間前に休憩が合計35分あるため、リセット。次に、休憩が1時間あるため、リセット。次に、運転時間が通算して4時間（運転1時間の30分時点）時点は、運転の途中であり、運転の中断が25分しかないため、**違反**。
2. 適合。運転開始後、運転時間が通算4時間時点で、運転の途中及び運転直後で休憩が40分あるため、リセット。次に、休憩が1時間あるため、リセット。次に、運転3時間で乗務終了のため、**適法**。
3. 適合。運転開始後、運転時間が通算4時間時点で、運転の途中及び運転直後で休憩が30分あるため、リセット。次に、休憩が1時間あるため、リセット。次に、運転4時間で乗務終了のため、**適法**。
4. 不適合。運転開始後、運転時間が通算して4時間（2番目の運転1時間30分の1時間時点）時点は、運転の途中であり、運転の中断が25分しか

ないため、**違反**。

なお、休憩 5 分は、運転の中断の 30 分以上の分割の要件である 1 回につき 10 分以上を満たしていないため、運転の中断とならない。

問 6　**解答**　3.

2 日（始業時刻から起算して 48 時間をいう。）を平均し、1 日当たりの運転時間は、**9 時間**を超えてはならない。また、4 週間を平均し 1 週間当たりの運転時間は、40 時間を超えてはならない。なお、「4 週平均 1 週及び 52 週の運転時間の延長に関する協定」（労使協定）を締結したときは **52 週間のうち 16 週間までは 2,080 時間を超えない範囲内**で、4 週間を平均し 1 週間当たりの運転時間を **44 時間**まで延長することができる。

そこで、改善基準に違反していないか、見てみると、選択肢 4 の A が運転時間 10 時間の場合には、3 日（9 時間）と 4 日（10 時間）の 2 日を平均した 1 日当たりの運転時間及び 4 日（10 時間）と 5 日（9 時間）の 2 日を平均した 1 日当たりの運転時間が、ともに 9 時間を超えている（9.5 時間）ため、改善基準に**違反**。

また、4 週間を平均した 1 週間当たりの運転時間が、44.5 時間である選択肢 1 は、改善基準に**違反**。

改善基準に違反せず当該 4 週間の運転時間の合計が最少となるものは、4 週間を平均した 1 週間当たりの運転時間が 43.5 時間である選択肢 3 が正解となる。

第5章 実務上の知識及び能力

学習のポイント

総 括

全30問中7問が実務上の知識及び能力からの出題です。大半が、「適切なものすべて」の設問となっており、4肢とも正しくないと正解にならないため、正確な知識が求められます。また、足切り（2問正解しないと不合格）があるため、最低2問以上は正解できるように学習することが大切です。

目 安

出題7問のうち、4問は正解しましょう。

頻 出

「道路運送法」に関連する出題（点呼、運行管理、記録等）、「自動車の特性と運転」「自動車の走行時に働く力」「交通事故防止対策」「タイヤ・ブレーキ現象」「健康管理」「運行計画に基づく改善基準の問題」「車間距離の計算」「時間・速度の計算」など。

アクセスキー　**X**

（大文字のエックス）

1 自動車に働く力、停止距離

「遠心力」及び「停止距離」（空走距離と制動距離との合計）をしっかり覚えましょう。「停止距離」は、計算問題にも正解できるようにしましょう。

● 自動車に働く自然の力

重要度 **5**

自動車の走行時には慣性力や遠心力及び衝撃力が働きます。

（1）慣性力

止まっているものは止まっていようとし、動いているときは動き続けようとする性質を慣性といい、これによって生じる力を**慣性力**といいます。

自動車に働く慣性力は、自動車の**重量**に**比例**して大きくなることから、その**重量が増加**すればするほど**制動距離が長くなります**。

（2）遠心力

円の中心から遠ざかる方向（外側）に働く力を**遠心力**といいます。

遠心力の特徴は、次のとおりです。

> ①**同一速度で走行する場合、カーブの半径が小さいほど遠心力は大きくなる**
>
> ②**自動車の重量・速度が同じとき、カーブの半径が $\frac{1}{2}$ になると、遠心力の大きさは2倍になる**
>
> ③**自動車の重量・速度が同じとき、カーブの半径が2倍になると、遠心力の大きさは $\frac{1}{2}$ になる**
>
> ④**自動車の重量、カーブの半径が同じとき、速度が2倍になると遠心力は4倍になる**
>
> ⑤**自動車の重量、カーブの半径が同じとき、速度が $\frac{1}{2}$ になると遠心力は $\frac{1}{4}$ になる**

（3）衝撃力

物体が他の物体に衝突した際に受ける力を**衝撃力**といいます。

- **衝撃力**は自動車の重量に比例して大きくなる
- **衝撃力**は自動車の速度の2乗に比例して大きくなる
- **双方がともに時速50kmの速度で衝突した場合の衝撃力**は、**時速100kmで固定物に衝突するのに等しい**
- 時速60kmで走行し固定壁に衝突した場合の衝撃力は、4階建てビル屋上（14m）から落下したときの衝撃に等しい

✏️ 重要

遠心力、衝撃力の大きさは、

① 「重量」に比例（重量が2倍になると2倍、重量が$\frac{1}{2}$倍になると$\frac{1}{2}$倍）

② 「速度の2乗」に比例（速度が2倍になると4倍、速度が$\frac{1}{2}$倍になると$\frac{1}{4}$倍）

● 停止距離

重要度

（1）空走距離

危険を認知してブレーキを踏み、ブレーキが効き始めるまでに自動車が走行する距離を 空走距離 といいます（約1秒）。

（2）制動距離

ブレーキが効き始めてから、自動車が停止するまでの距離を 制動距離 といいます。制動距離は、速度が速くなるほど長くなり、速度の2乗に比例します。

（3）停止距離

危険を認知してブレーキを踏んでから自動車が停止するまでの距離を 停止距離 といいます。

✐ 重 要

停止距離とは、空走距離と制動距離を合計した距離をいいます。

危険を認知し
ブレーキを踏む　　　　　　ブレーキが効き始める　　　　　　停止

|←――――― 空走距離 ―――――→|←――――― 制動距離 ―――――→|

|←――――――――――――――― 停止距離 ―――――――――――――――→|

確認テスト

☑欄	空欄に入るべき字句を答えなさい。	解答
☐	1. 自動車がカーブを走行するときの遠心力の大きさは、自動車の重量及び速度が同一の場合には、カーブの半径が2分の1になると ☐ の大きさになる。	2倍
☐	2. 自動車の重量、カーブの半径が同じとき、速度が2倍になると遠心力は ☐ になる。	4倍
☐	3. 自動車が衝突するときの衝撃力は、車両総重量が2倍になると、 ☐ になる。	2倍
A☐ B☐ C☐	4. 危険を認知してブレーキを踏み、ブレーキが効き始めるまでに自動車が走行する距離を ☐A という。また、ブレーキが効き始めてから、自動車が停止するまでの距離を ☐B という。 ☐C とは、 ☐A と ☐B を合計した距離をいう。	A：空走距離 B：制動距離 C：停止距離

　下図は通常の乾いた舗装した路面での停止距離の目安です。

　なお、空走距離は危険を認識してブレーキを踏み、ブレーキが効き始めるまでの約1秒間に自動車が走行する距離です。制動距離は雨、雪などの場合にはこれよりもっと長くなります。

速度と停止距離の目安

	空走距離	制動距離	
時速20km	5.6m	3m	8.6m

時速40km　空走距離11.1m　制動距離11m　22.1m

時速60km　空走距離16.7m　制動距離27m　43.7m

時速80km　空走距離22.2m　制動距離54m　76.2m

時速100km　空走距離27.8m　制動距離84m　111.8m

第5章

実務上の知識及び能力

2 視野・視覚

「視野」「距離の錯覚」及び「二輪車の特性」は、よく出題されているので、必ず覚えましょう。「蒸発現象と眩惑現象」についても押さえましょう。

● 視力

重要度

（1）静止視力

人が静止した状態で、静止した対象物を見る場合の視力を**静止視力**といいます。

（2）動体視力

人が動きながら、または動いている対象物を見る場合の視力を**動体視力**といいます。動体視力は、静止視力に比較して低いとされています。静止視力、動体視力とも加齢とともに低下します。

● 明るさの変化と視力

重要度

明るいところから暗いところに入るとき、最初は見づらいが、次第に見えるようになる現象を**暗順応**といいます。

暗いところから明るいところに出たとき、最初はまぶしいが、時間とともに見えるようになる現象を**明順応**といいます。

視力の機能が回復するには、暗順応の方が明順応よりも時間がかかります。

● 視野

重要度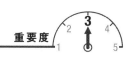

自動車の速度が**速く**なるほど、運転者の視野は**狭く**なり、**遠くを注視**するようになり、**近くは見えにくく**なります。

視野は、**片目では、左右それぞれ160度位**ですが、**両目では200度位**です。

● 距離の錯覚

重要度 1 2 3 4 →5

前方の自動車を大型車と乗用車から同じ距離で見た場合、それぞれの視界や見え方が異なります。**大型車は運転席の位置が高いため、実際より車間距離に余裕があるように感じる**のに対し、**乗用車は**実際より**車間距離に余裕がないよう**に感じやすくなります。

図5.1 距離の錯覚

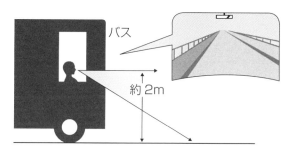

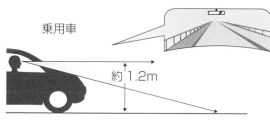

大型車は乗用車よりも運転席が高いため、車間距離をつめてもあまり危険を感じない傾向があります。

● 二輪車の特性

重要度 1 2 3 4 →5

四輪車を運転する場合、二輪車に対し、次の注意が必要です。

- **二輪車は速度が実際より遅く**† **感じたり、距離が遠く**‡ **に見えたりする**

  ×速く† ×近く‡

- 二輪車も四輪車と同じように**急に停止できない**
- 二輪車は**死角に入りやすく、その存在に気づきにくい**

第**5**章

実務上の知識及び能力

● 蒸発現象と眩惑現象

　夜間走行中、自車のライトと対向車のライトで、道路中央付近の歩行者など
が見えにくくなる現象を 蒸発現象 といいます。

　夜間、対向車のライトを直接目に受けると、まぶしさのために一瞬視力を失
った状態になる現象を**眩惑現象**といいます。対処するには、視点をやや**左前方**
へ移す方法があります。

確認テスト

☑欄	空欄に入るべき字句を答えなさい。	解答
A ☐ B ☐	1. 自動車の速度が速くなるほど、運転者の視野は狭くなり 　A　 を注視するようになり、 　B　 は見えにくくなる。	A：遠く B：近く
A ☐ B ☐	2. 大型車は運転席の位置が高いため、実際より車間距離に余裕が 　A　 ように感じるのに対し、乗用車は実際より車間距離に余裕が 　B　 ように感じやすい。	A：ある B：ない
A ☐ B ☐	3. 四輪車を運転する場合、二輪車は速度が実際より 　A　 感じたり、距離が実際より 　B　 に見えたりする特性がある。	A：遅く B：遠く
☐	4. 夜間走行中、自車のライトと対向車のライトで、道路中央付近の歩行者などが見えにくくなる現象を 　　 という。	蒸発現象

交通事故防止、悪条件下の運転等 3

「交通事故の防止」「適性診断」「悪条件下での運転」「タイヤ・ブレーキに起きる現象」などが出題されていますので、キーワードを覚えましょう。

● 交通事故の防止

重要度

交通事故は、そのほとんどが運転者等のヒューマンエラーにより発生するものです。交通事故の再発を未然に防止するには、発生した事故の調査や事故原因を分析することが有効です。

交通事故の防止対策を効率的かつ効果的に講じていくためには、事故情報を多角的に分析し、事故状態を把握したうえで、①計画の策定、②対策の実施、③効果の評価、④対策の見直し及び改善、という一連の交通安全対策のサイクルを繰り返すことが必要です。

(1) ヒヤリ・ハット

運転者が運転中に他の自動車等と衝突または接触するおそれがあったと認識した状態をヒヤリ・ハットといいます。1件の重大な事故（死亡・重傷）が発生する背景には、多くのヒヤリ・ハットがあるとされています。そのため、このヒヤリ・ハットを調査し減少させていくことが、交通事故防止対策に有効な手段となっています。

(2) ハインリッヒの法則

1件の重大事故の背景には、29件の軽傷事故と300件のヒヤリ・ハット（運転中に衝突・接触のおそれがあったと認識すること）があるとされています。これをハインリッヒの法則といいます。

(3) 指差呼称

指差呼称は、運転者の錯覚、誤判断、誤操作等を防止するための手段です。実際には、道路の信号や標識などを指で差し、その対象が持つ名称や状態を声に出して確認します。安全確認に重要な運転者の意識レベルを高めるなど、交通事故防止対策に有効な手段の一つとして指差呼称が活用されています。

第 **5** 章

実務上の知識及び能力

（4）教育及び研修

　輸送の安全に関する教育及び研修には、知識を普及させることに重点を置く手法と、問題を解決することに重点を置く手法があります。また、グループ討議や「参加体験型」研修等、運転者が参加する手法を取り入れることも交通事故防止対策の有効な手段となっています。

● 適性診断

重要度

　適性診断は、運転者の運転行動、運転態度が**安全運転にとって好ましい方向へ変化するように動機付けを行う**ことにより、**運転者自身の安全意識を向上させるためのもの**です[†]。ヒューマンエラーによる交通事故の発生を未然に防止するための**有効な手段となっている**ものです。

×運転に適さない者を運転者として選任しないようにするためのもの[†]

● 悪条件下での運転

重要度

（1）濃霧

　濃霧のとき、自動車の前照灯は**下向き**にします。

（2）大地震

　大地震が発生し、車両の通行が困難となった場合は、自動車の**エンジンキーは付けたまま**[†]、窓を**閉め**、**ドアロックはしない**[‡]で避難することが大切です。

×エンジンキーを持って[†]　×ドアをロックして[‡]

（3）踏切

　故障で踏切内に立ち往生した場合は、以下を行った後、自動車を踏切の外に移動させることが大切です。

　①**直ちに**踏切支障報知装置の**非常ボタンを押す**

　②発炎筒を使用して列車の**運転士等に**踏切内に当該自動車が立ち往生していることを**知らせる**

（4）夜間の運転

夜間の運転では、見えにくい時間帯では**早めに前照灯を点灯**することとし、走行用前照灯（ハイビーム）を積極的に活用し、適切な**すれ違い用前照灯（ロービーム）への切替の励行**に心がけなければなりません。

（5）雪道の走行

整備管理者は、**雪道を走行する自動車のタイヤ**について、溝の深さがタイヤ製作者の推奨する使用限度（溝の深さが新品時の50%まですり減った状態）**よりもすり減っていないことを確認**しなければなりません。

運行管理者は、雪道を走行する自動車について、点呼の際に前述の事項が確認されていることを確認しなければなりません。

● 踏切を通過するとき

重要度

踏切の手前で一時停止した後に踏切を通過する場合、**変速装置を操作しないで、そのまま踏切を通過**することが大切です。

走行速度が徐々に上がり原動機の回転数が上昇するので、変速装置を操作しがちですが、トラブルを防止するため、踏切の通過中には変速装置の操作は行いません。

● 追越し

重要度

自動車が追越しをするときは、前の自動車の走行速度に応じた追越し距離、追越し時間が必要になります。前の自動車と追越しをする自動車の**速度差が小さい**[†]場合には**追越しに長い時間と距離が必要になる**ことから、無理な追越しをしないことが大切です。

×速度差が大きい[†]

● 対向車との接触防止

重要度

全長が長い大型車が右折・左折する場合、車体後部の**オーバーハング部分**

第**5**章

実務上の知識及び能力

（最後輪より車両後端までのはみ出し部分）が対向車線にはみ出すことがあります。これを防ぐには、ハンドルを**ゆっくり切る**†ような運転を心がけることが大切です。

×ハンドルを一気にいっぱいに切る†

図5.2　対向車との接触防止

● 内輪差

重要度 4

自動車のハンドルを切り旋回するとき、左右及び前後輪はそれぞれ別の軌跡を通ります。ハンドルを左に切った場合は、**左側の後輪が左側の前輪の軌跡に対し内側**†**を通る**こととなります。この前後輪の軌跡の差を**内輪差**といいます。
×外側†

ホイールベースの長い大型車ほど内輪差は大きく†**なります。**大型車の運転者は、交差点での左折時に、内輪差による歩行者や自転車等との接触、巻き込み事故に注意が必要です。
×小さく†

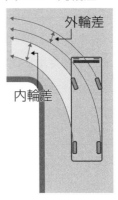

図5.3　内輪差

外輪差

内輪差

● タイヤに起きる現象

重要度 5

（1）ハイドロプレーニング現象

路面が水でおおわれているときに高速走行すると、**水上を滑走**する状態となり、操縦不能となることがあります。これを ハイドロプレーニング現象 といいます。

（2）ウェット・スキッド現象

雨の降り始めに、路面の油、土砂などの微粒子が雨と混じり、**タイヤと路面**

との摩擦係数が低下します。この状態で、急ブレーキをかけたときなどに**スリップ**することを ウェット・スキッド現象 といいます。

（3）スタンディングウェーブ現象

　タイヤの空気圧不足のまま高速走行したとき、タイヤに**波打ち現象**が生じ、剥離（はく）やコード切れ等が発生します。これを スタンディングウェーブ現象 といいます。

● ブレーキに起きる現象

重要度

（1）ベーパー・ロック現象

　長い下り坂でフット・ブレーキを使い過ぎると、ブレーキ・ライニングなどが摩擦で過熱し、ブレーキ液内で**気泡**が発生します。これにより**ブレーキの効きが悪くなる**ことを ベーパー・ロック現象 といいます。

（2）フェード現象

　長い下り坂で、フット・ブレーキを使い過ぎるとドラムとライニングの間の摩擦力が減少し、**ブレーキの効きが悪くなります**。これを フェード現象 といいます。

第 **5** 章

実務上の知識及び能力

💭 覚えるコツ！

ブレーキ・タイヤに起きる現象は、各現象のキーワードを覚えましょう！	
ハイドロプレーニング現象	「水」（ハイドロ）、「滑走」（プレーニング）
ウェット・スキッド現象	「雨の降り始め」（ウェット・湿った状態） 「横滑り」（スキッド）
スタンディングウェーブ現象	「立つ」（スタンディング）、「波打たせる」（ウェーブ）
ベーパー・ロック現象	「気泡」（ベーパー）があるときは「ベーパー・ロック現象」
フェード現象	「気泡」（ベーパー）がないときは「フェード現象」

● ジャックナイフ現象

重要度

けん引自動車が高速走行時に**急ブレーキや急ハンドル**により、けん引自動車は停止あるいは左右に移動しようとするが、**後ろの被けん引自動車**はそのまま進もうとするため、**連結部でけん引自動車と被けん引自動車が「くの字」に曲がり、操縦不能**になる現象を**ジャックナイフ現象**という。

● クリープ現象

重要度

オートマチック車で、アクセルペダルを踏むことなく、エンジンがアイドリングの状態で車両が動くことを**クリープ現象**といいます。

● アルコール1単位

重要度

純アルコール20g（アルコール分5%のビール500㎖）が**アルコール1単位**と定められています。

飲酒により体内に摂取されたアルコールを処理するために必要な時間の目安については、アルコール1単位でおおむね**4時間**[†]とされています。

×2時間[†]

☑欄	空欄に入るべき字句を答えなさい。	解答
☐	1. 自動車が追越しをするとき、前の自動車と追越しをする自動車の速度差が □ 場合には追越しに長い時間と距離が必要になる。	小さい
☐	2. 自動車のハンドルを切り旋回した場合、左右及び前後輪はそれぞれ別の軌跡を通り、ハンドルを左に切った場合、左側の後輪が左側の前輪の軌跡に対し □ を通ることとなり、この前後輪の軌跡の差を内輪差という。	内側
☐	3. 雨の降り始めに、路面の油、土砂などの微粒子が雨と混じり、タイヤと路面との摩擦係数が低下し、急ブレーキをかけたときなどにスリップする現象を □ 現象という。	ウェット・スキッド
☐	4. 長い下り坂で、フット・ブレーキを使い過ぎるとドラムとライニングの間の摩擦力が減少し、ブレーキの効きが悪くなる現象を □ 現象という。	フェード
☐	5. 飲酒により体内に摂取されたアルコールを処理するために必要な時間の目安については、アルコール1単位で概ね □ とされている。	4時間

遠隔点呼、業務後自動点呼、旅客IT点呼

遠隔点呼、業務後自動点呼、旅客 IT 点呼の違いを押さえましょう。

「対面による点呼と同等の効果を有するものとして、国土交通大臣が定める方法」による点呼には、点呼告示に規定する遠隔点呼及び業務後自動点呼のほかに旅客 IT 点呼があります。

● 遠隔点呼

重要度　3

（1）**遠隔点呼**とは、**対面による点呼と同等の効果を有するもの**として、旅客自動車運送事業運輸規則の規定に基づき、旅客自動車運送事業者が、**遠隔点呼機器を用いて、遠隔地にいる運転者または特定自動運行保安員**（以下「**運転者等**」という）**に対して行う点呼**をいいます。

（2）遠隔点呼は、点呼を行う運行管理者等がいる自社営業所または自社営業所の車庫と次に掲げるいずれかの場所との間（**遠隔点呼実施地点間**）において行うことができます。

①**自社営業所**または**当該営業所の車庫**

②**完全子会社等**※の**営業所**または**当該営業所の車庫**

③運転者等が従事する運行の業務に係る**事業所用自動車内、待合所、宿泊施設**その他これらに類する場所

※完全子会社等：完全親会社、事業者の完全親会社が同一である他の会社を含む。

遠隔点呼を実施するためには、次の3つの要件を備えなければなりません。

（1）遠隔点呼機器の機能の要件

運行管理者等が、**映像と音声の送受信によって、通話をすることができる方法**により、**運転者等の顔の表情、全身、酒気帯びの有無及び運転者の疾病、疲**

労、睡眠不足その他の理由により安全な運転をすることができないおそれの有無を、**随時明瞭に確認することができる**ほか、運行管理者等及び運転者等について、**生体認証（顔認証、静脈認証、虹彩認証等）により個人を識別する機能を有する**ことなどが必要となります。

（2）遠隔点呼機器を設置する施設及び環境の要件

環境照度を確保し、なりすまし、アルコール検知器の不正使用等を防止するため、運行管理者等が**ビデオカメラその他の撮影機器**により、運行管理者等が遠隔点呼を受ける運転者等の**全身を遠隔点呼の実施中に随時明瞭に確認**することができるほか、運行管理者等と運転者等の通信の途絶や対話が妨げられることのないようにするために必要な**通信・通話環境を備える**必要があります。

（3）遠隔点呼機器の実施時の遵守事項

遠隔点呼機器の**故障等で遠隔点呼を行うことが困難になった場合は、対面点呼等の体制の整備**や運行管理者等、運転者等の識別に必要な**生体認証その他の個人情報の取扱いについて、あらかじめ本人の同意を得る**ほか、**遠隔点呼の実施に必要な事項に関し運行管理規程に明記し関係者に周知する**などを遵守しなければなりません。

● 業務後自動点呼

重要度

（1）**業務後自動点呼**とは、**対面による点呼と同等の効果を有するもの**として、旅客自動車運送事業運輸規則の規定に基づき、事業者が、**自動点呼機器を用いて、事業用自動車の運行の業務を終了した運転者または特定自動運行保安員**（以下「運転者等」という）**に対して行う点呼**をいいます。

（2）**業務後自動点呼**は、次に掲げる場所において、**運転者等の属する営業所の運行管理者等が当該運転者等に対して行う**ことができます。

①運転者等の属する**営業所または当該営業所の車庫**

②運転者等が従事する運行の業務を終了した場所が運転者等の属する営業所または営業所の車庫でない場合は、当該業務に係る**事業用自動車内、待合所、宿泊施設**その他これらに類する場所

業務後自動点呼を実施するためには、次の３つの要件を備えなければなりません。

（1）自動点呼機器の機能の要件

業務後自動点呼を受ける運転者等ごとに、業務後自動点呼に必要な事項の確認、判断・記録を実施できる機能を有するほか、**生体認証により確実に識別する機能**を有し、生体認証による識別が行われた場合に、**業務後自動点呼を開始する機能**や**業務後自動点呼の実施予定時刻を設定**することができることが必要となります。また、当該予定時刻から事業者があらかじめ定めた時間を経過しても**業務後自動点呼が完了しない場合には、運行管理者等に対し警報または通知を発する機能**などを備える必要があります。

（2）自動点呼機器を設置する施設及び環境の要件

なりすまし、アルコール検知器の不正使用、所定の場所以外で**業務後自動点呼が実施されることを防止**するため、ビデオカメラその他の撮影機器により、運行管理者等が、業務後自動点呼を受ける**運転者等の全身を業務後自動点呼の実施中または終了後に、明瞭に確認**することができることが必要となります。

（3）自動点呼機器の運用上の遵守事項

事業者は、自動点呼機器の使用方法、故障時の対応等について運行管理者、運転者等その他の関係者に対し、**適切に教育・指導を行う**ほか、**自動点呼機器を適切に使用、管理・保守**することにより、**常に正常に作動する状態に保持**することなど遵守しなければなりません。

● 旅客 IT 点呼

重要度 4

旅客 IT 点呼とは、旅客 IT 点呼機器を用いて、輸送の安全・旅客の利便の確保に関する取組が優良であると認められる営業所において、①営業所と当該営業所の車庫の間、②営業所の車庫と当該営業所の他の車庫の間で行う点呼をいいます。

「輸送の安全・旅客の利便の確保に関する取組が優良であると認められる営業所」とは、次のすべてを満たしている旅客自動車運送事業者の営業所です。

①開設されてから**3年**†を経過している ×1年†

②**過去3年間**、**第一当事者**となる自動車事故報告規則に掲げる**事故を発生していない**

③**過去3年間**†自動車その他輸送施設の**使用の停止処分、事業の停止または警告を受けていない** ×1年間†

旅客IT点呼の実施方法は次のとおりです。

①**運行管理者等は**、旅客IT点呼を行う**営業所または当該営業所の車庫**において、当該営業所で管理する**旅客IT点呼機器を使用し旅客IT点呼**を行います。

②**運転者等は**、旅客IT点呼を行う**営業所の車庫**において、当該営業所で管理する**旅客IT点呼機器を使用し旅客IT点呼を受ける**ことになります。

確認テスト

☑欄	空欄に入るべき字句を答えなさい。	解答
☐	1. 「対面による点呼と同等の効果を有するものとして、国土交通大臣が定める方法」による点呼は、点呼告示に規定する遠隔点呼及び業務後自動点呼のほかに ___ 点呼がある。	旅客IT
☐	2. ___ 点呼とは、対面による点呼と同等の効果を有するものとして、旅客自動車運送事業運輸規則の規定に基づき、事業者が、自動点呼機器を用いて、事業用自動車の運行の業務を終了した運転者または特定自動運行保安員に対して行う点呼をいう。	業務後自動

	3. 「輸送の安全・旅客の利便の確保に関する取組が優良であると認められる営業所」とは、開設されてから □ を経過していること、過去3年間、第一当事者となる自動車事故報告規則に掲げる事故を発生していないこと、過去3年間自動車その他輸送施設の使用の停止処分、事業の停止または警告を受けていないことのいずれにも該当する旅客自動車運送事業者の営業所である。	3年
□		

5 安全運転支援装置、計算等

「自動車の運転に影響する病気」「安全運転支援装置」のほか、時速・走行距離・時間及び追越しの問題に正解できるように学習しましょう。

● 自動車の運転に影響する病気

重要度

（1）生活習慣病

脳卒中、心臓病などは、病気の原因が生活習慣に関係しています。

（2）睡眠時無呼吸症候群（SAS）

睡眠時無呼吸症候群（SAS）は、睡眠中に無呼吸が継続的に起きる病気です。血液が固まりやすくなるため、狭心症、心筋梗塞等の**合併症**等を伴う**おそれがあります**[†]。漫然運転、居眠り運転の原因の一つとされています。

なお、スクリーニング検査を行う場合は、自覚症状のない人がいるため全員の運転者を対象とします[‡]。

×合併症等のおそれがありません[†]

×自己申告した運転者に限定し検査[‡]

（3）アルコール依存症

アルコール依存症は、専門医による早期の治療をすることにより回復が可能とされていますが、**一度回復しても飲酒することにより再発する**ことがあります。そのため、アルコール依存症から回復した運転者に対しても飲酒に関する指導を行う必要があります。

（4）脳血管疾患

脳血管疾患は症状が現れないまま進行するものがあり、**定期健康診断だけでは脳血管の異常を発見することは困難**[†]なため、脳ドック、脳MRI検診を活用し疾病の早期発見、発症の予防を図る必要があります。

×定期健康診断で脳血管疾患を容易に発見できる[†]

● 映像記録型ドライブレコーダー

重要度

映像記録型ドライブレコーダー とは、交通事故やニアミスなどにより**急停止等の衝撃**を受けると、**その前後の映像とともに**、加速度等の走行データを記録する装置 (常時記録の機器もある) をいいます。

　ヒヤリ・ハットの直前直後の映像だけでなく、運転者のブレーキ操作やハンドル操作などの運行状況を記録し解析診断することで、**運転のクセ等を読み取る**ことができるため、運行管理者が行う**安全運転の指導に活用**されています。

● デジタル式運行記録計

重要度

デジタル式運行記録計 は、アナログ式運行記録計と同様の**瞬間速度、運行距離及び運行時間の記録**に加え、広範な運行データを電子情報として記録することにより、急発進、急ブレーキ、速度超過時間等の運行データの収集を可能にします。運転者の**運転特性を把握**し、運転者ごとの**安全運転の指導に効果的に活用**することができることから、また、運行管理者による労務管理の効率化といった面からも有効なものです。▼マークは最高速度記録を示しています。

● 衝突被害軽減ブレーキ

重要度

衝突被害軽減ブレーキ とは、レーダー等により先行車との距離を常に検出し、**追突の危険性が高まったら**、まずは**警報**し、**運転者にブレーキ操作を促し、**それでもブレーキ操作をせず、追突、若しくは追突の可能性が高いと車両が判断した場合において、**システムにより自動的にブレーキをかけ、衝突時の速度を低く抑える装置**†をいいます。　　　　　　　×衝突を確実に回避できる装置†

車線逸脱警報装置

重要度

車線逸脱警報装置 とは、走行車線を認識し、**車線から逸脱**した場合あるいは逸脱しそうになった場合には、運転者が**車線中央に戻す操作**をするよう**警報が作動する装置**をいいます。

車両安定性制御装置

重要度

車両安定性制御装置 とは、**急なハンドル操作**や積雪がある路面の走行などを原因とした**横転の危険を運転者へ警告**するとともに、エンジン出力やブレーキ力を制御し、**横転の危険を軽減させる装置**をいいます。

アンチロック・ブレーキシステム（ABS）

重要度

急ブレーキをかけた時などに**タイヤがロック**（回転が止まること）**することを防ぐ**ことにより、車両の**進行方向の安定性を保ち、ハンドル操作で障害物を回避できる可能性を高める装置**です。ABS を効果的に作動させるためには、運転者は**強くブレーキペダルを踏み続ける**†ことが重要です。

×ポンピングブレーク操作を行う†

イベントデータレコーダー

重要度

イベントデータレコーダー（EDR）とは、エアバッグ等が作動するような事故において、**事故前後の車両の運動データや運転者の操作などを記録する車載機器**をいいます。

時速・走行距離・時間の計算

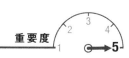

重要度

時速、走行距離及び時間に関する計算式は、次のとおりです。

運転時間（h）＝ 走行距離（km）÷ 時速（km/h）

時速（km）を秒速（m）に換算するときは、1時間は 3,600 秒、1km は 1,000m なので、次のようになります。

秒速（m/s）＝ 時速（km/h）÷ 3,600 秒 × 1,000m

アドバイス

試験では電卓の使用が禁止されています。
時速（km）を秒速（m）に換算するには、時速÷ 3.6 と覚えましょう。
秒速（m/s）＝ 時速（km/h）÷ 3.6

走行距離（km）＝ 時速（km/h）× 運転時間（h） 時速（km/h）＝ 走行距離（km）÷ 運転時間（h）

《**例題**》営業所を出発し、A 地点で 15 分休憩して B 地点に 11 時 50 分に到着するために、ふさわしい営業所の出庫時刻は（　　　）である。

出庫時刻？　　　　　　　　　　　　　　　到着時刻 11 時 50 分

営業所 ── **50km / 時速 40km** ── A 地点 休憩 15 分 ── **80 mm / 時速 60km** ── B 地点

解 答 時間を求める公式は、距離÷時速です。ここでは簡単な方法で解答します。

設問にあるゴシックの分数がそのまま計算式となります。営業所と A 地点の時間は、時速 40km は 1 時間に 40km 進むので、1 時間の他に（50km − 40km）／ 時速 40km ＝ 10km／ 時速 40km ＝ 1／ 4 時間（時計をイメージして 60 分の 1／4）＝ 15 分かかるため、**合計 1 時間 15 分**。A 地点と B 地点の時間は、時速 60km は 1 時間

に 60km 進むので、1 時間の他に（80km − 60km）／時速 60km = 20km／時速 60km = 1／3 時間（時計をイメージして 60 分の 1／3）= 20 分かかるため、**合計 1 時間 20 分**。営業所と B 地点の所要時間は、運転 2 時間 35 分と休憩 15 分の**合計 2 時間 50 分**。出庫時刻は、B 地点の到着時刻から 2 時間 50 分を差し引くと 9 時となります。

答：9 時

● 燃料消費率（燃費）の計算

燃料消費率（燃費）に関する計算式は、次のとおりです。

> 燃料消費率（燃費）= 走行距離（km）÷ 消費した燃料（ℓ）

● 停止距離の計算

停止距離に関する計算式は、次のとおりです。

> 停止距離 = 空走距離＋制動距離

時速 36km の自動車が、空走時間 1 秒、**制動距離 8m** のとき、停止距離は、18m となります。**空走距離**は、時速 36km ÷ 3.6（3,600 秒× 1000m）= 10m であるため、**停止距離は、空走距離（10m）＋制動距離（8m）= 18m** となります。

● すれ違いの計算

すれ違いに関する計算式は、次のとおりです。

すれ違いを完了するために要する時間（s）=	$\dfrac{両車間の距離（m）+ 両車の長さ（m）}{両車の秒速（m/s）の合計}$

● 追越しの計算

重要度

追越しに関する計算式は、次のとおりです。

追い越すために必要な距離（m）=

後車の時速（km/h）× $\dfrac{前車の長さ（m）+ 後車の長さ(m)+車間距離(m)× 2}{後車の時速（km/h）− 前車の時速（km/h）}$

《例題》 下の図において、後車が前車を追い越すために必要な距離は、（　　）
m である。

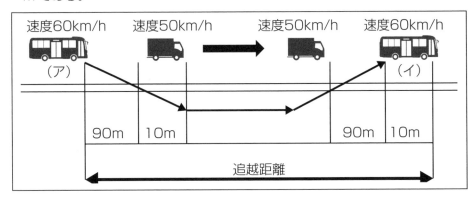

速度60km/h　　　速度50km/h　　　　速度50km/h　　　速度60km/h

（ア）　　　　　　　　　　　　　　　　　　　　　　　　（イ）

90m　10m　　　　　　　　　　　　　90m　10m

追越距離

解答 後車が前車を追い越すために必要な距離の計算式は前述のとおりなの
で、あてはめると
$$60km/h × \dfrac{10m+10m+90m×2}{60km/h-50km/h} = 60km/h × \dfrac{200m}{10km/h}$$
$$=1,200m$$

答：1200

●チャート紙

運行記録計のチャート紙は、走行距離は一山10km、また、時間は5分単位となっています。図5.4のチャート紙からそれぞれを読むと、平均速度は走行距離35km÷運転時間$\frac{40}{60}$（h）＝時速52.5（km/h）となります。

図5.4　チャート紙の例

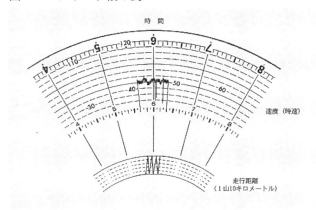

参考

10進数（時間）を60進数（分）に変換するときは「**60を乗じる**」。

例：0.2時間×**60** ＝ 12分

60進数（分）を10進数（時間）に変換するときは「**60を除する**」。

例：15分÷**60** ＝ 0.25時間

確認テスト

☑欄	空欄に入るべき字句を答えなさい。	解答
☐	1. ____ は、交通事故やニアミスなどにより急停止等の衝撃を受けると、その前後の映像とともに、加速度等の走行データを記録する装置である。	映像記録型ドライブレコーダー

☐	2. ⬚ は、レーダー等により先行車との距離を常に検出し、追突の危険性が高まったら、まずは警報し、運転者にブレーキ操作を促し、それでもブレーキ操作をせず、追突、若しくは追突の可能性が高いと車両が判断した場合において、システムにより自動的にブレーキをかけ、衝突時の速度を低く抑える装置である。	衝突被害軽減ブレーキ
☐	3. ⬚ は、急なハンドル操作や積雪がある路面の走行などを原因とした横転の危険を、運転者へ警告するとともに、エンジン出力やブレーキ力を制御し、横転の危険を軽減させる装置である。	車両安定性制御装置
☐	4. 時速72kmの自動車が空走時間1秒のとき、空走距離は ⬚ mである。	20 (72÷3.6)

実務上の知識及び能力の得点力を上げるため、「適切でないもの」だけの事例を抜粋しています。なぜ適切でないかを正しく理解しましょう。

● 点呼

1. A営業所においては、運行管理者は、昼間のみの勤務体制となっている。このため、運行管理者が不在となる時間帯の点呼が当該営業所における点呼の総回数の7割を超えていることから、その時間帯における点呼については、事業者が選任した複数の運行管理者の補助者に実施させている。しかしながら、運行管理者は、点呼を実施した当該補助者に対し、当該点呼の実施内容の報告を求める等十分な指導及び監督を行っている。

《解説》

　運行管理者が行う点呼は、点呼を行うべき総回数の少なくとも $\frac{1}{3}$ （33.3%）以上でなければなりません。すなわち、補助者の行う点呼は、点呼を行うべき総回数の少なくとも $\frac{2}{3}$ （66.7%）以下でなければならないため、不適切です。

2. 点呼は、運行管理者と運転者が対面で行うとされているが、運行上やむを得ない場合は電話その他の方法によることも認められており、所属する営業所と離れた場所にある車庫から乗務を開始する運転者については、運行上やむを得ない場合に該当することから、電話により点呼を行っている。

《解説》

　「運行上やむを得ない場合」とは、遠隔地で業務が開始または終了するため、業務前点呼または業務後点呼を所属する営業所において対面で実施できない場合をいい、①早朝・深夜等において点呼執行者が営業所に出勤していない場合、

②車庫と営業所が離れている場合は「運行上やむを得ない場合」には該当しません。このため、電話、その他による点呼を行うことはできないため、不適切です。

3. 業務前の点呼における運転者の酒気帯びの有無について、アルコール検知器を用いる等により確認しているので、当該運転者の業務後の点呼において、当該運転者からの報告と目視等による確認で酒気を帯びていないと判断できる場合は、<u>アルコール検知器を用いての確認はしていない</u>。

《解説》
　業務後の点呼において酒気帯びの有無を確認する際においても、業務前点呼と同様①運転者の状態を目視等で確認するほか②アルコール検知器を用いて行わなければならないため、不適切です。

4. 業務前の点呼における運転者の酒気帯びの有無について、アルコール検知器が<u>故障により作動しない場合</u>は、運転者からの前日の飲酒の有無についての報告と、当該運転者の顔色、呼気の臭い、応答の声の調子等による確認をしなければならない。この確認により、酒気を帯びていないと判断できれば、当該運転者を<u>運行の業務に従事させてもよい</u>。

《解説》
　酒気帯びの確認の有無は、①運転者の状態を目視等で確認するほか、②運転者の属する営業所に備えられたアルコール検知器を用いて行わねばなりません。アルコール検知器が故障により作動しない場合においても、目視等の確認だけで運行の業務に従事させることはできないため、不適切です。

5. 業務前の点呼において、運行管理者が運転者に対して酒気帯びの有無を確認しようとしたところ、営業所に備えられているアルコール検知器が故障して作動しないため使用できずにいた。その際、同僚の運転者から<u>個人的に購</u>

入したアルコール検知器があるのでこれを使用してはどうかとの申し出があった。当該運行管理者は、当該アルコール検知器は故障したアルコール検知器と同等の性能のものであったので、これを使用して酒気帯びの有無を確認した。

《解説》

　事業者は、アルコール検知器を営業所ごとに備え、これが正常に作動し、故障がない状態で保持しておかなければなりません。故障のアルコール検知器と同等の性能のものであったとしても、営業所に備えられたアルコール検知器を使用しなければならないため、不適切です。個人的に購入したアルコール検知器を使用して酒気帯びの有無を確認することはできません。

6．運行管理者が業務前の点呼において、運転者の酒気帯びの有無を確認するためアルコール検知器（国土交通大臣が告示で定めたもの）を使用し測定した結果、アルコールを検出したが、道路交通法施行令第44条の3（アルコールの程度）に規定する呼気中のアルコール濃度1リットル当たり0.15ミリグラム未満であったので、運行の業務に従事させた。

《解説》

　アルコール検知器でアルコールを検出した場合には、運行の業務に従事させてはなりません。道路交通法施行令に定める「酒気帯び」の基準とは異なるため、不適切です。

7．運行管理者は、運行の業務に従事する運転者に対しては、運行の安全を確保するために必要な事項等を記載した運行指示書を作成し、これを携行させている。このため、運行管理者は運転者に対し、携行している運行指示書に記載されている事項を確認し、それに基づき運行するよう指導していることから、電話等による業務前の点呼では、改めて事業用自動車の運行の安全を確保するために必要な事項について指示をすることはしていない。

《解説》

運行管理者は、運行指示書を作成し運転者に携行させている場合でも、業務前の点呼において、**事業用自動車の運行の安全を確保するため、必要な事項について指示をしなければならず、不適切です。**

8. 出庫時から同乗する交替運転者の業務前の点呼については、運転を<u>交替する地点</u>において、テレビ機能付き携帯電話で行い、事業用トラックに車載するアルコール検知器で酒気帯びの有無を確認している。したがって、運行管理者は、出庫時から同乗する交替運転者が出庫時に<u>アルコールの臭い</u>がしていても、運転を交替する地点での業務前の点呼においてアルコールが検知されなければ、当該運転者に運転させている。

《解説》

運行管理者は、事業用自動車の業務を開始しようとする運転者及び同乗する交替運転者に対し、所属する営業所において、「対面点呼」を行わなければならないため、**不適切です。**なお、出庫時にアルコールの臭いがする交替運転者は同乗させてはなりません。

9. 運行管理者が不在の際、運行管理者の補助者が運転者に対して業務前の点呼を行った。点呼において、運転者の顔色、動作、声等を確認したところ、普段の状態とは違っており、健康状態に問題があり<u>安全な運転に支障がある</u>と感じたが、本人から「安全な運転に支障はない」との報告があったので、そのまま運行の業務に従事させた。

《解説》

補助者は、自身が行った点呼において、運転者の顔色等から健康状態に問題があり安全な運転に支障があると感じた場合には、直ちに運行管理者に報告を行い、運行の可否の決定等について指示を仰ぎ、その結果に基づき運転者に対し指示を行わなければならないため、**不適切です。**

10. 運転者は、事業用自動車の乗務について、疲労等により安全な運転をすることができないおそれがあるとされるとき及び酒気を帯びた状態にあるときは、事業者に申し出ることとされている。したがって、運転者は、点呼において運行管理者からこれらに該当しているか否かについて報告を求められても、既に事業者に申し出ている場合には、運行管理者に申し出る必要はない。

《解説》

運転者は疲労等により安全な運転をすることができないおそれがあるとき及び酒気を帯びた状態にあるときに事業者に申し出なければなりません。また、運行管理者からこれらに該当しているか否かについて報告を求められた場合は、運行管理者に対しても申し出なければならないため、不適切です。

11. 以前に自社の運転者が自動車運転免許の効力の停止の処分を受けているにもかかわらず、事業用自動車を運転していた事案が発覚したことがあったため、運行管理規程に業務前の点呼における実施事項として、自動車運転免許証の提示及び確認について明記した。運行管理者は、その後、業務前の点呼の際の自動車運転免許証の確認は、各自の自動車運転免許証のコピーにより行い、再発防止を図っている。

《解説》

運転免許証の提示・確認は、法令上の義務ではありませんが、点呼の時点において、運転免許証を所持しているか、運転免許証の有効期間の期限切れ等がないかを確認するには、運転免許証の原本で行う必要があるため、不適切です。

12. 運転者Aは、業務を終了して運転者Bと運転を交替するので、当該業務にかかる事業用自動車、道路及び運行の状況について運転者Bに対して通告した。当該通告の内容については、運転者Bの業務後の点呼において報告されることから、運転者Aは、業務後の点呼において当該通告の内容について触れることなく、酒気帯びの有無について報告し、アルコール検知器等によ

る確認を受けた。

《解説》

　業務を終了した運転者 A は、当該業務にかかる事業用自動車、道路及び運行の状況について、交替運転者 B に対して「通告した内容」を業務後の点呼において報告しなければならないため、不適切です。

13. 定期健康診断の結果、すべて異常なしとされた運転者については、健康管理が適切に行われ健康に問題がないと判断されること、また、健康に問題があるときは、事前に運行管理者等に申し出るよう指導していることから、業務前の点呼における疾病、疲労等により安全な運転をすることができないおそれがあるか否かの判断は、本人から体調不良等の報告がなければ、行わないこととしている。

《解説》

　本人から体調不良等の報告があるかどうかにかかわらず、業務前の点呼で疾病、疲労、睡眠不足により安全な運転をすることができないおそれがあるか否かの判断をしなければならないため、不適切です。

14. 業務を開始する前の運転者は、事業用自動車の日常点検を行ったところ、左前タイヤが摩耗していることを確認したので、整備管理者にこの旨を報告した。整備管理者は、「当該タイヤは、安全上の問題があるが、帰庫後に交換するので、そのまま運行しても差し支えない」と運転者に対し指示をした。

　運行管理者は、業務前点呼の際に当該運転者から当該指示等について報告を受けたが、そのまま業務を開始させた。

《解説》

　運行管理者は日常点検について、運転者に対し報告を求めるとともに確認を行わなければならないため、不適切です。整備管理者がタイヤの摩耗は安全上

問題があるとしていることから、運行管理者はその確認を行い、業務前に状況に応じタイヤ交換をするなどの必要があります。

● 運行管理、運行管理者の業務

1. 運行管理者は、事業者の<u>代理人</u>として事業用自動車の輸送の安全確保に関する業務全般を行い、交通事故を防止する役割を担っている。したがって、事故が発生した場合には、事業者と<u>同等の責任を負う</u>こととなる。

《解説》

　事業者は、運行管理者に対し、**輸送の安全の確保に関する業務**を行うため必要な権限を与えなければなりません。**運行管理者は事業者から与えられた権限の範囲内で行う**もので、**事業者と運行管理者の責任は同等ではなく、運行管理者は事業者の代理人ではない**ため、不適切です。

2. 運行管理者は、事業者に代わって法令に定められた事業用自動車の運行の安全確保に関する業務を行い、交通事故を防止するという重要な役割を果たすことが求められていることから、運行管理者以外に複数の<u>補助者を選任し</u>運行管理業務に当たらせ、運行管理者は運行管理に関し、これらの<u>補助者の指導・監督のみ</u>を行っている。

《解説》

　運行管理者は事業者から事業用自動車の運行の安全確保に必要な権限を与えられていますが、**補助者の選任は事業者が行います**。また、**運行管理者は補助者の指導・監督のみだけでなく、点呼の総回数の少なくとも$\frac{1}{3}$以上を行わな**ければならないため、不適切です。

3. 事業用自動車の点検及び整備に関する車両管理については、整備管理者の責務において行うこととされていることから、運行管理者の業務として事業

用自動車の日常点検の実施について<u>確認する必要はない。</u>

《解説》

　運行管理者は、業務前の点呼時に事業用自動車の日常点検の実施について、業務を開始しようとする運転者に対し「確認」を求めなければならないため、不適切です。

4.　事業者が、事業用自動車の定期点検を怠ったことが原因で重大事故を起こしたことにより、行政処分を受けることになった場合、当該重大事故を含む<u>運行管理業務上に一切問題がなくても</u>、運行管理者は事業者に代わって事業用自動車の運行管理を行っていることから、事業者が行政処分を受ける際に、運行管理者が運行管理者資格者証の返納を<u>命じられることがある。</u>

《解説》

　運行管理者は当該重大事故を含む、運行管理業務上に一切問題がなければ、運行管理者資格者証の返納を命じられることはないため、不適切です。

5.　運行管理者は、運転者に対し業務前の点呼を実施したところ、当該運転者から「業務する事業用トラックの左側のブレーキ・ランプのレンズが割れている。」との報告を受けた。運行管理者は、ブレーキ・ランプについては自動車の日常点検にかかわるものであるが、割れているランプは片側だけであるので運行には差し支えないと考え、<u>整備管理者に確認を求めず出庫させた。</u>

《解説》

　運行管理者は運転者から「ブレーキ・ランプのレンズが割れている」との報告を受けた場合には、確認を求めなければならないため、不適切です。
　また、ワイパーブレードの劣化により払拭状態が不良の場合も同様です。
　なお、日常点検の結果に基づき運行の可否を決定するのは整備管理者です。

6. 事業者が運行管理者の補助者を選任し、運行管理者に対し補助者の指導及び監督を行うよう指示したところ、運行管理者は、補助者の指導等については、他の従業員と同様に事業者の責任において行うべきものであるとして指導等を行わなかった。

《解説》
運行管理者は、事業者により選任された補助者に対し適切な指導及び監督を行わなければならないため、不適切です。

7. 運行管理者は、道路運送法その他の法令に基づく運転者の遵守すべき事項に関する知識のほか、事業用自動車の運行の安全を確保するために必要な運転に関する技能及び知識について、運転者に対する適切な指導及び監督をしなければならないが、その実施については、個々の運転者の状況に応じて適切な時期に行えばよく、継続的、計画的に行わなくてもよい。

《解説》
運行管理者は、道路運送法その他の法令に基づく運転者の遵守すべき事項に関する知識のほか、事業用自動車の運行の安全を確保するために必要な運転に関する技能及び知識について、運転者に対する適切な指導及び監督を継続的、計画的に行わなければならないため、不適切です。

8. 最近、会社として営業所の配置車両を増やしたが、運行管理者は、運転者の数が不足し、法令に基づき定めた乗務時間を超えて運転者を業務させていることが多々あることから、各運転者の健康状態に不安を抱いていた。運行管理者は、この状況を改善するためには新たに運転者を採用する必要があると考えていたが、運転者の確保は事業主の責任で行うべきものであり、自分の責任ではないので、運転者を確保する等の措置をとる必要があることを事業主に助言しなかった。

《解説》

　運行管理者は運行の安全確保に関する業務を行っており、事業者に対して、事業用自動車の運行の安全の確保に関し必要な事項については助言することができます。このため、本事案については事業者に対し、適切な助言を行うべきであるため、**不適切**です。

9．貸切バスの運行を管理する営業所の運行管理者は、運行の安全を確保するために必要な事項等を記載した運行指示書を作成し、運転者にこれを携行させるとともに、遠隔地で業務を終了する場合は、携行している運行指示書に記載されている事項を確認し、それに基づき運行するよう指導している。このため、電話等による業務前の点呼では、改めて事業用自動車の運行の安全を確保するために必要な事項について<u>指示をすることはしていない</u>。

《解説》

　運行管理者は、運行指示書を作成し運転者に携行させている場合でも、業務前の点呼においては事業用自動車の運行の安全を確保するため、必要な事項について指示しなければならないため、**不適切**です。

● 健康管理

1．事業者は、深夜（夜11時出庫）を中心とした業務に常時従事する運転者に対し、法に定める定期健康診断を<u>1年</u>に1回、必ず、定期に受診させるようにしている。しかし、過去の診断結果に「異常の所見」があった運転者及び健康に不安を持ち受診を希望する運転者に対しては、6カ月ごとに受診させている。

《解説》

　「異常の所見」があった運転者及び健康に不安を持ち受診を希望する運転者にかかわらず、深夜業務に従事する者はすべて健康診断を「6カ月」以内ごと

に1回受診させなければならないため、不適切です。

2. 運転者は、営業所に帰庫する途中に体調が悪くなり、このままでは運行の継続ができないと判断し、近くの場所に完全に駐車して運行管理者に連絡をした。運行管理者は運転者に対し、しばらくその場所にて休憩をとり、営業所にも近いことから、自らの判断で運行を再開するように指示した。

《解説》

　運行管理者は運転者の体調が悪くなり、運行の継続ができない場合には、運転者の判断に任せるのではなく、運行管理者の判断で交替運転者を派遣するなど必要な措置を講じなければならないため、不適切です。

3. 漫然運転や居眠り運転の原因の一つとして、睡眠時無呼吸症候群（SAS）と呼ばれている病気がある。この病気は、狭心症や心筋梗塞などの合併症を引き起こすおそれはないが、安全運転を続けていくためには早期の治療が不可欠であることから、事業者は、運転者に対しSASの症状などについて理解させるよう指導する必要がある。

《解説》

　睡眠時無呼吸症候群（SAS）は、睡眠中に無呼吸が継続的に起きる病気で、血液が固まりやすくなるため、狭心症、心筋梗塞等の合併症等を伴うおそれがあるため、不適切です。

4. 常習的な飲酒運転の背景には、アルコール依存症という病気があるといわれている。この病気は専門医による早期の治療をすることにより回復が可能とされており、一度回復すると飲酒しても再発することはないので、事業者は、アルコール依存症から回復した運転者に対する飲酒に関する指導を特別に行うことはしていない。

《解説》

　アルコール依存症は、一度回復しても飲酒により再発することがあると知られています。アルコール依存症から回復した運転者に対し、継続的に飲酒に関する指導を行うことが必要とされるため、不適切です。

5. 事業者は、運行管理者に対し、労働安全衛生法の定めによる定期健康診断を受診した運転者の一部に「要精密検査」との所見があっても、普段の点呼において健康状態に異常があると確認できない限り、次の定期健康診断までの間は医師の意見を聴かなくても、当該運転者を運行の業務に従事させてもよいと指示した。

《解説》

　事業者は、定期健康診断を受診した運転者の一部に「要精密検査」との所見があった場合には、普段の点呼において健康状態に異常があると確認できない場合でも、医師から意見を聴かなければなりません。その上で事業者は当該運転者の業務の可否の決定を行うよう、運行管理者に対し指示する必要があるため、不適切です。

6. 運行管理者は、業務終了後の点呼において業務記録を回収したところ、運転者が記載した筆跡がいつもと異なることに気づいたため、当該運転者に状況を確認した。本人からは、最近ときどき手にしびれが出るが大事ではないとのことであったので、念のためその状況を家族に連絡したが、医師の診断を受けるようにとの指導は行わなかった。

《解説》

　業務終了後の点呼時に運転者がいつもと筆跡が異なり、手のしびれの自覚症状がある場合には、脳梗塞等の病気の前兆であることが考えられるので、運行管理者は医師の診断を受けるよう指導する必要があるため、不適切です。

7. 事業者は、脳心臓疾患の予防のため、運転者の健康状態や疾患につながる生活習慣の適切な把握・管理に努めるとともに、これらの疾患は定期健康診断において容易に発見することができることから、運転者に確実に受診させている。

《解説》

　脳血管疾患が原因の事故を防止することが求められていますが、脳心臓疾患は、症状が現れないまま進行するものがあるため、一般的な定期健康診断や人間ドックだけでは、脳血管の異常を発見することは困難といえます。このため、脳ドックや脳MRI検診を活用して、疾病の早期発見、発症の予防を図ることが必要であるため、不適切です。

● 運転者に対する指導監督

1. 大雨、大雪、土砂災害などの異常気象時の措置については、異常気象時等処理要領を作成し、運転者全員に周知させておくとともに運転者とも速やかに連絡がとれるよう緊急時における連絡体制を整えているので、事業用自動車の運行の中断、待避所の確保、徐行運転等の運転に関わることについてはすべて当該運転者の判断に任せ、中断、待避したときは報告するよう指導している。

《解説》

　事業者は、天災その他の理由により輸送の安全の確保に支障を生ずるおそれがあるときは、乗務員等に対する適切な指示その他輸送の安全を確保するために必要な措置を講じなければなりません。また、**運行管理者も上記の措置を講じなければならず、運転に関わることについて、すべて運転者の判断に任せることはできないため、不適切です。**

2. 自動車が追越しをするときは、前の自動車の走行速度に応じた追越し距離、

追越し時間が必要になるため、前の自動車と追越しをする自動車の速度差が大きい場合には追越しに<u>長い</u>時間と距離が必要になることから、無理な追越しをしないよう運転者に対し指導する必要がある。

《解説》

　自動車が追越しをするときは、前の自動車と追越しをする自動車の速度差が大きい場合には追越しに「短い」時間となることから、無理な追越しをしないよう運転者に対し指導する必要があるため、不適切です。

3.　運転者が事業用自動車で高速道路を走行中、大地震が発生したのに気づき当該事業用自動車を路側帯に停車させた後、高速道路の車両通行が困難となった場合には、当該運転者は、運行管理者に連絡したうえで、<u>エンジンキーを持ってドアをロック</u>して当該事業用自動車を置いて避難するよう運転者に対し指導する必要がある。

《解説》

　大地震の発生時に自動車を道路上に置いて避難するときは、緊急車両や避難者の障害にならないよう、第三者が動かせる状態にしておく必要があります。このため、できるだけ安全な方法により道路の左側に寄せて駐車し、エンジンキーは「つけたまま」、ドアロックは「しない」で避難するよう運転者に指導する必要があるため、不適切です。

4.　他の自動車に追従して走行するときは、常に「秒」の意識を持って自車の速度と<u>制動距離</u>に留意し、前車との追突等の危険が発生した場合でも安全に停止できるよう<u>制動距離</u>と同じ距離の車間距離を保って運転するよう指導している。

《解説》

　他の自動車に追従して走行するときは、常に「秒」の意識を持って、　自車

の速度と「停止距離」に留意し、前車との追突等の危険が発生した場合でも安全に停止できるような速度、または車間距離を保って運転するよう指導する必要があるため、不適切です。

停止距離とは、空走距離（危険を認知しブレーキ操作までに走行する距離）と制動距離（ブレーキが効き始めてから停止するまでに走行する距離）の合計をいいます。

● 記録

1. 運行管理者は、選任された運転者ごとに採用時に提出させた履歴書が、法令で定める乗務員等台帳の記載事項の内容をほぼ網羅していることから、これを当該台帳として使用し、索引簿なども作成のうえ、営業所に備え管理をしている。なお、他の営業所への転任又は退職した運転者については、余白部にそのことがあった年月日及び理由を記載し、3年間保存している。

《解説》

運行管理者は、法令で定められた事項を「一定の様式」に記載した乗務員等台帳を作成し営業所に備え置かねばなりません。このため、運転者ごとに異なる様式の履歴書を乗務員等台帳とすることは、不適切です。

2. 運行管理者は、運転者に法令に基づき作成した運行指示書を携行させ、運行させている途中において、自然災害により運行経路の変更を余儀なくされた。このため、当該運行管理者は、当該運転者に対して電話等により変更の指示を行ったが、携行させている運行指示書については帰庫後提出させ、運行管理者自ら当該変更内容を記載のうえ保管し、運行の安全確保を図った。

《解説》

運行管理者は、運行経路を変更すべきと判断した場合、①運行指示書の写しに変更内容を記載し、②運転者に対し適切な指示を行い、③運転者が携行して

いる運行指示書に変更内容を記載させなければならないため、不適切です。帰庫後、運行指示書を提出させ、運行管理者自ら当該変更内容を記載してはなりません。

3. 事業用自動車に係る事故が発生した場合には、加害事故であるか被害事故であるかにかかわらず、運転者にその概要と原因を業務記録に記録させ、事故の再発防止に活用している。ただし、事故の被害が人身に及ばない事故の場合にあっては、記録させていない。

《解説》

　運行管理者は、加害事故であるか被害事故であるか、また、人身事故であるか物損事故であるかにかかわらず、事故に関する事項を業務記録に記録しその記録を保存しなければならないため、不適切です。

●自動車の特性と運転

1. 前方の自動車を大型車と乗用車から同じ距離で見た場合、それぞれの視界や見え方が異なり、運転席が高い位置にある大型車の場合は車間距離に余裕がないように感じ、乗用車の場合は車間距離に余裕があるように感じやすくなる。したがって、運転者に対して、運転する自動車による車間距離の見え方の違いに注意して、適正な車間距離をとるよう指導する必要がある。

《解説》

　大型車は、運転席が高い位置にあり、前方が遠くまで見とおせるため、運転者は車間距離に余裕が「ある」ように感じるのに対し、乗用車の場合は逆に車間距離に余裕が「ない」ように感じやすいため、不適切です。

2. 一般的に車両全長が長い大型車が右左折する場合、ハンドルを一気にいっぱいに切ることにより、その間における車体後部のオーバーハング部分（最

後輪より車両後端までのはみ出し部分）の対向車線等へのはみ出し量が少なくなり、対向車等に接触する事故を防ぐことができる。したがって、このような大型車の右左折においては、ハンドルを<u>一気にいっぱいに切る</u>ような運転を心がける必要がある。

《解説》

外輪差は、左右折の際にハンドルをいっぱいに切ったときが最大となり、ホイールベースが長いほど大きくなる。ホイールベースの長い大型車が右折、左折のとき、ハンドルを「一気にいっぱいに」切ると、外輪差によってオーバーハング部分が対向車線等へ大きくはみ出し、対向車などとの接触事故の危険性が高まります。したがって、大型車の右折、左折においては、ハンドルを「ゆっくり」切るような運転を心がける必要があるため、不適切です。

3. 交通事故の中には、二輪車と四輪車が衝突することによって発生する事故が少なくない。このような事故を防止するためには、四輪車の運転者から二輪車が、二輪車の運転者から四輪車がどのように見えているのかを理解しておく必要がある。四輪車を運転する場合、二輪車に対する注意点として、①二輪車も四輪車と同じように急に停車できない。②二輪車は死角に入りやすく、その存在に気づきにくい。③二輪車は速度が<u>速く</u>感じたり、距離が実際より<u>近く</u>に見えたりする。したがって、運転者に対して、このような二輪車に関する注意点を指導する必要がある。

《解説》

③は誤り。四輪車から見ると、二輪車の速度は「遅く」感じられ、距離は実際より「遠く」に見えたりするため、不適切です。

4. 自動車のハンドルを左に切り旋回した場合、左側の後輪が左側の前輪の軌跡に対し<u>外側を通る</u>こととなり、この前後輪の軌跡の差を内輪差という。大型車などホイールベースが長いほど<u>内輪差が小さくなる</u>ことから、運転者に

対し、交差点での左折時には、内輪差による歩行者や自転車等との接触、巻き込み事故に注意するよう指導する必要がある。

《解説》

　自動車のハンドルを左に切り旋回した場合、左側の後輪が左側の前輪の軌跡に対し「内側」を通ることとなりこの前後輪の軌跡の差を内輪差といい、**大型車などホイールベースが長いほど内輪差が「大きく」なるため、不適切です。**

5. アンチロック・ブレーキシステム（ABS）は、急ブレーキをかけた時などにタイヤがロック（回転が止まること）するのを防ぐことにより、車両の進行方向の安定性を保ち、また、ハンドル操作で障害物を回避できる可能性を高める装置である。ABSを効果的に作動させるためには、運転者はポンピングブレーキ操作（ブレーキペダルを踏み込んだり緩めたりを繰り返す操作）を行うことが必要であり、この点を運転者に指導する必要がある。

《解説》

　アンチロック・ブレーキシステム（ABS）を効果的に作動させるためには「ブレーキペダルを強く踏み続ける」ことが重要であるため、**不適切です。**

●走行時に働く力

1. 自動車の重量及び速度が同一の場合には、曲がろうとするカーブの半径が2分の1になると遠心力の大きさが4倍になることから、急カーブを走行する場合の横転などの危険性について運転者に対し指導している。

《解説》

　自動車の重量及び速度が同一の場合には、曲がろうとするカーブの半径が2分の1になると遠心力の大きさは「2倍」になるため、**不適切です。**

2. 自動車に働く慣性力、遠心力及び衝撃力は、<u>速度に比例</u>して大きくなることから、速度が2倍になれば4倍に、速度が3倍になれば<u>6倍</u>となり、制動距離、運転操作及び事故時の被害の程度に大きく影響するため、常に制限速度を守り、適切な車間距離を確保し、運転するよう指導している。

《解説》

自動車に働く慣性力、遠心力及び衝撃力は、速度の「2乗」に比例して大きくなり、速度が2倍になれば4倍に、速度が3倍になれば「9倍」となるため、不適切です。

交通事故防止対策

1. 適性診断は、運転者の運動能力、運転態度及び性格等を客観的に把握し、運転の適性を判定することにより、<u>運転に適さないものを運転者として選任しないようにするためのもの</u>であり、ヒューマンエラーによる交通事故の発生を未然に防止するための有効な手段となっている。

《解説》

適性診断の目的は、運転者の運転行動や運転態度を安全運転の方向へ向けさせ、運転者自身の安全意識を向上させるためのものであり、運転に適さない者を選別するためのものではないため、不適切です。

2. 交通事故は、そのほとんどが運転者等のヒューマンエラーにより発生するものである。したがって、事故惹起運転者の社内処分及び再教育に特化した対策を講じることが、交通事故の再発を未然に防止するには最も有効である。そのためには、<u>発生した事故の調査や事故原因の分析よりも</u>、事故惹起運転者及び運行管理者に対する特別講習を確実に受講させる等、ヒューマンエラーの再発防止を中心とした対策に努めるべきである。

《解説》

交通事故の再発を未然に防止するためには、発生した事故の調査や事故原因を分析することが最も有効であり、併せて、**事故惹起運転者及び運行管理者に対する特別講習を確実に受講させる等の対策を講じることが必要となるため、不適切です。**

● 自動車事故報告書

　事業用自動車の運転者が、運行途中に軽度の心臓発作により体調不良に陥り、運転の継続が困難となった。当該運転者からの連絡を受け、営業所の運行管理者は直ちに救急車の手配等をするとともに交替運転者を派遣して運行を継続し、運行計画どおり終了したので、自動車事故報告書を提出しなかった。

《解説》

　交替運転者により運行計画のとおり運行を終了しても、「**運転者の疾病により事業用自動車の運転を継続することができなくなった**」場合には、自動車事故報告書を 30 日以内に提出しなければならないため、**不適切です。**

過去問にチャレンジ

∴∴∴

問1 旅客自動車運送事業の事業用自動車の運転者に対する点呼の実施等に関する次の記述のうち、【適切なものをすべて】選びなさい。なお、解答にあたっては、各選択肢に記載されている事項以外は考慮しないものとする。

1. 運行管理者は、業務開始及び業務終了後の運転者に対し、原則、対面で点呼を実施しなければならないが、遠隔地で業務が開始又は終了する場合、車庫と営業所が離れている場合、又は運転者の出庫・帰庫が早朝・深夜であり、点呼を行う運行管理者が営業所に出勤していない場合等、運行上やむを得ず、対面での点呼が実施できないときには、電話、その他の方法で行っている。

2. 3日間にわたる事業用自動車の運行で、2日目は遠隔地の業務のため、業務後の点呼については、目的地への到着予定時刻が運行管理者等の勤務時間外となることから、業務途中の休憩時間を利用して運行管理者等が営業所に勤務する時間帯に携帯電話により行い、所定の事項を点呼記録表に記録した。

3. 輸送の安全及び旅客の利便の確保に関する取組が優良であると認められる営業所に属する運転者が、当該営業所の車庫において、当該営業所の運行管理者による国土交通大臣が定めた機器を使用して行う旅客IT点呼を受けた。

4. 業務前の点呼においてアルコール検知器を使用するのは、身体に保有している酒気帯びの有無を確認するためのものであり、道路交通法施行令で定める呼気中のアルコール濃度1リットル当たり0.15ミリグラム以上であるか否かを判定するためのものではない。

問2 旅客自動車運送事業者が事業用自動車の運転者に対して行う指導・監督に関する次の記述のうち、【適切なものをすべて】選びなさい。なお、解答にあたっては、各選択肢に記載されている事項以外は考慮しないものとする。

1. 時速36キロメートルで走行中の自動車の運転者が、前車との追突の危険を認知しブレーキ操作を行い、ブレーキが効き始めるまでに要する空走時間を1秒間とし、ブレーキが効き始めてから停止するまでに走る制動距離を8メートル

とすると、当該自動車の停止距離は 13 メートルとなることを指導している。

2. 自動車が追越しをするときは、前の自動車の走行速度に応じた追越し距離、追越し時間が必要になる。前の自動車と追越しをする自動車の速度差が小さい場合には追越しに長い時間と距離が必要になることから、無理な追越しをしないよう運転者に対し指導する必要がある。

3. 大雨、大雪、土砂災害などの異常気象時の措置については、異常気象時等処理要領を作成し運転者全員に周知させておくとともに、運転者とも速やかに連絡がとれるよう緊急時における連絡体制を整えているので、事業用自動車の運行の中断、待避所の確保、徐行運転等の運転に関わることについてはすべての運転者の判断に任せ、中断、待避したときに報告するよう指導している。

4. 実際の事故事例やヒヤリハット事例のドライブレコーダー映像を活用して、事故前にどのような危険が潜んでいるか、それを回避するにはどのような運転をすべきかなどを運転者に考えさせる等、実事例に基づいた危険予知訓練を実施している。

問3 交通事故防止対策に関する次の記述のうち、【適切なものをすべて】選びなさい。なお、解答にあたっては、各選択肢に記載されている事項以外は考慮しないものとする。

1. 適性診断は、運転者の運転能力、運転態度及び性格等を客観的に把握し、運転の適性を判定することにより、運転に適さない者を運転者として選任しないようにするためのものであり、ヒューマンエラーによる交通事故の発生を未然に防止するための有効な手段となっている。

2. アンチロック・ブレーキシステム（ABS）は、急ブレーキをかけた時などにタイヤがロック（回転が止まること）するのを防ぐことにより、車両の進行方向の安定性を保ち、また、ハンドル操作で障害物を回避できる可能性を高める装置である。ABS を効果的に作動させるためには、できるだけ強くブレーキペダルを踏み続けることが重要であり、この点を運転者に指導する必要がある。

3. 交通事故は、そのほとんどが運転者等のヒューマンエラーにより発生するものである。したがって、事故惹起運転者の社内処分及び再教育に特化した対策を講ずることが、交通事故の再発を未然に防止するには最も有効である。そのた

めには、発生した事故の調査や事故原因の分析よりも、事故惹起運転者及び運行管理者に対する特別講習を確実に受講させる等、ヒューマンエラーの再発防止を中心とした対策に努めるべきである。

4. 指差呼称は、運転者の錯覚、誤判断、誤操作等を防止するための手段であり、道路の信号や標識などを指で差し、その対象が持つ名称や状態を声に出して確認することをいい、安全確認に重要な運転者の意識レベルを高めるなど交通事故防止対策に有効な手段の一つとして活用されている。

問4 自動車の運転に関する次の記述のうち、【適切なものをすべて】選びなさい。なお、解答にあたっては、各選択肢に記載されている事項以外は考慮しないものとする。

1. 自動車のハンドルを左に切り旋回した場合、左側の後輪が左側の前輪の軌跡に対し内側を通ることとなり、この前後輪の軌跡の差を内輪差という。ホイールベースの長い大型車ほどこの内輪差が大きくなることから、運転者に対し、交差点での左折時には、内輪差による歩行者や自転車等との接触、巻き込み事故に注意するよう指導する必要がある。

2. 前方の自動車を大型車と乗用車から同じ距離で見た場合、それぞれの視界や見え方が異なり、大型車の場合には運転席が高いため、車間距離をつめてもあまり危険を感じない傾向となるので、この点に注意して常に適正な車間距離をとるよう運転者を指導する必要がある。

3. バス車両は、車両の直前に死角があり、子ども、高齢者、降車した乗客などが通行しているのを見落とすことがある。このため、発車時にはアンダーミラーによる車両直前の確認等の基本動作を確実に行うため、運転者に対し指差し呼称及び安全呼称を励行することを指導する必要がある。

4. 四輪車を運転する場合、二輪車との衝突事故を防止するための注意点として、①二輪車は近くに入りやすいため、その存在に気づきにくく、また、②二輪車は速度が実際より速く感じたり、距離が近くに見えたりする特性がある。したがって、運転者に対してこのような点に注意するよう指導する必要がある。

問5 自動車の走行時に生じる諸現象とその主な対策に関する次の文中、A、B、C、D に入るべき字句を下の枠内の選択肢（1〜6）から選びなさい。

ア. ┃ A ┃ とは、雨の降りはじめに、路面の油や土砂などの微粒子が雨と混じって滑りやすい膜を形成するため、タイヤと路面との摩擦係数が低下し急ブレーキをかけたときなどにスリップすることをいう。これを防ぐため、雨の降りはじめには速度を落とし、車間距離を十分にとって、不用意な急ハンドルや急ブレーキを避けるよう運転者に対し指導する必要がある。

イ. ┃ B ┃ とは、タイヤの空気圧不足で高速走行したとき、タイヤに波打ち現象が生じ、セパレーション（剥離）やコード切れ等が発生することをいう。これを防ぐため、タイヤの空気圧が適当であることを、日常点検で確認するよう運転者に対し指導する必要がある。

ウ. ┃ C ┃ とは、フット・ブレーキを使い過ぎると、ブレーキ・ドラムやブレーキ・ライニングが摩擦のため過熱することにより、ドラムとライニングの間の摩擦力が低下し、ブレーキの効きが悪くなることをいう。これを防ぐため、長い下り坂などでは、エンジン・ブレーキを使用し、フット・ブレーキのみの使用を避けるよう運転者に対し指導する必要がある。

エ. ┃ D ┃ とは、路面が水でおおわれているときに高速で走行するとタイヤの排水作用が悪くなり、水上を滑走する状態になって操縦不能になることをいう。これを防ぐため、日頃よりスピードを抑えた走行に努めるべきことや、タイヤの空気圧及び溝の深さが適当であることを日常点検で確認することの重要性を、運転者に対し指導する必要がある。

1. スタンディング・ウェーブ現象	2. ベーパー・ロック現象
3. ハイドロプレーニング現象	4. ウェット・スキッド現象
5. クリープ現象	6. フェード現象

問6 旅行業者から貸切バス事業者に対し、ツアー客の運送依頼があった。これを受けて運行管理者は、下の図に示す運行計画を立てた。この運行に関する次の1〜3の記述について、解答しなさい。なお、解答にあたっては、＜運行計画＞及び各選択肢に記載されている事項以外は考慮しないものとする。

<運行計画>

　A営業所を出庫し、B駅にてツアー客を乗車させ、C観光地及びD観光地を経て、E駅にてツアー客を降車させた後、A営業所に帰庫する行程とする。当該運行は、乗車定員36名乗りの貸切バスを使用し、運転者1人乗務とする。

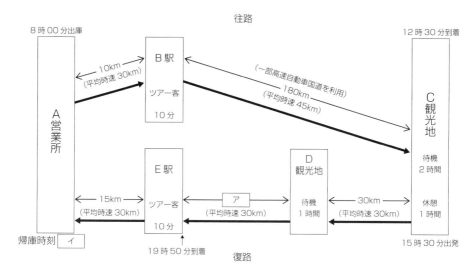

1. D観光地とE駅の間の距離 ［ ア ］ について、次の①～③の中から【正しいものを1つ】選びなさい。

　　① 60キロメートル　　　② 65キロメートル　　　③ 70キロメートル

2. 当該運転者がA営業所に帰庫する時刻 ［ イ ］ について、次の①～③の中から【正しいものを1つ】選びなさい。

　　① 20時20分　　　② 20時30分　　　③ 20時40分

3. 当日の全運行において、連続運転時間は「自動車運転者の労働時間等の改善のための基準」に照らし、違反しているか否かについて、次の①～④の中から【正しいものを1つ】選びなさい。

　　①往路は違反しているが、復路は違反していない
　　②往路は違反していないが、復路は違反している
　　③往路、復路ともに違反している
　　④往路、復路ともに違反していない

問7 自動車の追い越しに関する次の文中、A及びBに入るべき字句を下の枠内の選択肢（1～6）から選びなさい。

1. 高速自動車国道を車両の長さ10メートルのバスが時速80キロメートルで走行中、下図のとおり、時速70キロメートルで前方を走行中の車両の長さが10メートルのトラックを追い越すために要する走行距離は　A　必要となる。なお、この場合の「追越」とは、バスが前走するトラックの後方90メートル（ア）の位置から始まり、トラックを追い越してトラックとの車間距離が90メートル（イ）の位置に達するまでのすべての行程をいう。

2. 「1」の場合において、追い越しに要する時間は、　B　である。なお、解答として求めた数値に1未満の端数がある場合には、小数点第一位以下を四捨五入すること。

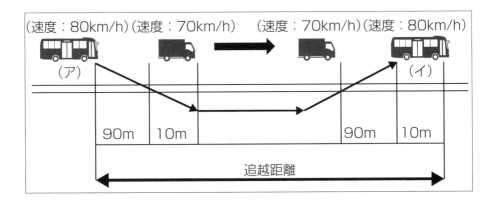

（注1）追越車両の左右の移動量は、考慮しないものとする。
（注2）各々の車両は、一定速度で走行しているものとする。

1. 1,440 メートル	2. 1,520 メートル	3. 1,600 メートル
4. 72 秒	5. 68 秒	6. 65 秒

解答・解説

・・・

問1 　解答　 3. 4.

1. 不適切。**運行上やむを得ず、電話その他の方法による点呼が実施できるの
   は、遠隔地で業務を開始または終了する場合**をいい、①**車庫と営業所が離れ
   ている場合**、②**早朝・深夜等で点呼執行者が営業所に出勤していない場合は、
   電話その他の方法による点呼を実施することはできない。**

2. 不適切。2日目の遠隔地における業務後の点呼については、目的地に到着
   後、運行管理者等が電話点呼を行い、所定の事項を点呼記録表に記録しなけ
   ればならない。　　　　　　　　×業務途中の休憩時間を利用して運行管理者等が営業所に勤務
   　　　　　　　　　　　　　　　する時間帯に電話点呼行い、所定の事項を点呼記録表に記録

3. 適切。

4. 適切。

問2 　解答　 2. 4.

1. 不適切。時速36kmが1秒間で走る距離（**空走距離**）は**10m（36km
   ÷3.6** または 36km ÷ 3,600 秒× 1,000m）となる。したがって、**停止
   距離は、空走距離（10m）＋制動距離（8m）＝ 18m** となる。

2. 適切。

3. 不適切。事業者は、天災その他の理由により輸送の安全の確保に支障を生
   ずるおそれがあるときは、運転者に対する適切な指示その他輸送の安全を確
   保するために必要な措置を講じなければならず、運転に関わることについて
   すべて運転者の判断に任せることはできない。

4. 適切。

問3 　解答　 2. 4.

1. 不適切。**適性診断の目的は、運転者の運転行動や運転態度を安全運転の方
   向へ向けさせ、運転者自身の安全意識を向上させるためのものである。**運転

に適さない者を選別するためのものではない。

2. 適切。

3. 不適切。**交通事故の再発を未然に防止するためには、発生した事故の調査や事故原因を分析することが最も有効です。**併せて、事故惹起運転者及び運行管理者に対する特別講習を確実に受講させる等の対策を講じることが必要である。

4. 適切。

問4 [解答] 1. 2. 3.

1. 適切。

2. 適切。

3. 適切。

4. 不適切。二輪車は速度が実際より「**遅く**」感じたり、距離が「**遠く**」に見えたりする特性がある。

問5 [解答] A＝4.（ウェット・スキッド現象）
B＝1.（スタンディング・ウェーブ現象）
C＝6.（フェード現象） D＝3.（ハイドロプレーニング現象）

問6 [解答] 1：3. 2：2. 3：1.

1. D観光地の出発時刻は、C観光地からD観光地までは1時間（問題文が時間を求める計算式30km／時速30km）、D観光地で待機が1時間であるため、17時30分。
D観光地からE駅までの所要時間（2時間20分）を時速30kmで走行する距離は、時速30kmは、1時間に30km進むので、2時間で60km、残りの20分で進む距離は時計をイメージして20分は、1／3時間であるため、10km（30kmの1／3）進むことになるため、D観光地からE駅までの距離は70km。正解は3。

2. 帰庫時刻は、E駅とA営業所の所要時間を求める計算式は、問題文にあ

るとおり 15km／時速 30km、つまり 1／2 時間＝ 30 分であるため、E 駅の出発時刻（20 時）から 30 分後の 20 時 30 分。正解は 2。

3. 連続運転時間は、運転開始後、4 時間以内または 4 時間経過直後に 30 分以上（少なくとも 1 回につき 10 分以上の分割はできる）の運転を中断しなければならない。

往路は、次のとおり、運転開始後、運転時間が通算 4 時間（運転 4 時間の 3 時間 40 分時点）時点では、運転の途中で、この間、運転の中断が 10 分しかないため、違反である。復路は違反していない。正解は 1。

出庫	運転	B 駅 乗車	運転（一部高速道）
	20 分※	10 分	4 時間

※ A 営業所と B 駅の所要時間を求める計算式は、問題文にあるとおり 10km／時速 30km、つまり、1／3 時間、時計をイメージして 60 分の 1／3 で 20 分。

問7 解答 A ＝ 3．B ＝ 4．

1. 追い越すために必要な距離（m）の計算式は、次のとおり。

$$後車の時速（km/h）× \frac{前車の長さ（m）＋後車の長さ（m）＋車間距離（m）×2}{後車の時速（km/h）－前車の時速（km/h）}$$

$$＝ 80km/h × \frac{10m＋10m＋90m×2}{80km/h－70km/h} ＝ 1,600m \qquad A：3$$

2. 追越しに要する時間は、1,600m ÷ 80km/h
   80km/h を秒速 m にする場合には、80 ÷ 3.6 ＝ 22.22m/ 秒
   または 80 ÷ 3,600 × 1,000 ＝ 22.22m/ 秒
   1,600m ÷ 22.22m/ 秒＝ <u>72 秒</u> \qquad B：4

付録1 事業者と運行管理者の業務の整理

項　目	事業者の遵守すべき事項	運行管理者の業務
車掌の乗務 （乗合・貸切・ 特定）	旅客の利便を著しく阻害するおそれがあるときなどの場合には、事業用自動車（乗車定員 11 人以上 のものに限る。）に車掌を乗務させなければ、これを旅客の運送の用に供してはならない。	車掌を乗務させなければならない事業用自動車に車掌を乗務させる。
特定自動運行 保安員	旅客の運送の用に供するには、次に掲げる措置を講じなければならない。 ①**特定自動運行事業用自動車に特定自動運行保安員を乗務させる。** ②次に掲げる措置を講じること。 ア 緊急を要する場合において**旅客が特定自動運行保安員に連絡することができる装置、特定自動運行事業用自動車を停止させることができる装置**を特定自動運行事業用自動車に備える。 イ 営業所その他の適切な業務場所に**特定自動運行保安員を配置し、特定自動運行保安員に遠隔監視装置を用いて遠隔から運行の安全の確保に関する業務を行わせる。**	特定自動運行事業用自動車による運送を行おうとする場合は、**特定自動運行事業用自動車**に特定自動運行保安員を乗務させ、または遠隔からその業務を行わせる。
異常気象時等 における措置	**天災**その他の理由により**輸送の安全の確保に支障が生ずるおそれがあるとき**は、事業用自動車の乗務員等に対する 必要な指示 その他輸送の安全のための措置を講じなければならない。	左記の措置を講じる。
勤務時間・乗 務時間	**過労の防止を十分考慮**して、国土交通大臣が告示で定める基準に従って、事業用自動車の運転者の 勤務時間 及び 乗務時間 を 定め 、当該運転者にこれらを遵守させなければならない。	左記により定められた 勤務時間 及び 乗務時間 の 範 囲 内 に お い て 乗務割 を作成しこれに従い運転者を事業用自動車に乗務させる。

項　目	事業者の遵守すべき事項	運行管理者の業務
休憩・睡眠・仮眠・施設	乗務員等が有効に利用することができるように、**営業所、自動車車庫その他営業所又は自動車車庫付近の適切な場所**に、休憩に必要な施設を 整備 し、及び乗務員等に**睡眠を与える必要がある場合又は乗務員等が勤務時間中に仮眠する機会がある場**合は、睡眠又は仮眠に**必要な施設を** 整備 し、並びに**これらの施設を適切に** 管理 し及び 保守 しなければならない。 運転者に１日の勤務時間中に当該運転者の属する**営業所で勤務を終了することができない運行を指示する場合**は、当該乗務員が有効に利用することができるように、勤務を終了する場所の付近の適切な場所に睡眠に**必要な施設を** 整備 し、又は**確保し、**並びに**これらの施設を適切に** 管理 し、及び 保守 しなければならない。	休憩に必要な施設及び睡眠又は仮眠に必要な施設を適切に 管理 する。
酒気を帯び	**酒気を帯びた状態にある**乗務員等を事業用自動車の**運行の業務に従事させてはならない。**	**酒気を帯びた状態にある**乗務員を事業用自動車の運行の業務に従事させて**はならない。**
健康状態の把握	乗務員等の 健康状態 の把握に努め、 疾病、疲労、睡眠不足 その他の理由により**安全に運行の業務を遂行し、**又はその補助をすることができないおそれがある乗務員を**事業用自動車の運行の業務に従事させてはならない。**	乗務員等の 健康状態 の把握に努め、 疾病、疲労、睡眠不足 その他の理由により**安全に運行の業務を遂行し、**又はその補助をすることができないおそれがある乗務員等を**事業用自動車の運行の業務に従事させない。**
交替運転者の配置 （乗合・貸切）	運転者が 長距離 運転又は 夜間 の運転に従事する場合であっあって、**疲労等により** 安全な運転 を 継続 することができないおそれがあるときは、**あらかじめ、交替するための運転者を配置しておかなければならない。**	左記の場合において、**交替するための運転者を配置する。**

項　目	事業者の遵守すべき事項	運行管理者の業務
業務前点呼 （貸切）	運行の業務に従事しようとする運転者等に対して 対面 により、又は対面による点呼と同等の効果を有するものとして国土交通大臣が定める方法（運行上やむを得ない場合は電話その他の方法）により 点呼を行い、次の各号に掲げる事項について 報告を求め、及び 確認を行い、事業用自動車の運行の安全を確保するために必要な指示を与えなければならない。 一　 日常点検 の実施又はその確認 二　運転者に対しては、酒気帯びの有無 三　運転者に対しては、疾病、疲労、睡眠不足その他の理由により安全な運転をすることができないおそれの有無 四　特定自動運行保安員に対しては、自動運行装置の設定の状況に関する確認	左記により、 点呼 を行い、 報告 を求め、 確認 を行い、 指示 を与え、記録し、及びその 記録を保存し、並びにアルコール検知器を 常時有効に保持 する。
業務後点呼	事業用自動車の運行の業務を終了した運転者等に対して対面により、又は対面による点呼と同等の効果を有するものとして国土交通大臣が定める方法（運行上やむを得ない場合は電話その他の方法）により 点呼を行い、当該業務に係る 事業用自動車、道路及び運行の状況について 報告を求め、かつ、運転者に対しては 酒気帯び の有無について 確認を行わなければならない。この場合において、当該運転者等が他の運転者等と交替した場合にあっては、当該運転者等が 交替した運転者等に対して行った法令の規定による 通告 についても報告を求めなければならない。	

項　目	事業者の遵守すべき事項	運行管理者の業務
業務途中点呼	夜間において長距離の運行を行う事業用自動車の運行の業務に従事する運転者等に対して当該 業務の途中 において少なくとも 1回電話 その他の方法により**点呼を行い**、当該業務に係る 事業用自動車 、 道路 及び 運行の状況 並びに運転者に対しては 疾病、疲労、睡眠不足 その他の理由により 安全な運転 をすることができないおそれの有無について 報告 を求め及び 確認 を行い、並びに**事業用自動車の運行の安全を確保するために必要な** 指示 **を与えな**ければならない。	左記により 点呼 を行い、 報告 を求め、 確認 を行い、 指示 を与え、記録し、及びその 記録を保存し、並びにアルコール検知器を 常時有効に保持 する。
アルコール検知器	**アルコール検知器**（呼気に含まれるアルコールを検知する機器であって、国土交通大臣が告示で定めるものをいう。）を 営業所ごとに備え 、 常時有効に保持 するとともに、酒気帯びの有無について確認を行う場合には、運転者の状態を 目視等 で確認するほか、当該運転者の属する 営業所に備えられた **アルコール検知器**を用いて行わなければならない。	左記により点呼を行い、 報告 を求め、 確認 を行い、 指示 を与え、記録し、及びその記録を保存し、並びにアルコール検知器を 常時有効に保持 する。
点呼の記録	**点呼を行い**、 報告を求め 、 確認を行い 、及び 指示 をしたときは、**運転者等ごとに点呼を行った旨、報告、確認及び指示の内容並びに点呼の日時などを記録し、かつ、その記録を** 1年間保存 （貸切は3年間保存）しなければならない。	

項　目	事業者の遵守すべき事項	運行管理者の業務
業務記録	運転者等が事業用自動車の運行の業務に従事したときは、**業務の開始及び終了の地点及び日時並びに** 主な 経過地点 及び 業務に従事した距離 などの事項を運転者等ごとに記録させ、かつ、その記録を 1年間 保存 しなければならない。（乗合・特定） 旅客が乗車した区間 を運転者等ごとに記録させ、かつ、その記録を 3年間保存 しなければならない。〈追加〉（貸切） 旅客が乗車した区間 並びに運行の業務に従事した事業用自動車の**走行距離計に表示されている業務の開始時及び終了時における走行距離の** 積算キロ数 を 運転者等ごと に記録させ、かつ、その記録を 事業用自動車ごと に整理して 1年間 保存 しなければならない。〈追加〉（乗用）	運転者等に対し、左記の業務の記録をさせ、及びその記録を保存する。
運行記録計による記録 （乗合、貸切） （乗用）	運転者等が事業用自動車の運行の業務に従事した場合（**路線定期運行又は路線不定期運行を行う乗合**にあっては**起点から終点までの距離**が 100km を超える運行系統を運行する場合、区域運行を行う乗合にあってはその運行の態様等を考慮して地方運輸局長が認める場合に限る）は、当該自動車の 瞬間速度 、 運行距離 及び 運行時間 を運行記録計により記録し、かつ、その記録を 1年間保存 （貸切は3年間保存）しなければならない。	左記により、記録しなければならない場合において、運行記録計を 管理 し、及びその記録を保存する。
事故の記録	事業用自動車に係る**事故が発生した場合には、事故の発生日時、場所などの事項を記録**し、その記録を当該事業用自動車の運行を管理する**営業所において** 3年間保存 しなければならない。	左記の事故に係る事項を記録し、及びその記録を保存する。

項　目	事業者の遵守すべき事項	運行管理者の業務
運行基準図 （乗合）	**停留所**又は**乗降地点**の名称及び**位置**などを記載した 運行基準図 を作成して 営業所に備え 、かつ、これにより事業用自動車の運転者等に対し、**適切な指導**をしなければならない。	左記の 運行基準図 を作成して 営業所に備え 、これにより運転者等に対し、**適切な指導**をする。
運行表 （乗合）	路線定期運行を行う乗合事業者は、**主な停留所の名称、当該停留所の発車時刻**及び**到着時刻**その他運行に必要な事項を記載した 運行表 を作成し、かつ、これを事業用自動車の 運転者等に携行 させなければならない。	左記の 運行表 を作成しこれを 運転者等に携行 させる。
経路の調査 （貸切）	運行の 主な経路における道路 及び 交通の状況 を 事前に調査 し、かつ、**当該経路の状態に適すると認められる** 自動車 を使用しなければならない。	左記の 経路の調査 をし、かつ、**適合する** 自動車 を使用する。
運行指示書の作成・指示・携行 （貸切）	運行ごと に運行の開始及び**終了の地点**及び**日時**などの事項を記載した 運行指示書 を作成し、かつ、これにより事業用自動車の運転者等に対し適切な 指示 を行うとともに、これを当該 運転者等に携行 させなければならない。 なお、運行指示書を 運行の終了の日 から 3年間保存 しなければならない。	左記の 運行指示書 を作成し、かつ、これにより運転者等に対し適切な 指示 を行い、 運転者等に携行 させ、及びその**保存**をする。
地図の備付け （乗用）	事業用自動車 に少なくとも**営業区域内の道路、地名などの事項が明示された** 地図 であって地方運輸局長の指定する規格に適合するものを**備えて**おかなければならない。	なし

項　目	事業者の遵守すべき事項	運行管理者の業務
運転者の選任等	事業計画（路線定期運行を行う一般乗合旅客自動車運送事業者にあっては、事業計画及び運行計画）の遂行に 十分な数 の事業用自動車の運転者を 常時選任 しておかなければならない。 ただし、次に該当する者を**運転者等として選任してはならない。**（個人タクシーを除く） ①**日日雇い入れられる者** ② 2ヵ月 **以内の期間を定めて使用される者** ③**試みの使用期間中の者（** 14日 **を超えて引き続き使用されるに至った者を除く。）** ④１４日未満の期間ごとに賃金の支払い（仮払い、前貸しその他の方法による金銭の授受であって実質的に賃金の支払いと認められる行為を含む。）を受ける者	左記により、**運転者等として選任された者以外**の者に事業用自動車の運行の業務に従事させない。
乗務員等台帳	運転者等ごとに、**雇入れの年月日及び運転者等に** 選任された年月日 などの事項を記載し、かつ、 6ヵ月 **以内の写真**をはり付けた一定の様式の**乗務員等台帳を作成**し、これを当該運転者等の属する 営業所 **に備えておか**なければならない。 運転者等が転任、退職その他の理由により 運転者等でなくなった場合 には、**直ちに、**当該運転者に係る**乗務員等台帳に運転者等でなくなった年月日及び理由を記載**し、これを 3年間保存 しなければならない。	左記の**乗務員等台帳**を作成し、 営業所 に備え置く。

項　目	事業者の遵守すべき事項	運行管理者の業務
乗務員証・運転者証（乗用）	事業用自動車（**タクシー業務適正化特別措置法の規定により運転者証を** 表示 **しなければならないものを除く。**）に運転者を乗務させるときは、運転者の氏名などを記載し、かつ、 ６ヵ月 以内の写真をはり付けた当該運転者に係る一定の様式の**乗務員証**を 携行 させなければならない。事業用自動車の運転者が転任、退職その他の理由により運転者でなくなった場合は、直ちに、当該運転者に係る**乗務員証**に**運転者でなくなった年月日**及び**理由を記載**し、これらを １年間保存 しなければならない。	事業用自動車の運転者が乗務する場合には、**運転者証**を 表示 するときを**除き**、**乗務員証**を 携行 させ、及びその者が乗務を終了した場合には、当該**乗務員証**を 返還 させる。**タクシー業務適正化特別措置法**より**運転者証**を 表示 しなければならない事業用自動車に運転者を乗務させる場合には、当該自動車に**運転者証**を 表示 し、その者が乗務を終了した場合には、当該**運転者証**を 保管 しておく。
運転者に対する指導監督	運転者に対し、国土交通大臣が告示で定めるところにより、 主として 運行する路線 又は 営業区域の状態 及びこれに対処することができる 運転技術 並びに法令に定める自動車の運転に関する事項について**適切な指導監督**をしなければならない。この場合においては、**その日時、場所**及び**内容**並びに**指導監督を行った者**及び**受けた者を記録**し、かつ、その記録を 営業所 において ３年間 保存 しなければならない。	**乗務員等**に対し、**指導**、**監督**及び 特別な指導 **を行う**とともに、記録及び保存（**３年間**）を行うこと。**重大事故の発生**に伴い、事故警報により定められた 事故防止対策 に基づき、事業用自動車の**運行の安全の確保について従業員に対する指導及び監督を行う**こと。
非常信号用具等の取扱いの指導	非常信号用具、非常口又は消火器を備えたものであるときは、当該自動車の乗務員等に対し、これらの器具の取扱いについて適切な指導をしなければならない。	**非常信号用具、非常口**又は**消火器**の取扱いの適切な指導をしなければならない。
補助者	**運行管理者資格者証を有する者**若しくは国土交通大臣の認定を受けた**講習（基礎講習）を修了した者**のうちから、運行管理者の業務を補助させるための者（ 補助者 ）を 選任 することができる 。	選任された**補助者**に対する**指導及び監督**を行う。

項　目	事業者の遵守すべき事項	運行管理者の業務
運転者の要件	年齢、運転の経歴その他政令で定める一定の要件を備える者でなければ、その事業用自動車の運転をさせてはならない。 〈旅客自動車運送事業用自動車の運転者の要件に関する政令〉 ①　19歳以上　（特例教習修了者） ②普通自動車、四輪の小型自動車、三輪の自動車又はけん引自動車である大型特殊自動車の運転の経験の期間が通算して　1年以上　（特例教習修了者） ③運転する事業用自動車の種類の**第二種運転免許**を受け、かつ、その効力が停止されていない。	事業用自動車の運転者の要件を備えない者に事業用自動車を運転させない。
事業用自動車の清潔保持	旅客自動車運送事業者は、事業用自動車を**常に清潔に保持**しなければならない。	なし
輸送の安全に関する基本的な方針の策定	従業員に対し、**効果的かつ適切に指導監督を行うため、輸送の安全に関する基本的な方針の策定**その他の国土交通大臣が告示で定める措置を講じなければならない。	なし
地理・応接の指導監督（乗用）	事業用自動車の運転者に対し、**営業区域内の**　地理　**並びに旅客及び公衆に対する**　応接　**に関し必要な事項について適切な指導監督**を怠つてはならない。	なし

項　目	事業者の遵守すべき事項	運行管理者の業務
指導要領及び 指導主任者 （乗用）	地理・応接の指導監督に関し、少なくとも指導監督の内容、期間及び組織に関する事項が明確にされている 指導要領 を定めなければならない。 また、**指導要領による指導監督に関する事項を総括処理させるため、** 指導主任者 を選任しなければならない。 なお、**指導要領による指導監督を行ったときは、その日時、場所**及び**内容**並びに**指導監督を行った者**及び**受けた者を記録し、**かつ、その記録を 1年間保存 しなければならない。	なし
安全管理規程	事業者｛乗合（貸切運行委託の許可を受けている者を除く） 200両 未満、乗用 200両 未満を除く｝は 安全管理規程 を**定め、**国土交通省令で定めるところにより、国土交通大臣に**届け出**なければならない。これを変更しようとするときも、同様とする。	なし
運行管理規程	運行管理者の 職務及び権限 、**統括運行管理者を選任しなければならない営業所**にあってはその 職務及び権限 並びに事業用自動車の**運行の安全の確保に関する業務**の 実行に係る基準 に**関する規程**（「運行管理規程」）を定めなければならない。	なし
運行管理者の 指導及び監督	運行管理者の業務の**適確な処理**及び**運行管理規程の遵守**について、**運行管理者に対する適切な指導**及び**監督**を行わなければならない。	なし
点検整備	事業用自動車の構造及び装置並びに運行する道路の状況、走行距離その他事業用自動車の使用の条件を考慮して、 定期に行う点検の基準 を**作成し、これに基づいて点検をし、必要な整備をすること。**	なし

数字	キーワード	該当部分
0.15	0.15mg 以上	呼気 1ℓ 中のアルコール濃度 0.15mg 以上（酒気帯び運転）
0.5	0.5m 以上	転落（落差 0.5m 以上）
1	1ヵ月以内	事故惹起運転者に対する適性診断の実施時期については「やむを得ない事情がある場合には再度乗務を開始後 1ヵ月以内に実施する」
		高齢運転者の特別な指導は、適齢診断の結果が判明した後、1ヵ月以内に実施
	1ヵ月前	自動車検査証の有効期間が満了する日の 1ヵ月前から当該期間が満了する日までの間に継続検査を行い、有効期間を記入する場合は自動車検査証の有効期間が満了する日の翌日を自動車検査証の有効期間の起算日とする
	1 年以内	死者または重傷者の事故のあった日から 1 年以内に運行管理者は、特別講習を受講
	1 年	事業用自動車の自動車検査証の有効期間は 1 年 参考 （初めて自動車検査証の交付を受ける車両総重量 8 トン未満のトラックは 2 年）
	1 年間	（貸切）準初任運転者の特別な指導の対象者は、初任運転者以外の者で直近 1 年間に運転の経験のある貸切バスより大型の車種区分の貸切バスに乗務しようとする者
	1m 以内	火災報知機から 1m 以内は、駐車禁止
1.5	1.5 人	道路交通法では、乗車定員は 12 歳以上の数をもって表し 12 歳以上の者 1 人は 12 歳未満の小児・幼児 1.5 人に相当
1.6	1.6mm 以上	タイヤの滑り止めの溝の深さはいずれの部分において 1.6mm 以上
1.8	1.8m 以下	後写鏡は歩行者に接触した場合、最下部が 地上 1.8m 以下のものは、衝撃を緩衝できる構造でなければならない
2	2 種類	自動車運送事業は、2 種類（旅客自動車運送事業、貨物自動車運送事業）
		旅客自動車運送事業は、2 種類（一般旅客自動車運送事業、特定旅客自動車運送事業）

数字	キーワード	該当部分
2	2年ごと	新たに選任された運行管理者は、**基礎講習または一般講習**を選任届を提出した日の属する年度に受講し、その後は2年ごとに受講
	2ヵ月以内	2ヵ月以内の期間を定めて使用される者は、**運転者に選任することができない**
		2ヵ月以内の期間を定めて使用される者は、**解雇の予告の規定が適用されない**
		深夜業に従事する労働者が、自ら受けた健康診断の結果を証明する書面を事業者に提出した場合は、その健康診断の結果に基づく医師からの意見聴取は健康診断の結果を証明する書面が事業者に提出された日から2ヵ月以内に行わなければならない
	2時間	（貸切）**夜間ワンマン運行の実車運行区間**においては、**連続運転時間**は、運行指示書上、概ね2時間までとする（昼間の高速道も同様）
		坑内労働など法令で定める**健康上、特に有害な業務の労働時間の延長**は、1日について　2時間を超えてはならない
	2週間	**休日労働**は、2週間に1回が限度
	2人以上	2人以上の死者の事故のときは①**自動車事故報告書**、②**速報**（事業用自動車が引き起こした事故のときは死者1人）の両方が必要
	2倍	重量・速度が同じとき、半径が1／2になると　**遠心力の大きさは2倍になる**
	2乗	**慣性力、遠心力、衝撃力**は、自動車の**速度の2乗に比例する**ことから、**速度が2倍になる4倍、速度が3倍になると9倍になる**
	2分の1	（バス）業務の必要上、勤務の終了後継続9時間以上の休息期間を与えることが困難な場合には、当分の間、一定期間における全勤務回数の2分の1の回数を限度として、1日において1回当たり**継続4時間以上、合計11時間以上**休息期間を分割して与えることができる
		（バス）**フェリー乗船時間**は原則として**休息期間**として取り扱う。これにより休息期間とされた時間を休息期間から減じることができる。ただし、**減算後の休息期間は2人乗務を除き、フェリー下船時刻から勤務終了時刻までの間の時間の2分の1を下回ってはならない**
2.5	2.5m	**自動車の幅**は、2.5mを超えてはならない

数字	キーワード	該当部分
3	3種類	道路運送事業は、3種類（旅客自動車運送事業、貨物自動車運送事業、自動車道事業）
		一般旅客自動車運送事業は、3種類（一般乗合旅客自動車運送事業、一般貸切旅客自動車運送事業、一般乗用旅客自動車運送事業）
	3年	労働契約は、期間の定めのないものを除き、一定の事業の完了に必要な期間を定めるもののほかは3年を超える期間について締結してはならない（例外5年ある）
		旅客IT点呼とは、①開設から3年経過している、②過去3年間、第1当事者となる自動車事故報告規則に規定する事故を引き起こしていない等を要件として営業所と車庫間で行うIT点呼
	3年間	軽傷者の事故を引き起こし、かつ、事故前3年間に事故を引き起こした運転者は事故惹起運転者の特別な指導・適性診断の対象者
		（貸切以外）初任運転者に対する特別な指導の対象者は初めて乗務する前3年間に他の事業者において当該事業者と同一の種類の運転者として選任されたことがない者に限る
		（貸切以外）貸切以外の運転者として新たに雇い入れられた運転者に対する初任診断の対象者は、雇い入れ日前3年間に初任診断を受診したことがある者を除く
		（貸切：3年間保存期間）運送引受書、手数料等記載書類、点呼の記録（電磁的記録）、業務記録、運行記録計（デジタル式による電磁的記録）、運行指示書
	3ヵ月ごと	スペアタイヤの取付状態・取付装置の緩み・がた・損傷、ツールボックスの取付部の緩み・損傷等は3ヵ月ごとに点検（車両総重量8トン以上または乗車定員30人以上に限る）
	3ヵ月間	平均賃金は、算定すべき事由が発生した日以前3ヵ月間に支払われた賃金の総額をその期間の総日数で除した金額
	3ヵ月	雇入時の健康診断について、医師による健康診断を受けた後、3ヵ月を経過しない者を雇い入れる場合、健康診断の結果を証明する書面を提出したときは、健康診断の項目に相当する項目については、受診を要しない
	3時間以上	鉄道施設を損傷し3時間以上本線で鉄道車両の運転休止のとき、自動車事故報告書を提出
		高速国道、自動車専用道路で3時間以上の通行禁止のとき、自動車事故報告書を提出

数字	キーワード	該当部分
3	3秒前	同一方向に進行しながら**進路を左方・右方に変えるとき**、合図の時期はその行為をしようとする時の3秒前のとき
	3m以内	**人の乗降、貨物の積卸し、駐車・自動車の格納・修理**のため道路外に設けられた施設・場所の出入口から3m以内は、**駐車禁止**
	3回	（バス・日勤タクシー）1日の拘束時間が、**1週間で14時間を超える回数は3回まで**が目安
	3分の1以上	**運行管理者**の行うべき点呼は**点呼の総回数の3分の1以上**でなければならない
	3分の2以下	**補助者**の行うべき点呼は、**点呼の総回数の3分の2以下**でなければならない
3.5	3.5m以上	車両の右側に3.5m以上の余地がなければ**駐車禁止**
3.6	3.6	**時速（km）を秒速（m）に変換するとき3.6を使う**（時速36km÷3.6＝秒速10m）
3.8	3.8m	**自動車の高さ**は、3.8mを超えてはならない
4	4種類	道路交通法では「**車両**」は4種類（**自動車、原動機付自転車、軽車両、トロリーバス**）
	4時間	**アルコール1単位（純アルコール約20g）の処理**に必要な時間の目安は概ね4時間とされる
		連続運転時間（1回が連続10分以上で、**合計が30分以上の運転の中断**をすることなく連続して運転する時間）は4時間を超えない
	4時間以上	（バス）業務の必要上、勤務の終了後継続9時間以上の休息期間を与えることが困難な場合には、当分の間、一定期間における全勤務回数の**2分の1の回数**を限度として、1日において1回当たり継続4時間以上、**合計11時間以上**休息期間を分割して与えることができる
	4ヵ月以内	**季節的業務**に4ヵ月以内の期間を定めて使用される者は**解雇の予告**の規定が適用されない
	4輪以上	改善基準告示の対象の「**自動車運転者**」とは4輪以上の自動車の運転従事者
5	5項目	**点呼の記録**は、5項目（①点呼者・運転者の氏名、②自動車登録番号、③点呼の日時、④**点呼の方法**⑤その他必要事項）
	5人以上	5人以上の重傷者の事故のときは①**自動車事故報告書**、②**速報**（旅客が重傷者の事故のときは1人）の両方が必要
	5日以内	**臨時運行許可証の有効期間及び返納期間**はそれぞれ5日以内

数字	キーワード	該当部分
5	5日	使用者は**年次有給休暇の日数**が10労働日以上の労働者に対し、年次有給休暇の日数のうち5日については、基準日から1年以内の期間に**労働者ごとにその時季を定める**ことにより与えなければならない
	5種類	道路運送車両法の**自動車の種別**は5種類（**普通自動車、小型自動車、軽自動車、大型特殊自動車、小型特殊自動車**）
		自動車の検査は5種類（**新規検査、継続検査、構造等変更検査、臨時検査、予備検査**）
	5年間	**健康診断個人票**は、5年間保存
	5年	一般旅客運送事業の**許可の取り消し**の日から5年を経過していない者は許可できない
		運行管理者資格者証の返納を命じられ、その日から5年を経過していない者**には、運行管理者資格者証の交付は行わない**
		整備管理者が解任され、その日から2年（乗車定員11人以上の事業用自動車は5年）を経過しない者は選任できない
	5m以内	交差点・道路のまがりかど、横断歩道・自転車横断帯から5m以内は、**駐停車禁止**
		道路工事、消防用機械器具の置場・消防用防火水槽、消火栓から5m以内は、**駐車禁止**
6	6時間以上	（貸切以外）**事故惹起運転者・初任運転者**に対する**特別な指導**は「安全運転の実技」を除き、**合計6時間以上**実施
	6m未満	道路の左側部分の幅員が6mに満たない道路において、他の車両を追い越そうとするときは、**道路の中央から右の部分にその全部・一部をはみ出して通行できる**
	6ヵ月以内	**深夜業**（22:00〜5:00）に従事する労働者の**健康診断は6ヵ月以内ごとに1回**受診させる
	6ヵ月間	雇入れの日から起算して**6ヵ月間継続勤務し全労働日の8割以上出勤**した場合には10労働日の有給休暇を与えなければならない
7	7日以内	使用者は、労働者の**死亡・退職**の場合において、権利者の請求があつた場合においては、**7日以内に賃金を支払**わなければならない
8	8時間	使用者は**休憩時間を除き、1日8時間、1週間40時間**を超えて労働させてはならない
9	9時間	**1日の休息期間は、勤務終了後、継続11時間以上**与えるよう努めることを基本とし、**継続9時間を下回らない**

数字	キーワード	該当部分
9	9時間	（貸切）夜間ワンマン運行の1運行の運転時間は、運行指示書上、9時間を超えない
		運転時間は、2日（始業時刻から起算して48時間）を平均し1日当たり9時間を超えない
10	10分未満	10分未満の休憩は、「業務記録」の記録を省略できる
	10時間以上	（貸切）事故惹起運転者・初任運転者に対する「安全運転の実技」以外の特別な指導は合計10時間以上実施
	10人以上	10人以上の負傷者の事故のときは①自動車事故報告書、②速報の両方が必要
		常時10人以上の労働者を使用する使用者は、就業規則を作成し、行政官庁に届出
	10人以下	準中型自動車及び普通自動車の乗車定員は、10人以下
	10台以上	10台以上の自動車と衝突・接触のとき、自動車事故報告書を事故のあった日から30日以内に提出
	10m以内	安全地帯、停留所、踏切から10m以内は駐停車禁止（停留所・停留場は乗合自動車、トロリーバス、路面電車の運行時間中に限る）
	10トン以内	自動車の軸重（車軸にかかる荷重）は10トン以内
	10労働日	雇入れの日から起算して、6ヵ月間継続勤務し全労働日の8割以上出勤した場合には10労働日の有給休暇を与えなければならない
	10分の1	減給は、1回の額が平均賃金の1日分の半額を超え、総額は1賃金支払期における賃金の総額の10分の1を超えてはならない
11	11時間	（バス）業務の必要上、勤務終了後、継続9時間以上の休息期間を与えることが困難な場合、当分の間、一定期間における全勤務回数の2分の1を限度に、1日において1回当たり継続4時間以上、合計11時間以上休息期間を分割して与えることができる
	11時間以上	（貸切）夜間ワンマン運行の1運行において、①運行直前の休息期間が11時間以上、②1運行の乗務時間が10時間以内等、いずれにも該当する場合は実車距離を500kmまで延長できる（原則400km）
	11日以上	操縦装置、乗降口の扉を開閉する装置の不適切な操作により旅客に11日以上の医師の治療を要する傷害があったとき自動車事故報告書を事故のあった日から30日以内に提出

数字	キーワード	該当部分
11	11人以上	乗車定員11人以上の自動車、幼児専用車、火薬類運搬車には消火器を備えなければならない
		中型自動車の乗車定員は、11人以上29人以下
12	12歳以上	道路交通法では、乗車定員は12歳以上の数をもって表し12歳以上の者1人は12歳未満の小児・幼児1.5人に相当
	12m	自動車の長さは、12mを超えてはならない
	12ヵ月ごと	12ヵ月ごとにOBD（車載式故障診断装置）点検を行わなければならない
13	13時間	1日（始業時刻から24時間）の拘束時間は13時間を超えない
14	14時間	1日の拘束時間について13時間を超えて延長する場合は、14時間を超える回数は1週について3回までが目安
	14日	試みの使用期間中の者は、運転者に選任できない（ただし、14日を超えて引き続き使用される者を除く）
		試みの使用期間中の者は、解雇の予告の規定が適用されない（ただし、14日を超えて引き続き使用される者を除く）
15	15時間	（隔日勤務除く）1日（始業時刻から24時間）の最大拘束時間は15時間
	15日以内	（乗用）指導主任者の選任したときは届出事由の発生した日から15日以内に届出
		道路運送車両法では「○○日以内」は、原則15日以内
16	満16歳以上	使用者は満18歳に満たない者を午後10時から午前5時までの間において使用してはならない。ただし、交替制によって使用する満16歳以上の男性は、この限りでない
18	満18歳未満	使用者は、満18歳に満たない者について、その年齢を証明する戸籍証明書を事業場に備え付けなければならない
19	19歳以上	大型自動車免許、中型自動車免許の取得年齢は19歳以上（所定の特別な教習修了者）、免許の通算期間が1年以上
	19時間	（バス）1台の自動車に2人以上乗務する場合、車両内に運転者の専用の座席として、身体を伸ばして休息できるリクライニング方式の座席が1席以上ある場合、拘束時間を19時間まで延長し、休息期間を5時間まで短縮できる。
20	20	（貸切）営業所（車両数20両〜99両）ごとに事業用自動車の数を20で除して得た数に1を加算した数以上の運行管理者を選任（小数点切り捨て）

数字	キーワード	該当部分
20	20時間	（バス）1台の自動車に2人以上乗務する場合、**身体を伸ばして休息することができる設備**として車両内ベットが設けられている場合、**拘束時間を20時間まで延長**し、**休息期間を4時間まで短縮できる**
	20時間以上	（貸切）**事故惹起運転者・初任運転者**に対する「**安全運転の実技**」の**特別な指導**は合計**20時間以上**実施
	20分以上	（貸切）**夜間ワンマン運行の実車運行区間**で運行指示書上、**実車運行区間**における**運転時間概ね2時間ごとに連続20分以上**（1運行の実車距離が**400km以下の場合**は、**実車運行区間**における**運転時間概ね2時間ごとに連続15分以上**）の運行途中の**休憩を確保しなければならない**
21	21時間	（乗用）**2暦日の拘束時間は22時間以内**かつ**2回の隔日勤務1回当たり21時間を超えない**
22	22時間	（乗用）**2暦日の拘束時間は22時間以内**かつ**2回の隔日勤務1回当たり21時間を超えない**
		（乗用）**2暦日の休息期間**は、勤務終了後、継続**24時間以上の休息期間**を与えるよう努めることを基本とし、休息期間が継続**22時間を下回らない**
24	24時間以内	事故のあったときから**24時間以内**に電話等により**速報**しなければならない
30	30人以上	**日常点検**（ディスクホイールの取付状態が不良でないこと。車両総重量8トン以上または**乗車定員30人以上に限る**）
		定期点検（スペアタイヤの取付状態・取付装置の緩み・がた・損傷、ツールボックスの取付部の緩み・損傷。車両総重量8トン以上または**乗車定員30人以上に限る**）
		乗車定員30人以上の自動車には、**非常口を設けなければならない**
		大型自動車の乗車定員は、**30人以上**
	30日以内	事故のあった日から**30日以内**に**自動車事故報告書**を提出
	30日以上	**重傷者**（入院を要する障害で医師の治療を要する期間が**30日以上**など）
	30m手前	合図の時期は、左折・右折、転回しようとする地点から**30m手前の地点**に達したとき
	30m以内	**追越禁止場所**（交差点、踏切、横断歩道、自転車横断帯およびこれらの手前の側端から前に**30m以内**）

数字	キーワード	該当部分
30	30 日間	解雇制限期間（①**業務上の負傷、疾病による療養の期間**とその後 30 日間、②**産前 6 週間、産後 8 週間の期間**とその後 30 日間）
	30 日前 30 日分以上	使用者は労働者を解雇する場合、30 日前に解雇予告しなければならない。30 日前に予告をしない場合、30 日分以上の平均賃金を支払わなければならない
	30 分	**生後 1 年に達しない生児を育てる女性**は、**休憩時間のほか、1 日 2 回各々少なくとも 30 分**その生児を育てるための時間を請求できる
	30 分以上	運転開始後、**4 時間以内**または **4 時間経過直後**に 30 分以上の運転の中断をしなければならない
35	35 度以上	**転覆**（路面と 35 度以上の傾斜）「**横転**」は転覆
40	40	（貸切以外）営業所ごとに事業用自動車の数を 40 で除して得た数に 1 を加算した数以上の**運行管理者**を選任
	40 時間	1 週間の労働時間は休憩時間を除き 40 時間
	40 時間	（バス）**4 週間を平均して 1 週間当たりの運転時間は 40 時間を超えない**
	時速 40km	**車両総重量 2 トン以下の車をその車の 3 倍以上の車でけん引するときの最高速度**は、時速 40km　（原則は、時速 30km）
	40m	**すれ違い用前照灯**（ロービーム）の照射範囲は、**前方 40m まで**
44	44 時間	（バス）**労使協定を締結したときは、52 週間のうち 16 週間までは 2,080 時間を超えない範囲内で、4 週間を平均した 1 週間当たりの運転時間を 44 時間まで延長できる**
45	45 分	**労働時間が 6 時間を超え、8 時間以内のときは少なくとも 45 分の休憩時間**
50	時速 50km	**高速道路の最低速度**は、時速 50km
	50m 以下	夜間以外で、**一般道路**において**視界が 50m 以下の暗い場所**を通行するときは**灯火を点灯**
55	55kg	車両総重量で**乗車定員 1 人の重量**は 55kg
60	時速 60km	**一般道路の自動車の最高速度**は時速 60km
	60 時間	法定労働時間を超えて労働させた時間が 1ヵ月について 60 時間を超えたときは、その超えた労働時間について **5 割以上の率で計算した割増賃金**を支払う

数字	キーワード	該当部分
65	65歳	高齢運転者に対する適齢診断は、65歳に達した日後、1年以内に1回受診、その後75歳に達するまで3年以内ごとに1回、75歳に達した者は75歳に達した日後1年以内に1回、その後1年以内ごとに1回受診
	65時間	（バス）4週間を平均し1週間当たりの拘束時間は65時間を超えず、かつ、52週間について3,300時間を超えてはならない
68	68時間	（バス）労使協定により52週のうち24週までは、52週の拘束時間が3,400時間を超えない範囲内において、4週間を平均し1週間当たり拘束時間を68時間まで延長できる
70	70%以上	自動車の前面、側面の窓ガラスの可視光線の透過率は70%以上
	70歳以上	免許の更新期間が満了する日の年齢が70歳以上の者は、更新期間が満了する日（誕生日の1ヵ月後の日）前6ヵ月以内に高齢者講習を受講
75	75歳	高齢運転者に対する適齢診断は、65歳に達した日後、1年以内に1回受診、その後75歳に達するまで3年以内ごとに1回、75歳に達した者は75歳に達した日後1年以内に1回、その後1年以内ごとに1回受診
90	時速90km	高速道の大型貨物自動車（最大積載量6.5トン以上または車両総重量11トン以上）、特定中型貨物自動車（最大積載量5トン以上または車両総重量8トン以上）の最高速度は、時速90km（トレーラー等を除く）
	90日間	（貸切：90日間保存）点呼の録音・録画（電話点呼は録音のみ）、呼気検査の写真（電磁的記録）（録画の場合を除く）
	90日以上	（乗用）新たに雇い入れられた者が事業者の営業区域内において、雇入れの日前2年以内に通算90日以上乗用の運転者であったときは、指導、監督等を要しないで選任できる
100	100日以内	輸送の安全に関する情報は、毎事業年度の経過100日以内に公表
	100m	走行用前照灯（ハイビーム）の照射範囲は　前方100mまで
	100km	（乗合）路線定期運行の起点から終点までの距離が100kmを超える場合には瞬間速度、運行距離、運行時間を運行記録計により記録
	時速100km	高速道の最高速度は時速100km　（ただし、大型貨物自動車、特定中型貨物自動車は、時速90km）

数字	キーワード	該当部分
150	150m	後部反射器（赤色）は夜間後方 150m の距離から走行用前照灯で照射した場合にその反射光を照射位置から確認
200	200 両以上	（乗合・乗用）事業用自動車の数が 200 両以上の事業者は安全管理規程の作成・届出、安全統括管理者の選任・届出（貸切は全事業者）
	200m	非常信号用具は、夜間 200m の距離から確認できる赤色の灯光を発する
		停止表示器材は、夜間 200m の距離から走行用前照灯で照射した場合、その反射光から照射位置から確認
	200m 以下	夜間以外で、高速道、自動車専用道路において視界が 200m 以下の暗い場所を通行するときは、灯火を点灯
262	262 時間	（隔日勤務）1ヵ月の拘束時間は、262 時間を超えない
270	270 時間	（隔日勤務）労使協定を締結すれば 1 年のうち、6ヵ月までは 1ヵ月の拘束時間を 270 時間まで延長できる
281	281 時間	（バス）1ヵ月の拘束時間は 281 時間を超えず、かつ、1 年の拘束時間は 3,300 時間を超えてはならない
288	288 時間	（日勤）1ヵ月の拘束時間は、288 時間を超えない
294	294 時間	（バス）労使協定により、1 年のうち 6ヵ月までは、1 年の総拘束時間が 3,400 時間を超えない範囲内において、1ヵ月の拘束時間を 294 時間まで延長できる。
300	300 時間	（日勤）（車庫待ち）労使協定を締結する場合には、1ヵ月の拘束時間を 300 時間まで延長できる
400	400km	（貸切）夜間ワンマン運行の 1 運行の実車距離は、400km を超えない
500	500km	（貸切）夜間ワンマン運行の 1 運行において、①運行直前の休息期間が 11 時間以上、②1 運行の乗務時間が 10 時間以内等、いずれにも該当する場合は実車距離を 500km まで延長できる
600	600km	（貸切）1 日の合計実車距離は、600km を超えない
2080	2,080 時間	（バス）労使協定を締結したときは、52 週間のうち 16 週間までは 2,080 時間を超えない範囲内で、4 週間を平均した 1 週間当たりの運転時間を 44 時間まで延長できる
3300	3,300 時間	（バス）1ヵ月の拘束時間は 281 時間を超えず、かつ、1 年の拘束時間は 3,300 時間を超えてはならない
		（バス）4 週間を平均し 1 週間当たりの拘束時間は 65 時間を超えず、かつ、52 週間について 3,300 時間を超えてはならない

数字	キーワード	該当部分
3400	3,400 時間	（バス）労使協定により、1 年のうち 6 ヵ月までは、1 年の拘束時間が 3,400 時間を超えない範囲内において、1 ヵ月の拘束時間を 294 時間まで延長できる。
		（バス）労使協定により 52 週のうち 24 週までは、52 週の拘束時間が 3,400 時間を超えない範囲内において、4 週間を平均し 1 週間当たり拘束時間を 68 時間まで延長できる

模擬試験
問題

1. 道路運送法関係

問1 旅客自動車運送事業等に関する次の記述のうち、【正しいものを1つ】選びなさい。なお、解答にあたっては、各選択肢に記載されている事項以外は考慮しないものとする。

1. 一般旅客自動車運送事業を経営しようとする者は、一般乗合旅客自動車運送事業、一般貸切旅客自動車運送事業、一般乗用旅客自動車運送事業の種別ごとに国土交通大臣の認可を受けなければならない。

2. 一般貸切旅客自動車運送事業者は、「営業区域」に係る事業計画の変更をしようとするときは、あらかじめ、その旨を国土交通大臣に届け出なければならない。

3. 路線定期運行を行う一般乗合旅客自動車運送事業者の路線（路線定期運行に係るものに限る。）の休止又は廃止に係る変更をしようとするときは、国土交通大臣の認可を受けなければならない。

4. 道路運送事業とは、旅客自動車運送事業、貨物自動車運送事業及び自動車道事業をいう。

問2 次の記述のうち、旅客自動車運送事業の運行管理者の行わなければならない業務として【正しいものを2つ】選びなさい。なお、解答にあたっては、各選択肢に記載されている事項以外は考慮しないものとする。

1. 旅客自動車運送事業運輸規則第35条（運転者の選任）の規定により選任された者その他旅客自動車運送事業者により運転者として選任された者以外の者に事業用自動車の運行の業務に従事させないこと。

2. 法令の規定により、運転者に対して点呼を行い、報告を求め、確認を行い、及び指示を与え、並びに記録し、及びその記録を保存し、並びに国

土交通大臣が告示で定めるアルコール検知器を備え置くこと。

3. 従業員に対し、効果的かつ適正に指導監督を行うため、輸送の安全に関する基本的な方針を策定し、これに基づき指導及び監督を行うこと。

4. 一般乗合旅客自動車運送事業の運行管理者にあっては、「踏切、橋、トンネル、交差点、待避所及び運行に際して注意を要する箇所の位置」等の所定の事項を記載した運行基準図を作成して営業所に備え、かつ、これにより事業用自動車の運転者等に対し、適切な指導をすること。

問3 道路運送法に定める一般旅客自動車運送事業者（以下「事業者」という。）の輸送の安全等についての次の記述のうち、【正しいものを1つ】選びなさい。なお、解答にあたっては、各選択肢に記載されている事項以外は考慮しないものとする。

1. 事業者は、毎事業年度の経過後200日以内に、輸送の安全に関する基本的な方針その他の輸送の安全にかかわる情報であって国土交通大臣が告示で定める　①輸送の安全に関する基本的な方針、②輸送の安全に関する目標及びその達成状況、③自動車事故報告規則第2条に規定する事故に関する統計について、インターネットの利用その他の適切な方法により公表しなければならない。

2. 事業者は、運行管理者に対し、国土交通省令で定める業務を行うため必要な権限を与えなければならない。また、事業者及び事業用自動車の運転者その他の従業員は、運行管理者がその業務として行う助言又は指導があった場合は、これを尊重しなければならない。

3. 一般乗用旅客自動車運送事業の用に供する事業用自動車の保有車両数が100両以上の事業者は、安全管理規程を定めて国土交通大臣に届け出なければならない。これを変更しようとするときも、同様とする。

4. 安全管理規程を定めなければならない事業者は、安全統括管理者を選任したときは、国土交通省令で定めるところにより、遅滞なく、その旨を国土交通大臣に届け出なければならない。

問4 旅客自動車運送事業の事業用自動車の運転者に対する点呼に関する次の記述のうち、【正しいものを2つ】選びなさい。なお、解答にあたっては、各選択肢に記載されている事項以外は考慮しないものとする。

1. 旅客自動車運送事業者は、事業用自動車の運行の業務に従事しようとする運転者又は特定自動運行保安員（以下「運転者等」という。）に対して対面により、又は対面による点呼と同等の効果を有するものとして国土交通大臣が定める方法（運行上やむを得ない場合は電話その他の方法。）により点呼を行い、次の各号に掲げる事項について報告を求め、及び確認を行い、並びに事業用自動車の運行の安全を確保するために必要な指示を与えなければならない。

   一　道路運送車両法第47条の2第1項及び第2項の規定による定期点検の実施又はその確認

   二　運転者に対しては、酒気帯びの有無

   三　運転者に対しては、疾病、疲労、睡眠不足その他の理由により安全な運転をすることができないおそれの有無

   四　特定自動運行保安員に対しては、特定自動運行事業用自動車による運送を行うために必要な自動運行装置の設定の状況に関する確認

2. 旅客自動車運送事業者は、事業用自動車の運行の業務を終了した運転者等に対して対面により、又は対面による点呼と同等の効果を有するものとして国土交通大臣が定める方法（運行上やむを得ない場合は電話その他の方法。）により点呼を行い、当該業務に係る事業用自動車、道路及び運行の状況について報告を求め、かつ、運転者に対しては酒気帯びの有無について確認を行わなければならない。この場合において、当該運転者等が他の運転者等と交替した場合にあっては、当該運転者等が交替した運転者等に対して行った法令の規定による通告についても報告を求めなければならない。

3. 一般貸切旅客自動車運送事業者は、夜間において長距離の運行を行う事業用自動車の運行の業務に従事する運転者等に対して当該業務の途中において少なくとも1回電話その他の方法により点呼を行い、次の各号に掲げる事項について報告を求め、及び確認を行い、並びに事業用自動車

の運行の安全を確保するために必要な指示を与えなければならない。

一　当該業務に係る事業用自動車、道路及び運行の状況

二　運転者に対しては、疾病、疲労、睡眠不足その他の理由により安全な運転をすることができないおそれの有無

4.　旅客自動車運送事業運輸規則第24条第4項（点呼等）に規定する「アルコール検知器を営業所ごとに備え」とは、営業所又は営業所の車庫に設置されているアルコール検知器をいい、携帯型アルコール検知器は、これにあたらない。

問5　一般旅客自動車運送事業者の自動車事故報告規則に基づく自動車事故報告書（以下「報告書」という。）及び速報に関する次の記述のうち、【正しいものをすべて】選びなさい。なお、解答にあたっては、各選択肢に記載されている事項以外は考慮しないものとする。

1.　乗合バス運転者が乗客を降車させる際、当該バスの乗降口の扉を開閉する操作装置の不適切な操作をしたため、乗客1名が10日間の医師の治療を要する傷害を生じさせた。この事故では、国土交通大臣に報告書を提出しなければならない。

2.　事業用自動車の運転者に道路交通法に規定する救護義務違反があった場合には、当該違反があったことを事業者が知った日から15日以内に、国土交通大臣に報告書を提出しなければならない。

3.　高速乗合バスが高速道路を走行中、前方に渋滞により乗用車が停車していることに気づくのが遅れ、追突事故を引き起こした。この事故で、当該高速乗合バスの乗客1人が重傷（自動車事故報告規則で定める傷害のものをいう。）を負い、乗用車に乗車していた2人が軽傷を負った。この事故では、国土交通大臣に報告書を提出するほか、運輸支局長等に速報しなければならない。

4.　貸切バスの運転者が運転操作を誤り、貸切バスが高速道路の側壁に衝突した後、運転席側を下にして横転した状態で道路上に停車し、当該運転者が10日間の医師の治療を要する傷害を負った。この事故では、国土

交通大臣に報告書を提出するほか、運輸支局長等に速報しなければならない。

問6　旅客自動車運送事業者（以下「事業者」という。）の過労運転の防止等に関する次の記述のうち、【正しいものを1つ】選びなさい。なお、解答にあたっては、各選択肢に記載されている事項以外は考慮しないものとする。

1.　事業者は、乗務員等に国土交通大臣が告示で定める基準による1日の勤務時間中に当該乗務員等の属する営業所で勤務を終了することができない運行を指示する場合は、当該乗務員等が有効に利用することができるように、勤務を終了する場所の付近の適切な場所に睡眠に必要な施設を整備し、又は確保し、並びにこれらの施設を適切に管理し、及び保守しなければならない。

2.　事業者は、過労の防止を十分考慮して、国土交通大臣が告示で定める基準に従って、事業用自動車の運転者の勤務日数及び乗務距離を定め、当該運転者にこれらを遵守させなければならない。

3.　事業者は、事業計画（路線定期運行を行う一般乗合旅客自動車運送事業者にあっては、事業計画及び運行計画）の遂行に十分な数の事業用自動車の運転者等を常時選任しておかなければならない。この場合、事業者（個人タクシー事業者を除く。）は、日日雇い入れられる者、3ヵ月以内の期間を定めて使用される者及び試みの使用期間中の者（14日を超えて引き続き使用されるに至った者を除く。）を当該運転者等として選任してはならない。

4.　貸切バスの交替運転者の配置基準に定める夜間ワンマン運行（1人乗務）において、運行直前に11時間以上休息期間を確保している場合など配置基準に規定する場合を除き、1運行の実車距離は600キロメートルを超えないものとする。

問7　旅客自動車運送事業の事業用自動車の運行の安全を確保するために、事業者が行う国土交通省告示で定める特定の運転者に対する特別な指導の指針に関する次の文中、A、B、C、Dに入るべき字句として【いずれか正しい

ものを1つ】選びなさい。

1. 事業者は、軽傷者（法令で定める傷害を受けた者）を生じた交通事故を引き起こし、かつ、当該事故前の　A　に交通事故を引き起こした運転者に対し、国土交通大臣が告示で定める適性診断であって国土交通大臣の認定を受けたものを受診させること。

2. 一般貸切旅客自動車運送事業者が貸切バスの運転者に対して行う初任運転者に対する特別な指導は、事業用自動車の安全な運転に関する基本的事項、運行の安全及び旅客の安全を確保するために留意すべき事項等について、　B　以上実施するとともに、安全運転の実技について、20時間以上実施すること。

3. 一般貸切旅客自動車運送事業者は、初任運転者以外の者であって、直近　C　に当該事業者において運転の経験（実技の指導を受け経験を含む。）のある貸切バスより大型の車種区分の貸切バスに乗務しようとする運転者（準初任運転者）に対して、特別な指導を行わなければならない。

4. 適齢診断（高齢運転者のための適性診断として国土交通大臣が認定したものをいう。）を65才に達した日以後1年以内に1回受診させ、その後　D　に達するまでは3年以内ごとに1回受診させ、　D　に達した日以後1年以内に1回受診させ、その後1年以内ごとに1回受診させる。

1. 1年間	2. 2年間	3. 3年間	4. 5年間
5. 6時間	6. 10時間	7. 70才	8. 75才

問8 旅客自動車運送事業者の事業用自動車の運行に係る記録等に関する次の記述のうち、【正しいものを1つ】選びなさい。なお、解答にあたっては、各選択肢に記載されている事項以外は考慮しないものとする。

1. 一般乗合旅客自動車運送事業者は、運転者等が事業用自動車の運行の業

務に従事したときは、休憩又は睡眠をした場合にあっては、その地点及び日時を、当該運行の業務に従事した運転者等ごとに「業務記録」（法令に規定する運行記録計に記録する場合は除く。）に記録させなければならない。ただし、10分未満の休憩については、その記載を省略しても差しつかえない。

2. 一般貸切旅客自動車運送事業者は、法令の規定による運行指示書を作成し、かつ、これにより事業用自動車の運転者に対し適切な指示を行うとともに、当該運行指示書を運行を計画した日から1年間保存しなければならない。

3. 一般乗用旅客自動車運送事業者は、運転者等が事業用自動車の運行の業務に従事したときは、旅客が乗車した区間並びに運行の業務に従事した事業用自動車の走行距離計に表示されている業務の開始時及び終了時における走行距離の積算キロ数を事業用自動車ごとに「業務記録」に記録させ、かつ、その記録を事業用自動車ごとに整理して1年間保存しなければならない。

4. 旅客自動車運送事業者は、特定自動運行事業用自動車の特定自動運行保安員が転任、退職その他の理由により特定自動運行保安員でなくなった場合には、直ちに、当該特定自動運行保安員に係る乗務員等台帳に特定自動運行保安員でなくなった年月日及び理由を記載し、これを1年間保存しなければならない。

2. 道路運送車両法関係

問9 自動車の登録等に関する次の記述のうち、【正しいものをすべて】選びなさい。

1. 自動車の所有者は、当該自動車の使用の本拠の位置に変更があったときは、道路運送車両法で定める場合を除き、その事由があった日から30日以内に、国土交通大臣の行う変更登録の申請をしなければならない。

2. 登録自動車の使用者は、当該自動車が滅失し、解体し（整備又は改造の

ために解体する場合を除く。）又は自動車の用途を廃止したときは、速やかに、当該自動車検査証を国土交通大臣に返納しなければならない。

3. 登録自動車の所有者は、当該自動車の使用者が道路運送車両法の規定により自動車の使用の停止を命ぜられ、自動車検査証を返納したときは、遅滞なく、当該自動車登録番号標及び封印を取りはずし、自動車登録番号標について国土交通大臣の領置を受けなければならない。

4. 登録を受けた自動車（自動車抵当法第2条ただし書きに規定する大型特殊自動車を除く。）の所有権の得喪は、登録を受けなければ、第三者に対抗することができない。

問10　自動車の検査及び点検整備等に関する次の記述のうち、【正しいものを1つ】選びなさい。

1. 自動車は、指定自動車整備事業者が継続検査の際に交付した有効な保安基準適合標章を表示しているときは、自動車検査証を備え付けていなくても、運行の用に供することができる。

2. 車両総重量8トン以上又は乗車定員30人以上の自動車の使用者は、スペアタイヤの取付状態等について、1ヵ月ごとに国土交通省令で定める技術上の基準により自動車を点検しなければならない。

3. 乗車定員7人の旅客を運送する自動車運送事業の用に供する自動車については、初めて自動車検査証の交付を受ける際の当該自動車検査証の有効期間は2年である。

4. 自動車検査証の有効期間の起算日については、自動車検査証の有効期間が満了する日の2ヵ月前（離島に使用の本拠の位置を有する自動車を除く。）から当該期間が満了する日までの間に継続検査を行い、当該自動車検査証に有効期間を記入する場合は、当該自動車検査証の有効期間が満了する日の翌日とする。

問11　自動車の検査及び点検整備等についての次の文中、A，B，C，Dに入るべき字句を【下の枠内の選択肢（1〜8）】から選びなさい。なお、解答に

あたっては、各選択肢に記載されている事項以外は考慮しないものとする。

1. 自動車運送事業の用に供する自動車の使用者又は当該自動車を運行する者は、1日1回、その運行の開始前において、国土交通省令である定める技術上の基準により、灯火装置の点灯、 ☐ A ☐ の作動その他の日常的に点検すべき事項について、目視等により自動車を点検しなければならない。

2. 車両総重量8トン以上又は乗車定員 ☐ B ☐ 以上の自動車は、日常点検において「ディスク・ホイールの取付状態が不良でないこと。」について点検しなければならない。

3. 自動車運送事業の用に供する自動車の日常点検の結果に基づく運行可否の決定は、自動車の使用者より与えられた権限に基づき、 ☐ C ☐ が行わなければならない。

4. 自動車の使用者は、自動車の点検をし、及び必要に応じ整備することにより、当該自動車を道路運送車両の ☐ D ☐ に適合するように維持しなければならない。

1. 11人	2. 30人	3. 運行管理者	4. 制動装置
5. 点検基準	6. 動力伝達装置	7. 保安基準	8. 整備管理者

問12 道路運送車両の保安基準及びその細目を定める告示に関する次の記述のうち、【正しいものを1つ】選びなさい。なお、解答にあたっては、各選択肢に記載されている事項以外は考慮しないものとする。

1. 自動車は、告示で定める方法により測定した場合において、長さ（セミトレーラにあっては、連結装置中心から当該セミトレーラの後端までの水平距離）12メートル（セミトレーラのうち告示で定めるものにあっては、13メートル）、幅2.6メートル、高さ3.8メートルを超えてはならない。

2. 幼児専用車及び乗車定員11人以上の自動車（緊急自動車を除く。）には、

非常時に容易に脱出できるものとして、設置位置、大きさ等に関し告示で定める基準に適合する非常口を設けなければならない。ただし、すべての座席が乗降口から直接着席できる自動車にあっては、この限りでない。

3. 自動車の後面には、夜間にその後方150メートルの距離から走行用前照灯で照射した場合にその反射光を照射位置から確認できる赤色の後部反射器を備えなければならない。

4. 自動車の空気入ゴムタイヤの接地部は滑り止めを施したものであり、滑り止めの溝は、空気入ゴムタイヤの接地部の全幅にわたり滑り止めのために施されている凹部（サイピング、プラットフォーム及びウエア・インジケータの部分を除く。）のいずれの部分においても0.8ミリメートル（二輪自動車及び側車付二輪自動車に備えるものにあっては、0.6ミリメートル）以上の深さを有すること。

3. 道路交通法関係

問13 道路交通法に定める車両の交通方法等についての次の記述のうち、照らし、次の記述のうち、【正しいものを1つ】選びなさい。なお、解答にあたっては、各選択肢に記載されている事項以外は考慮しないものとする。

1. 一般乗合旅客自動車運送事業者による路線定期運行の用に供する自動車（以下「路線バス等」という。）の優先通行帯であることが道路標識等により表示されている車両通行帯が設けられている道路においては、自動車（路線バス等を除く。）は、路線バス等が後方から接近してきた場合に当該道路における交通の混雑のため当該車両通行帯から出ることができないこととなるときであっても、路線バス等が実際に接近してくるまでの間は、当該車両通行帯を通行することができる。

2. 車両は、道路の中央から左の部分の幅員が8メートルに満たない道路において、他の車両を追い越そうとするとき（道路の中央から右の部分を見とおすことができ、かつ、反対の方向からの交通を妨げるおそれがない場合に限るものとし、道路標識等により追越しのため道路の中央から

右の部分にはみ出して通行することが禁止されている場合を除く。）は、道路の中央から右の部分にその全部又は一部をはみ出して通行することができる。

3. 車両は、道路外の施設又は場所に出入するためやむを得ない場合において歩道等を横断するとき、又は法令の規定により歩道等で停車し、若しくは駐車するため必要な限度において歩道等を通行するときは、徐行しなければならない。

4. 車両等は、夜間（日没時から日出時までの時間をいう。）、道路にあるときは、道路交通法施行令で定めるところにより、前照灯、車幅灯、尾灯その他の灯火をつけなければならない。ただし、高速自動車国道及び自動車専用道路においては前方 200 メートル、その他の道路においては前方 50 メートルまで明りょうに見える程度に照明が行われているトンネルを通行する場合は、この限りではない。

問 14 道路交通法に照らし、次の記述のうち、【正しいものを 1 つ】選びなさい。 なお、解答にあたっては、各選択肢に記載されている事項以外は考慮しないものとする。

1. 乗車定員が 12 人、車両総重量 4,980 キログラムの自動車の種類は、準中型自動車である。

2. 車両は、人の乗降、貨物の積卸し、駐車又は自動車の格納若しくは修理のため、道路外に設けられた施設又は場所の道路に接する自動車用の出入口から 5 メートル以内の道路の部分においては、駐車してはならない。

3. 車両は、交差点の側端又は道路の曲がり角から 10 メートル以内の道路の部分においては、法令の規定若しくは警察官の命令により、又は危険を防止するため一時停止する場合のほか、停車し、又は駐車してはならない。

4. 下に掲げる標識は、車両の横断を禁止する。ただし、道路外の施設又は場所に出入りするための左折を伴う横断を除く。

「道路標識、区画線及び道路標示に関する命令」に定める様式文字及び記号を青色、斜めの帯及び枠を赤色、縁及び地を白色とする。

問 15　道路交通法に定める事項について、次の文中、A，B，C，D に入るべき数字を【下の枠内の選択肢（ア〜カ）】から選びなさい。なお、解答にあたっては、各選択肢に記載されている事項以外は考慮しないものとする。

1.　旅客自動車運送事業の用に供する乗車定員 50 人の自動車の最高速度は、道路標識等により最高速度が指定されていない高速自動車国道の本線車道（政令で定めるものを除く。）においては、時速　　A　　キロメートルである。

2.　自動車は、道路標識等によりその最高速度が指定されている道路においてはその最高速度を、高速自動車国道の本線車道（往復の方向にする通行が行われている本線車道で、本線車線が道路の構造上往復の方向別に分離されていないものを除く。）並びにこれに接する加速車線及び減速車線以外の道路においては、　　B　　キロメートル毎時をこえる速度で進行してはならない。

3.　旅客自動車運送事業の用に供する車両総重量が 5,985 キログラムの自動車が、故障した車両総重量 1,900 キログラムの普通自動車をロープでけん引する場合の最高速度は、道路標識等により最高速度が指定されていない一般道路においては、時速　　C　　キロメートルである。

4.　旅客自動車は、高速自動車国道の往復の方向にする通行が行われている本線車道で、道路の構造上往復の方向別に分離されている本線車道においては、道路標識等により自動車の最低速度が指定されている区間にあってはその最低速度に、その他の区間にあっては、　　D　　キロメートル毎時の最低速度に達しない速度で進行してはならない。

ア．30	イ．40	ウ．50
エ．60	オ．80	カ．100

問 16　道路交通法に定める運転者の義務等についての次の記述のうち、【正しいものを 1 つ】選びなさい。なお、解答にあたっては、各選択肢に記載されている事項以外は考慮しないものとする。

1. 車両等（優先道路を通行している車両等を除く。）は、交通整理の行われていない交差点に入ろうとする場合において、交差道路が優先道路であるとき、又はその通行している道路の幅員よりも交差道路の幅員が明らかに広いものであるときは、その前方に出る前に必ず一時停止しなければならない。

2. 車両等は、横断歩道等に接近する場合には、当該横断歩道等によりその進路の前方を横断し、又は横断しようとする歩行者等があるときは、当該歩行者等の直前で停止することができるような速度で進行し、かつ、その通行を妨げないようにしなければならない。

3. 自動車の運転者は、故障その他の理由により高速自動車国道等の本線車道若しくはこれに接する加速車線、減速車線若しくは登坂車線又はこれらに接する路肩若しくは路側帯において当該自動車を運転することができなくなったときは、道路交通法施行令で定めるところにより、停止表示器材を後方から進行してくる自動車の運転者が見やすい位置に置いて、当該自動車が故障その他の理由により停止しているものであることを表示しなければならない。

4. 道路運送法に規定する一般旅客自動車運送事業の用に供される自動車の運転者が当該事業に係る旅客である幼児を乗車させるときは、幼児用補助装置を使用して乗車させなければならない。

問17 車両等の運転者の遵守事項に関する次の記述のうち、【誤っているものをすべて】選びなさい。なお、解答にあたっては、各選択肢に記載されている事項以外は考慮しないものとする。

1. 車両等の運転者は、児童、幼児等の乗降のため、道路運送車両の保安基準に関する規定に定める非常点滅表示灯をつけて停車している通学通園バスの側方を通過するときは、できる限り安全な速度と方法で進行しなければならない。

2. 車両等は、交差点又はその直近で横断歩道の設けられていない場所において歩行者が道路を横断しているときは、必ず一時停止し、その歩行者の通行を妨げないように努めなければならない。

3. 車両等の運転者は、自動車を運転する場合において、道路交通法に規定する初心運転者の標識を付けた者が普通自動車（以下「表示自動車」という。）を運転しているときは、危険防止のためやむを得ない場合を除き、当該自動車が進路を変更した場合にその変更した後の進路と同一の進路を後方から進行してくる表示自動車が当該自動車との間に同法に規定する必要な距離を保つことができないこととなるときは進路を変更してはならない。

4. 車両等の運転者は、身体障害者用の車椅子が通行しているときは、その側方を離れて走行し、車椅子の通行を妨げないようにしなければならない。

4. 労働基準法関係

問 18　労働基準法の定めに関する次の記述のうち、【正しいものを 1 つ】選びなさい。

1. 使用者は、労働者を解雇しようとする場合においては、法第 20 条の規定に基づき、少なくとも 30 日前にその予告をしなければならない。30 日前に予告をしない使用者は、30 日分以上の平均賃金を支払わなければならない。

2. 法第 20 条（解雇の予告）の規定は、「季節的業務に 6 ヵ月以内の期間を定めて使用される者」に該当する労働者について、当該者が法に定める期間を超えて引き続き使用されるに至らない限り適用しない。

3. 労働契約は、期間の定めのないものを除き、一定の事業の完了に必要な期間を定めるもののほかは、1 年を超える期間について締結してはならない。

4. 使用者は、労働者の同意が得られた場合においては、労働契約の不履行について違約金を定め、又は損害賠償額を予定する契約をすることができる。

問 19 労働基準法の定めに関する次の記述のうち、【正しいものを 1 つ】選び
なさい。

1. 使用者は、当該事業場に、労働者の過半数で組織する労働組合がある場
合においてはその労働組合、労働者の過半数で組織する労働組合がない
場合においては使用者が指名する労働者との書面による協定をし、これ
を行政官庁に届け出た場合においては、法定労働時間又は法定休日に関
する規定にかかわらず、その協定で定めるところによって労働時間を延
長し、又は休日に労働させることができる。

2. 労働者は、労働契約の締結に際し使用者から明示された賃金、労働時間
その他の労働条件が事実と相違する場合においては、少くとも 30 日前
に使用者に予告したうえで、当該労働契約を解除することができる。

3. 使用者は、労働者の死亡又は退職の場合において、権利者の請求があっ
た場合においては、30 日以内に賃金を支払い、積立金、保証金、貯蓄
金その他名称の如何を問わず、労働者の権利に属する金品を返還しなけ
ればならない。

4. 使用者は、年次有給休暇の日数が 10 労働日以上の労働者に対し、年次
有給休暇の日数のうち 5 日については、基準日（継続勤務した期間を 6
ヵ月経過日から 1 年ごとに区分した各期間（最後に 1 年未満の期間を生
じたときは、当該期間）の初日をいう。）から 1 年以内の期間に労働者
ごとにその時季を定めることにより与えなければならない。

問 20 「自動車運転者の労働時間等の改善のための基準」（以下「改善基準告
示」という。）に定める一般乗用旅客自動車運送事業以外の旅客自動車運送
事業に従事する自動車運転者（以下「バス運転者等」という。）の拘束時間
及び休息期間についての次の文中、A、B、C、D に入るべき字句として【い
ずれか正しいものを 1 つ】から選びなさい。ただし、1 人乗務で、隔日勤務
に就く場合には該当しないものとする。

1. 1 日についての拘束時間は、13 時間を超えないものとし、当該拘束時間
を延長する場合であっても、最大拘束時間は、　　A　　とすること。こ

の場合において、1日についての拘束時間が ▢B▢ を超える回数をできるだけ少なくするよう努めるものとする。回数は1週について ▢C▢ までが目安です。

2. 勤務終了後、継続 ▢D▢ 以上の休息期間を与えるよう努めることを基本とし、休息期間が継続9時間を下回らないものとすること。

A ① 14時間 ② 15時間
B ① 13時間 ② 14時間
C ① 2回 ② 3回
D ① 11時間 ② 12時間

問21 「自動車運転者の労働時間等の改善のための基準」に定める一般乗用旅客自動車運送事業以外の旅客自動車運送事業に従事する自動車運転者（以下「バス運転者等」という。）の拘束時間等に関する次の記述のうち、【誤っているものを1つ】選びさい。なお、解答にあたっては、各選択肢に記載されている事項以外は考慮しないものとする。

1. 使用者は、4週間を平均し1週間当たり65時間を超えず、かつ、52週間について3,300時間を超えないものとすること。ただし、貸切バス等乗務者の拘束時間は、労使協定により、52週間のうち24週間までは4週間を平均し1週間当たり68時間まで延長することができ、かつ、52週間について3,400時間まで延長することができる。

2. 使用者は、バス運転者等の運転時間については、2日を平均し1日当たり9時間、4週間を平均し1週間当たり40時間を超えないものとすること。ただし、貸切バス等乗務者については、労使協定により、52週間についての運転時間が2,080時間を超えない範囲内において、52週間のうち16週間までは、4週間を平均し1週間当たり44時間まで延長することができる。

3. 使用者は、バス運転者等に休日に労働させる場合は、当該労働させる休日は4週間について3回を超えないものとし、当該休日の労働によって、改善基準告示第5条第1項に定める拘束時間及び最大拘束時間を超えな

いものとする。

4. 使用者は、バス運転者等の休息期間については、当該バス運転者等の住所地における休息期間がそれ以外の場所における休息期間より長くなるように努めるものとする。

問22 下表は、貸切バスの運転者の1年間における各月の拘束時間の例を示したものであるが、このうち、「自動車運転者の労働時間等の改善のための基準」に【適合するものを1つ】選びなさい。なお、隔日勤務に就く場合には該当しないものとする。また、「1ヵ月及び1年の拘束時間の延長に関する労使協定」があるものとする。

1.

	4月	5月	6月	7月	8月	9月	10月	11月	12月	1月	2月	3月	1年間
拘束時間	276時間	283時間	269時間	292時間	290時間	288時間	271時間	265時間	291時間	287時間	280時間	294時間	3,386時間

2.

	4月	5月	6月	7月	8月	9月	10月	11月	12月	1月	2月	3月	1年間
拘束時間	287時間	280時間	272時間	278時間	281時間	279時間	285時間	284時間	288時間	287時間	283時間	276時間	3,380時間

3.

	4月	5月	6月	7月	8月	9月	10月	11月	12月	1月	2月	3月	1年間
拘束時間	279時間	274時間	281時間	288時間	292時間	288時間	278時間	277時間	280時間	283時間	285時間	292時間	3,397時間

4.

	4月	5月	6月	7月	8月	9月	10月	11月	12月	1月	2月	3月	1年間
拘束時間	277時間	280時間	287時間	295時間	285時間	276時間	279時間	285時間	288時間	278時間	275時間	285時間	3,390時間

問23 下図は、「自動車運転者の労働時間等の改善のための基準」（以下「改善基準告示」という。）に定める一般乗用旅客自動車運送事業以外の旅客自動車運送事業に従事するバス運転者の5日間の勤務状況の例を示したものであるが、次の1〜4の拘束時間のうち、「自動車運転者の労働時間等の改善

のための基準」における１日についての拘束時間として【正しいものを１つ】選びなさい。

（前日休日）

1日目	0:00　3:00　　　　　　　　　11:00 フェリー乗船 13:00　　　　　20:00　　24:00	始業　　　　　　　　　　　　　　　　　　　終業	
2日目	0:00　　　5:00　　　　　　　　　　　　　17:00　　　　24:00	始業　　　　　　　　　　　　　　　　　　　終業	
3日目	0:00　4:00　　7:00 フェリー乗船 10:00　　　　　21:00　24:00	始業　　　　　　　　　　　　　　　　　　　終業	
4日目	0:00　　　6:00　　　　　　　　　　　20:00　　24:00	始業　　　　　　　　　　　　　　　　　　　終業	
5日目	0:00　　　5:00　　　　　　　　16:00　　　　24:00	始業　　　　　　　　　　　　　　　　　　　終業	

（翌日休日）

1.　１日目：13時間　２日目：13時間　３日目：12時間　４日目：14時間

2.　１日目：13時間　２日目：14時間　３日目：12時間　４日目：14時間

3.　１日目：15時間　２日目：13時間　３日目：14時間　４日目：15時間

4.　１日目：15時間　２日目：14時間　３日目：14時間　４日目：15時間

5．実務上の知識及び能力

問24　点呼に関する次の記述のうち、【適切なものをすべて】選びなさい。なお、解答にあたっては、各選択肢に記載されている事項以外は考慮しないものとする。

1.　業務前の点呼においてアルコール検知器を使用するのは、身体に保有している酒気帯びの有無を確認するためのものであり、道路交通法施行令

で定める呼気中のアルコール濃度 1 リットル当たり 0.15 ミリグラム以上であるか否かを判定するためのものではない。

2. A 営業所においては、運行管理者は昼間のみの勤務体制となっている。運行管理者が不在となる時間帯の点呼が当該営業所における点呼の総回数の 6 割を超えていないことから、その時間帯における点呼については、複数の運行管理者の補助者に実施させている。運行管理者は、点呼を実施した当該補助者に対し、点呼の実施内容の報告を求める等十分な指導及び監督を行っている。

3. 次のいずれにも該当する一般旅客自動車運送事業者の営業所にあっては、対面による点呼と同等の効果を有するものとして国土交通大臣が定める点呼として当該営業所と当該営業所の車庫間で行う点呼（旅客 IT 点呼）を実施することができる。① 開設されてから 3 年を経過していること。② 過去 1 年間所属する旅客自動車運送事業の用に供する事業用自動車の運転者が自らの責に帰する自動車事故報告規則第 2 条に規定する事故を発生させていないこと。③ 過去 1 年間自動車その他の輸送施設の使用の停止処分、事業の停止処分又は警告を受けていないこと。

4. 運転者が所属する営業所において、対面により業務前の点呼を行う場合は、法令の規定により酒気帯びの有無について、運転者の顔色、呼気の臭い、応答の声の調子等を目視等により確認するほか、当該営業所に備えられたアルコール検知器を用いて確認を行っている。

問 25 一般貨物自動車運送事業者が事業用自動車の運転者に対して行う指導・監督に関する次の記述のうち、【適切なものをすべて】選びなさい。なお、解答にあたっては、各選択肢に記載されている事項以外は考慮しないものとする。

1. 時速 72 キロメートルで走行中の自動車の運転者が、前車との追突の危険を認知しブレーキ操作を行い、ブレーキが効きはじめるまでに要する空走時間を 1 秒間とし、ブレーキが効きはじめてから停止するまでに走る制動距離を 33 メートルとすると、当該自動車の停止距離は 53 メート

ルとなることを運転者に指導する必要がある。

2. 自動車のハンドルを左に切り旋回した場合、左側の後輪が左側の前輪の軌跡に対し外側を通ることとなり、この前後輪の軌跡の差を内輪差という。大型車などホイールベースが長いほど内輪差が小さくなることから、運転者に対し、交差点での左折時には、内輪差による歩行者や自転車等との接触、巻き込み事故に注意するよう指導している。

3. 自動車が追越しをするときは、前の自動車の走行速度に応じた追越し距離、追越し時間が必要になるため、前の自動車と追越しをする自動車の速度差が大きい場合には追越しに長い時間と距離が必要になることから、無理な追越しをしないよう指導している。

4. 運転者が交通事故を起こした場合、乗客に対する被害状況を確認し、負傷者がいるときは、まず最初に運行管理者に連絡した後、負傷者の救護、道路における危険の防止、乗客の安全確保、警察への報告などの必要な措置を講じるよう運転者に対し指導している。

問26 事業用自動車の運転者の健康管理に関する次の記述のうち、【適切なものをすべて】選びなさい。なお、解答にあたっては、各選択肢に記載されている事項以外は考慮しないものとする。

1. 事業者は、運転者が軽症度の睡眠時無呼吸症候群（SAS）と診断された場合は、残業を控えるなど業務上での負荷の軽減や、睡眠時間を多く取る、過度な飲酒を控えるなどの生活習慣の改善によって、業務が可能な場合があるので、医師と相談して慎重に対応している。

2. 自動車の運転中に、心臓疾患（心筋梗塞、心不全等）や、大血管疾患（急性大動脈解離、大動脈瘤破裂等）が起こると、ショック状態、意識障害、心停止等を生じ、運転者が事故を回避するための行動をとることができなくなり、重大事故を引き起こすおそれがある。そのため、健康起因事故を防止するためにも発症する前の早期発見や予防が重要となってくる。

3. 事業者は、深夜業（22時～5時）の業務に常時従事する運転者に対し、法令に定める定期健康診断を6ヵ月以内ごとに1回、定期的に受診させるようにしている。この場合、健康診断の結果に基づき、健康診断個人票を作成し、3年間保存している。また、運転者が自ら受けた健康診断の結果を提出したものについても同様に保存している。

4. 飲酒は、速度感覚の麻痺、視力の低下、反応時間の遅れ、眠気が生じるなど自動車の運転に極めて深刻な影響を及ぼす。個人差はあるものの、体内に入ったビール500ミリリットル（アルコール5%）が分解処理されるのに概ね2時間が目安とされていることから、乗務前日の飲酒・酒量については、運転に影響のないよう十分気をつけることを運転者に指導している。

問27　自動車の走行時に働く力等に関する次の記述のうち、【適切なものをすべて】選びなさい。なお、解答にあたっては、各選択肢に記載されている事項以外は考慮しないものとする。

1. 同一速度で走行する場合、カーブの半径が大きいほど遠心力は大きくなるため、カーブを走行する場合の横転などの危険性について運転者に対し指導する必要がある。

2. 自動車がカーブを走行するとき、自動車の重量及びカーブの半径が同一の場合に、速度を2分の1に落として走行すると遠心力の大きさは2分の1になる。

3. 自動車が衝突するときの衝撃力は、速度が2倍になると2倍になる。

4. 自動車の夜間の走行時においては、自車のライトと対向車のライトで、お互いの光が反射し合い、その間にいる歩行者や自転車が見えなくなることがあり、これを蒸発現象という。蒸発現象は暗い道路で特に起こりやすいので、夜間の走行の際には十分注意するよう運転者に対し指導する必要がある。

問28　自動車の走行時に生じる諸現象及び交通事故防止対策に関する次の記述のうち、【適切なものをすべて】選びなさい。なお、解答にあたっては、

各選択肢に記載されている事項以外は考慮しないものとする。

1. ベーパー・ロック現象とは、フット・ブレーキを使い過ぎると、ブレーキ・ドラムやブレーキ・ライニングが摩擦のため過熱することにより、ドラムとライニングの間の摩擦力が低下し、ブレーキの効きが悪くなることをいう。これを防ぐため、長い下り坂などでは、エンジン・ブレーキ等を使用し、フット・ブレーキのみの使用を避けるよう運転者に対し指導する必要がある。

2. 前方の自動車を大型車と乗用車から同じ距離で見た場合、それぞれの視界や見え方が異なり、大型車の場合には運転席が高いため、車間距離をつめてもあまり危険に感じない傾向となるので、この点に注意して常に適正な車間距離をとるよう運転者を指導する必要がある。

3. 四輪車を運転する場合、二輪車との衝突事故を防止するための注意点として、①二輪車は死角に入りやすいため、その存在に気づきにくく、また、②二輪車は速度が実際より速く感じたり、距離が近くに見えたりする特性がある。したがって、運転者に対してこのような点に注意するよう指導する必要がある。

4. アンチロック・ブレーキシステム（ABS）は、急ブレーキをかけた時などにタイヤがロック（回転が止まること）するのを防ぐことにより、車両の進行方向の安定性を保ち、また、ハンドル操作で障害物を回避できる可能性を高める装置である。ABSを効果的に作動させるためには、運転者はポンピングブレーキ操作（ブレーキペダルを踏み込んだり緩めたりを繰り返す操作）を行うことが必要であり、この点を運転者に指導する必要がある。

問29 旅行業者から貸切バス事業者に対し、朝B駅にてツアー客を乗車させ、C観光地、D、Eの道の駅に向けて運行し、夕方F駅に帰着させるよう運送の依頼があった。これを受けて運行管理者は、次に示す「当日の運行計画」を立てた。この運行に関する次のア〜ウの記述について、解答しなさい。なお、解答にあたっては、記載されている事項以外は考慮しないものとする。

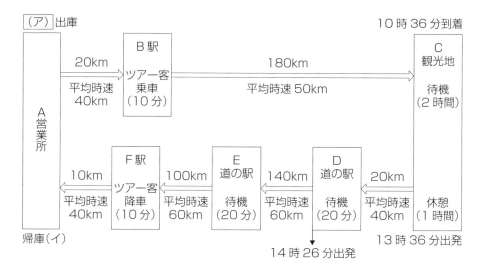

ア　当該運行において C 観光地に 10 時 36 分に到着させるためにふさわし
　　い A 営業所の出庫時刻について、次の①～③の中から【正しいものを 1
　　つ】選びなさい。

　　1. 6 時 20 分　　　　2. 6 時 30 分　　　　3. 6 時 40 分

イ　当該運転者が A 営業所に帰庫する時刻について、次の 1～3 の中から
　　【正しいものを 1 つ】選びなさい。

　　1. 19 時 06 分　　　　2. 19 時 8 分　　　　3. 19 時 11 分

ウ　当日の全運行において、連続運転時間は「自動車運転者の労働時間等の
　　改善のための基準」に照らし、違反しているか否かについて、次の 1～
　　2 の中から【正しいものを 1 つ】選びなさい。

　　1. 違反している

　　2. 違反していない

問 30　運行管理者が運転者に対し実施する危険予知訓練に関し、下図の交通
　　場面の状況において、＜運転者が予知すべき危険要因＞1～3 に対応する
　　＜運行管理者による指導事項＞をア～オの中から最もふさわしいものをそ

れぞれ1つずつ選びなさい。

【交通場面の状況】

・住宅街の道路を走行している。

・前方に二輪車が走行している。

・右側の脇道から車や自転車が出ようとしている。

・前方の駐車車両の向こうに人影が見える。

時速40キロ

<運転者が予知すべき危険要因>

1. 駐車車両に進路を塞がれた二輪車が右に進路を変更してくることが予測
   されるのでこのまま進行すると二輪車と衝突する危険がある。

2. 前方右側の脇道から左折しようとしている車の影に見える自転車が道路
   を横断してくると衝突する危険がある。

3. 駐車車両の先に歩行者が見えるが、この歩行者が道路を横断してくると
   はねる危険がある。

<運行管理者による指導事項>

ア　住宅街を走行する際に駐車車両があるときは、その付近の歩行者の動き
　　にも注意しスピードを落として走行する。

イ　単路でも、いつ前車が進路変更などのために減速や停止をするかわからないので、常に車間距離を保持しておく。

ウ　進路変更するときは、必ず後続車の有無を確認するとともに、後続車があるときは決して強引な進路変更はしない。

エ　右側の脇道から自転車が出ようとしているので、周辺の交通状況を確認のうえ、脇道の自転車の動きに注意し走行する。仮に出てきた場合は先に行かせる。

オ　二輪車は、後方の確認をしないまま進路を変更することがよくあるので、二輪車を追い越そうとはせず先に行かせる。

模擬試験 解答・解説

1. 道路運送法関係

問1 解答 4

1：誤。**一般旅客自動車運送事業を経営しようとする者は、**一般乗合旅客自動車運送事業、一般貸切旅客自動車運送事業、一般乗用旅客自動車運送事業の種別ごとに国土交通大臣の「**許可**」を受けなければなりません。　　　×認可

2：誤。「**営業区域**」に係る事業計画の変更をしようとするときは、国土交通大臣の「**認可**」を受けなければなりません。　　　×届出

3：誤。路線定期運行を行う一般乗合旅客自動車運送事業者の路線（路線定期運行に係るものに限る）**の休止又は廃止に係る変更をしようとするときは、**その「**6ヵ月前**」（旅客の利便を阻害しないと認められる国土交通省令で定める場合はその30日前）までに「**届出**」。　　　×認可

4：正。

問2 解答 1, 4

1：正。

2：誤。アルコール検知器を**備え置く**ことは「**事業者**」の業務。

3：誤。輸送の安全に関する基本的な方針を「**策定する**」ことは「**事業者**」の業務。

4：正。

問3 解答 4

1：誤。毎事業年度の経過後「**100日**」以内に公表　　　×200日以内

2：誤。**事業者は、**運行管理者がその業務として行う「**助言**」を「**尊重**」しなければならず、**事業用自動車の運転者その他の従業員は、**運行管理者がその業務として行う「**指導**」に従わなければなりません。

3：誤。**一般乗用旅客自動車運送事業**の用に供する事業用自動車の保有車両数が「**200両**」以上の事業者は、**安全管理規程**を定めて国土交通大臣に届け出なければなりません。 ×100両

4：正。

問4 解答 2，3

1：誤。道路運送車両法第47条の2第1項及び第2項の規定による「**日常点検**」の実施又はその確認。 ×定期点検

2：正。

3：正。

4：誤：「**アルコール検知器を営業所ごとに備え**」とは、①営業所・営業所の車庫に設置、②**営業所に備え置き（携帯型アルコール検知器等）**、③事業用自動車に設置されているものをいう。 ×携帯型アルコール検知器

問5 解答 3，4

1：誤。乗降口の扉を開閉する操作装置の不適切な操作をしたため、乗客が「**11日**」以上の治療を要する傷害を生じたときは報告書提出 ×10日

2：誤。国土交通大臣への報告書の提出は、救護義務違反があったことを事業者が知った日から「**30日以内**」。 ×15日以内

3：正。旅客自動車が引き起こした事故で乗客が1人以上重傷のときは、報告書の提出とともに速報を要します。

4：正。事業用自動車引き起こした**転覆事故（横転）**は報告書の提出とともに速報を要します。

問6 解答 1

1：正。

2：誤。勤務「**時間**」及び乗務「**時間**」 ×勤務日数 ×乗務距離

3：誤。「**2ヵ月**」以内の期間を定めて使用される者は運転者等として選任してはなりません。 ×3ヵ月

4：誤。貸切バスの夜間ワンマン運行（1人乗務）では、運行直前に11時間以上休息期間を確保している場合など配置基準に規定する場合を除き、1運行の実車距離は「**400km**」を超えてはなりません。　　　×600km

問7　解答　A＝3（3年間）　B＝6（10時間）
　　　　　　C＝1（1年間）　D＝8（75才）

問8　解答　1

1：正。
2：誤。運行指示書を運行の「**終了の日**」から「**3年間**」保存。
　　　　　　　　　　　　　　　　　　　　　　　×計画した日 ×1年間
3：誤。走行距離の積算キロ数を「**運転者等**」ごとに記録させ、かつ、その記録を事業用自動車ごとに整理して1年間保存。　　×事業用自動車ごと
4：誤。**乗務員等台帳**に**特定自動運行保安員**でなくなった年月日及び理由を記載し、これを「**3年間**」保存。　　　　　　　　　　×1年間

2. 道路運送車両法関係

問9　解答　3，4

1：誤。自動車の使用の本拠の位置に変更があったときは、その事由があった日から「**15日**」以内に、変更登録の申請をしなければなりません。×30日
2：誤。使用者は、自動車が滅失し、解体し（整備又は改造のために解体する場合を除く。）又は自動車の用途を廃止したときは、「**15日以内**」に自動車検査証を返納しなければなりません。　　　　　　　　　×速やかに
3：正。「**領置**」があるときは「**遅滞なく**」があります。
4：正。

問10　解答　1

1：正。
2：誤。車両総重量8トン以上または**乗車定員30人以上**の自動車の使用者は、**スペアタイヤの取付状態等**について「**3ヵ月**」ごとに国土交通省令で定める

技術上の基準により自動車を点検しなければなりません。　　　　　×1ヵ月

3：誤。旅客を運送する自動車運送事業の用に供する自動車についての自動車
　　検査証の有効期間は「1年」。　　　　　　　　　　　　　　　×2年

4：誤。自動車検査証の有効期間の起算日については、自動車検査証の有効期
　　間が満了する日の「**1ヵ月前**」から当該期間が満了する日までの間に継続検
　　査を行い、自動車検査証に有効期間を記入する場合は、自動車検査証の有効
　　期間が満了する日の翌日。　　　　　　　　　　　　　　　　×2ヵ月前

問11　解答　A＝4（制動装置）　　B＝2（30人）
　　　　　　　　　C＝8（整備管理者）　D＝7（保安基準）

問12　解答　3

1：誤。自動車は**長さ12m、幅「2.5m」高さ3.8m**を超えてはなりません。
　　　　　　　　　　　　　　　　　　　　　　　　　　　　　×2.6m

2：誤。**幼児専用車**及び**乗車定員「30人」**以上の自動車には、非常時に容易
　　に脱出できるものとして、**非常口**を設けなければなりません。　　×11人以上

3：正。

4：誤。タイヤの溝の溝の深さはいずれの部分においても**1.6mm**（2輪車は
　　0.8mm）以上の深さ。　　　　　　　　　　　　　　　　　×0.8mm

3. 道路交通法関係

問13　解答　4

1：誤。路線バス等が後方から接近してきた場合に道路における**交通の混雑**の
　　ため**車両通行帯から出ることができない**こととなるときは、「**当該車両通行
　　帯を通行してはならない**」。　　　　　　　　　　　　　×通行できる

2：誤。車両は、道路の中央から左の部分の幅員が「**6m**」に満たない道路に
　　おいて、他の車両を追い越そうとするときは、道路の中央から右の部分にそ
　　の全部又は一部をはみ出して通行することができます。　　　　×8m

3：誤。車両は、道路外の施設又は場所に出入するためやむを得ない場合にお
　　いて**歩道等を横断するとき**等は、歩道等に入る直前で「**一時停止**」し、かつ、

歩行者の通行を妨げないようにしなければなりません。 ×徐行

4：正。

問14 [解答] 4

1：誤。**準中型自動車**は、**乗車定員10人以下**、車両総重量 3.5㌧以上 7.5㌧未満の自動車。 ×乗車定員12人

2：誤。人の乗降、貨物の積卸し、駐車又は自動車の格納若しくは修理のため、道路外に設けられた施設又は場所の道路に接する自動車用の出入口から「**3m**」以内の道路の部分は、駐車禁止。 ×5m

3：誤。交差点の側端又は道路の曲がり角から「**5m**」以内の道路の部分においては、駐停車禁止。 ×10m

4：正。

問15 [解答] A＝カ（100）　B＝エ（60）
　　　　　　　　C＝イ（40）　　D＝ウ（50）

問16 [解答] 3

1：誤。車両等は、交通整理の行われていない**交差点に入ろう**とする場合において、交差道路が優先道路であるとき、またはその通行している道路の幅員よりも交差道路の幅員が明らかに広いものであるときは「**徐行**」しなければなりません。 ×一時停止

2：誤。車両等は、横断歩道等に接近する場合には、横断歩道等によりその進路の前方を横断し、または横断しようとする**歩行者等があるとき**は、横断歩道等の直前で「**一時停止**」し、かつ、その通行を妨げないようにしなければなりません。 ×停止するような速度で進行

3：正。

4：誤。**一般旅客自動車運送事業**の用に供される自動車の運転者が旅客である幼児を乗車させるとき、**幼児用補助装置の使用は免除**されています。

問 17 解答 1, 2, 4

1：誤。通学通園バスの側方を通過するときは、「**徐行**」して安全を確認しな
　ければなりません。　　　　　　　　　　　　×できる限り安全な速度と方法で進行

2：誤。交差点又はその直近で横断歩道の設けられていない場所において歩行
　者が道路を横断しているときは「**その歩行者の通行を妨げてはならない**」。
　　　　　　　　　　　　　　　　　　　　　　　　　　　　　　　　×一時停止

3：正。

4：誤。身体障害者用の車椅子が通行しているときは「**一時停止**」しまたは
　「**徐行**」してその通行を妨げないようにしなければなりません。
　　　　　　　　　　　　　　　　　　　　　　　　　　　　　×側方を離れて走行

4. 労働基準法関係

問 18 解答 1

1：正。

2：誤。解雇の予告の規定は、「季節的業務に「**4ヵ月**」以内の期間を定めて使
　用される者」に該当する労働者について、当該者が法に定める期間を超えて
　引き続き使用されるに至らない限り適用しません。　　　　　　　　×6ヵ月

3：誤。労働契約は、期間の定めのないものを除き、一定の事業の完了に必要
　な期間を定めるもののほかは、「**3年**」を超える期間について締結してはな
　りません。　　　　　　　　　　　　　　　　　　　　　　　　　　×1年

4：誤。労働契約の不履行について労働者の同意があっても違約金を定め、ま
　たは損害賠償額を予定する契約をすることはできません。

問 19 解答 4

1：誤。労働者の過半数で組織する労働組合がない場合は「**労働者の過半数を
　代表する者**」と書面による協定をし、行政官庁に届け出た場合において、法
　定労働時間・法定休日に関する規定にかかわらず、その協定で定めるところ
　によって労働時間を延長し、休日に労働させることができません。
　　　　　　　　　　　　　　　　　　　　　　　　　　×使用者が指名する労働者

2：誤。明示された労働条件が事実と相違する場合においては、労働者は「**即時に**」労働契約を解除することができません。 ×30日前に使用者に予告

3：誤。使用者は、労働者の死亡又は退職の場合において、権利者の請求があった場合においては「**7日**」以内に賃金を支払い、労働者の権利に属する金品を返還しなければなりません。 ×30日

4：正。

問20 **解答** A＝2（15時間） B＝2（14時間）
C＝2（3回） D＝1（11時間）

問21 **解答** 3

1：正。

2：正。

3：誤。バス運転者等に**休日に労働させる場合**は、労働させる休日は「**2週間について1回**」を超えてはなりません。

4：正。

問22 **解答** 3

　拘束時間は、1ヵ月について281時間を超えず、かつ、1年について3,300時間を超えないものとすること。ただし、貸切バス等乗務者の拘束時間は、労使協定により、1年について6ヵ月までは、1年について3,400時間の範囲内において、294時間まで延長することができる。1ヵ月の拘束時間が284時間を超える月が、連続4ヵ月を超えてはなりません。

1.：不適合。1ヵ月の拘束時間が281時間を超えて294時間までの月が、7ヵ月（5月、7月、8月、9月、12月、1月、3月）となっています。

2.：不適合。1ヵ月の拘束時間が281時間を超える月が連続4ヵ月を超え、連続5ヵ月（10月から2月まで）となっています。

3.：適合。

4.：不適合。7月の拘束時間（295時間）が294時間を超えています。

問 23 　解 答　 3

　1 日の拘束時間は、始業時刻から起算して 24 時間をいいます。なお、フェリー乗船時間は**原則として休息期間として取り扱います**。各日の拘束時間は次のとおりです。

1 日目：15 時間＝（終業 20 時－始業 3 時）－休息期間（フェリー乗船 2 時間）

2 日目：13 時間＝（終業 17 時－始業 5 時）＋翌日 1 時間（5 時－ 4 時）

3 日目：14 時間＝（終業 21 時－始業 4 時）－休息期間（フェリー乗船 3 時間 ）

4 日目：15 時間＝（終業 20 時－始業 6 時）＋翌日 1 時間（6 時－ 5 時）
　　正解は 3。

5. 実務上の知識及び能力

問 24 　解 答　 1，2，4

1：正。

2：正。運行管理者は、点呼の総回数の $\frac{1}{3}$ **以上実施**（補助者は $\frac{2}{3}$ 以下）。

3：誤。②過去「**3 年間**」所属する旅客自動車運送事業の用に供する事業用自動車の運転者が自らの責に帰する自動車事故報告規則第 2 条に規定する事故を発生させていないこと。③ 過去「**3 年間**」自動車その他の輸送施設の使用の停止処分、事業の停止処分又は警告を受けていないこと。×過去 1 年間

4：正。

問 25 　解 答　 1

1：正。空走距離は時速 **72km÷3.6**（3600 秒×1000m）＝**20m**。
　　停止距離（53m）＝空走距離（20m）＋制動距離（33m）

2：誤。自動車のハンドルを左に切り旋回した場合、左側の後輪が左側の前輪の軌跡に対し「**内側**」を通る。この前後輪の軌跡の差を内輪差と大型車などホイールベースが長いほど内輪差が「**大きい**」。　　　　　×外側 ×小さい

3：誤。前の自動車と追越しをする自動車の**速度差が大きい**場合には追越しに

「**短い**」時間と距離が必要になります。　　　　　　　　　×「長い」時間と距離

4：誤。交通事故を起こした場合、負傷者がいるときは「**直ちに救急車を呼び**」負傷者の救護、道路における危険の防止、乗客の安全確保を図るとともに警察への報告など必要な措置を講じるほか、運行管理者に連絡するよう運転者に対し指導。　　　　　　　　　　　　　　　　　×まず最初に運行管理者に連絡

問26　解答　1，2

1：正。

2：正。

3：誤。**健康診断個人票**は作成して「**5年間**」保存。　　　　　×3年間

4：誤。飲酒は、個人差はあるものの、体内に入ったビール500mℓ（アルコール5%）が分解処理されるのに概ね「**4時間**」が目安。　　　×2時間

問27　解答　4

1：誤。同一速度で走行する場合、**カーブの半径が「小さい」ほど遠心力は大**きくなるため、カーブを走行する場合の横転などの危険性があります。

2：誤。**速度を$\frac{1}{2}$に落として走行すると遠心力の大きさは「$\frac{1}{4}$」になります**（遠心力は自動車の「**速度の2乗**」に比例）。

3：誤。**速度が2倍になると衝撃力**は「**4倍**」になります（衝撃力は自動車の「**速度の2乗**」に比例）。

4：正。

問28　解答　2

1：誤。これは「**フェード現象**」の説明です。　　　　　　　　×ベーパー・ロック現象

2：正。

3：誤。二輪車は速度が実際より「**遅く**」感じたり、距離が「**遠く**」に見えたりする特性があります。　　　　　　　　　　　　　　　×速く　×近く

4：誤。**ABSを効果的に作動させるためには**「**ブレーキペダルを強く踏み続ける**」。　　　　　　　　　　　　　　　　　　　×ポンピングブレーキ操作を行う

問 29　**解 答**　ア＝ 1 ，イ＝ 3 ，ウ＝ 1

ア：A 営業所と B 駅の時間の求め方は、

距離÷時速 $\left(\text{計算式は問題文にあるとおり}\dfrac{20\text{km}}{\text{時速}40\text{km}}\right)$。

時速 40km は 1 時間に 40km 進むので、20km は $\dfrac{1}{2}$ 時間。つまり 30 分。

B 駅と C 観光地の時間の求め方は、前述と同様に、計算式は $\dfrac{180\text{km}}{\text{時速}50\text{km}}$。

時速 50km は 3 時間に 150km 進むので、3 時間の他に

$\dfrac{(180\text{km}-150\text{km})}{\text{時速}50\text{km}}$。　$\dfrac{30\text{km}}{\text{時速}50\text{km}}=\dfrac{3}{5}$ 時間。時計をイメージして

60 分の $\dfrac{3}{5}$ は 36 分。つまり、3 時間 36 分。

A 営業所と C 観光地までの所要時間は、運転 30 分、乗車 10 分、運転 3
時間 36 分で合計 4 時間 16 分。C 観光地 10 時 36 分から 4 時間 16 分
を遡る 6 時 20 分が正解。

イ：D 道の駅と E 道の駅の所要時間は、$\dfrac{140\text{km}}{\text{時速}60\text{km}}$。時速 60km は 2 時間に

120km 進むので、2 時間の他に $\dfrac{(140\text{km}-120\text{km})}{\text{時速}60\text{km}}$。

$\dfrac{20\text{km}}{\text{時速}60\text{km}}=\dfrac{1}{3}$ 時間。時計をイメージして 60 分の $\dfrac{1}{3}$ は 20 分。

つまり、<u>2 時間 20 分</u>。E 道の駅到着後、<u>待機 20 分</u>、E 道の駅と F 駅の

所要時間は、問題文にあるとおり $\dfrac{100\text{km}}{\text{時速}60\text{km}}$。時速 60km は 1 時間に

60km 進むので、1 時間の他に $\dfrac{(100\text{km}-60\text{km})}{\text{時速}60\text{km}}$。　$\dfrac{40\text{km}}{\text{時速}60\text{km}}=\dfrac{2}{3}$ 時間。

時計をイメージして 60 分の $\dfrac{2}{3}$ は 40 分。つまり、<u>1 時間 40 分</u>。<u>降車 10 分</u>、

F 駅と A 営業所の所要時間は問題文にあるとおり $\dfrac{10\text{km}}{\text{時速}40\text{km}}$。

$\dfrac{1}{4}$ 時間。時計をイメージして 60 分の $\dfrac{1}{4}$ は、つまり、<u>15 分</u>。D 道の駅か
ら A 営業所までの所要時間は、合計 4 時間 45 分。帰庫時刻は、D 道の駅
（14：26）から 4 時間 45 分後の 19 時 11 分が正解。

ウ：往路は、30 分運転の後、乗車 10 分、運転 3 時間 36 分であり、運転

開始から通算で4時間（運転中）時点において、運転の中断は途中10分しかなく、運転の中断が30分を満たしていないため、違反（復路は違反はない）。

問30　解答　1：オ、2：エ、3：ア

【交通場面の状況】を確認し、①＜運転者が予知すべき危険要因＞1～3に対する＜運行管理者による指導事項＞を個別に見てみる。②二輪車、自転車、歩行者にスポットを当て、＜運行管理者による指導事項＞の中から、最もふさわしいものを解答とします。

1：オ（二輪車）、2：エ（自転車）、3：ア（歩行者）

運行管理者試験合格の8つの心得

　運行管理者試験に合格するためには、次の「8つの心得」を参考にしてください。

1. "必ず合格するぞ！"という強い意志を持つこと！

　合格を目指して、自らが「必ず合格するぞ！」という強い意志を持つことが大切です。身の回りの人にも合格を公言し、自分にプレッシャーを与えることにより、学習せざるを得なくなる環境を作ることも一つの方法です。

2. 毎日1時間以上は学習すること！

　毎日、学習を計画的に少なくても1時間以上継続することが大切です。1時間は取れないと思われがちですが、昼休み時間や休憩時間などの隙間時間を活用すれば取ることは可能なはずです。継続こそが、合格への近道！です。

3. 楽しみながら学習すること！

　学習することにより、これまで知らなかったことを知識として習得することができる喜びを実感してもらいたい。運行管理者試験は各分野で、各2問不正解でも合格できる試験ですから、心にゆとりを持って学習してください。

4. 苦手な分野を作らないこと！

　運行管理者試験に合格するためには、30問中18問の正解に加え、実務上の知識・能力は2問以上の正解、その他の分野は1問以上を正解することが必要となります。決して苦手な分野を作ることなく、各分野、万遍なく得点できるように学習をすることが大切です。

5. 重要な「語句」、「数字」は、工夫して覚えること！

　運行管理者試験は覚えることがたくさんあるため、単に覚えようとするのではなく、頭の中で、できる限りイメージを描いて覚えるようにしてください。

　例えば、「追越し禁止場所」の設問で、危険な場所であることをイメージして覚えておかないと、勾配の急な「下り」坂のところを、勾配の急な「上り」坂として出題されても間違いに気づかないことになります。

6. 黙読するより、声を出し、紙に書いて覚えること！

　参考書を黙読するだけでは、頭の中ではわかったつもりでも、問題を解くと、意外に正解できないことがあります。しっかり覚えるためには、声を出すこと、また、紙に書いて覚えることをお勧めいたします。

7. 覚えるまで、何度も繰り返すこと！

　"人間はそもそも忘れる動物"であることを念頭に置いて、くじけることなく、覚えるまで、何度も繰り返しの学習をしてください。

　何度も繰り返すことにより、頭の中で知識が定着するものなのです。

8. 最後まで絶対に諦めないこと！

　学習を始めるからには、合格するまで決して諦めないでください。必ず合格してください。

運行管理者試験の直近及び当日の心構え

1. 試験の1週間前からは、試験モードにするように頭を切り替えること！

　試験の1週間前からは、生活を試験モードに切り替えて、学習の総まとめに集中してください。

　特に、試験前日の学習の総まとめは、その場で覚えたことを忘れることなく、試験に臨むことができるため、とても有効です。試験前日の学習の総まとめができない方は、試験当日、試験会場に出発するまでの時間を使って、最後の"おさらい"をしてください。

2. 気持ちに"ゆとり"を持って試験に臨むこと！

　運行管理者試験は、正解率60%で合格できる試験と心得て、気持ちに"ゆとり"を持って試験に臨んでください。

3. 初めてみる問題に戸惑わないこと！

　本試験では過去問にない出題が必ずあることをあらかじめ承知しておいてください。試験会場では常に平常心を保ち、戸惑わないようにしてください。初めてみる問題は、隣の席の受験者も同じですから、落ち着いて問題を解いてください。

4. わかる問題から解き始め、わからない問題は後回しにすること！

　問題の解答は1問につき2分を目安に、わかる問題から解答してください。わからない問題や時間のかかる問題は、後回しにして、残りの時間で解答するようにしてください。なお、行き詰まったら、深呼吸をしたり、背伸びするなどして、気分転換をするようにしてください。

5. 設問の「問い」をよく確認すること！

　設問が「正しいもの」を求めているのか、または「誤っているもの」を求めているのかを確認してください。次に、「正しいもの」または「誤っているも

の」の数は 1 つなのか、2 つなのか、すべてなのか、を確認してください。例えば、「正しいもの 1 つ」であれば、「〇 1」、「誤っているもの 2 つ」であれば、「× 2」と、配付されるメモ用紙に記載しておくとミスをなくすことができます。

6. 消去法により正解を導くこと！

設問を解答するに当たって、1 肢ごとに「正解」と思うものを「〇」、「誤り」と思うものを「×」、「不明」なものを「△」とメモ用紙に記載し、「△」は残った時間で再度見直してください。正解をズバリ求めることができなかった場合には、消去法によって正解を導き出してください。

7. 長文に惑わされないこと！

本試験では、修飾語または括弧書きによって長文となる設問があります。このため、まずはキーワードとなる「語句」または「数字」を確認してください。「語句」または「数字」だけで正解に導くことができる場合があります。

8. 最後まで諦めないこと！

これまで学習してきたことの集大成として、今回の試験を、"最後" と肝に銘じて、90 分間の試験時間を最後まで有効に活用してください。

解答にあたっての５つのチェックポイント！

　設問を解答するに当たって、次の５つのチェックポイントを確認することにより、誤りの設問に気づくことがありますので、参考にしてください。

１．語句または数字が、置き換えられていないか！

　＜出題例＞

（本線車道）とは、車両が道路の定められた部分を通行すべきことが道路標示により示されている場合における当該道路標示により示されている道路の部分をいう。（道路交通法）

　正しくは「車両通行帯」ですが、「本線車道」に置き換えて出題されています。

２．文章（語句）が挿入されていないか！

　＜出題例＞

路線定期運行を行う一般乗合旅客自動車運送事業の運行管理者にあっては、主な停留所の名称、当該停留所の発車時刻及び到着時刻その他運行に必要な事項を記載した運行表を作成し、これを営業所に備え又は事業用自動車の運転者に携行させなければならない。（道路運送法）

　正しくは、「路線定期運行を行う一般乗合旅客自動車運送事業の運行管理者にあっては、主な停留所の名称、当該停留所の発車時刻及び到着時刻その他運行に必要な事項を記載した運行表を作成し、これを事業用自動車の運転者に携行させなければならない」です。本来含まれていない「営業所に備え又は」が挿入されています。

3．文章（語句）が、削除されていないか！

<出題例>

車両とは、自動車、原動機付自転車駐車及びトロリーバスをいう。（道路交通法）

　正しくは、「車両とは、自動車、原動機付自転車駐車、軽車両及びトロリーバスをいう」です。本来含まれている「軽車両」が削除されて出題されています。

4．語尾が置き換えられていないか！

　（例）①「しなければならない」を「努めなければならない」に

　　　　②「できる」を「できない」に

　　　　③「ある」を「ない」に

<出題例>

使用者は、労働者の国籍、信条又は社会的身分を理由として、賃金、労働時間その他の労働条件について、差別的取扱を<u>しないように努めなければならない</u>」。（労働基準法）

　正しくは、使用者は、労働者の国籍、信条又は社会的身分を理由として、賃金、労働時間その他の労働条件について、差別的取扱を「してはならない。」です。語尾が置き換えられています。

5．極端な表現のある問題は、誤りの問題と疑え！

①「すべて」

<出題例>

大雨、大雪、土砂災害などの異常気象時の措置については、異常気象時等処理要領を作成し運転者全員に周知させておくとともに、運転者とも速やかに連絡がとれるよう緊急時における連絡体制を整えているので、事業用自動車の運行の中断、待避所の確保、徐行運転等の運転に関わることについては<u>すべて運転者の判断に任せ</u>、中断、待避したときに報告するように指導している。（実務上の知識及び能力）

　正しくは、事業者は、天災その他の理由により輸送の安全の確保に支障を生

するおそれがあるときは、運転者に対する適切な指示その他輸送の安全を確保するために必要な措置を講じなければならず、すべて運転者の判断に任せることはできません。

② 「必ず」

<出題例>

車両等（優先道路を通行している車両等除く。）は、交通整理の行われていない交差点に入ろうとする場合において、交差道路が優先道路であるとき、又はその通行している道路の幅員よりも交差道路の幅員が明らかに広いものであるときは、その前方に出る前に必ず一時停止をしなければならない（道路交通法）。

正しくは、車両等（優先道路を通行している車両等を除く。）は、交通整理の行われていない交差点に入ろうとする場合において、交差道路が優先道路であるとき、又はその通行している道路の幅員よりも交差道路の幅員が明らかに広いものであるときは、「徐行しなければならない。」です。

③ 「限定」または「限り」

<出題例>

睡眠時無呼吸症候群（SAS）は大きないびきや昼間の強い眠気など容易に自覚症状を感じやすいので、事業者は自覚症状を感じていると自己申告をした運転者に限定して SAS スクリーニング検査を実施している。（実務上の知識及び能力）

正しくは、睡眠時無呼吸症候群（SAS）は自覚症状がない人がいるため、SAS スクリーニング検査を実施するときは「全員の運転者」を対象としなければなりません。

④ 「いかなる場合であっても」

<出題例>

左折又は右折しようとする車両が、法令の規定により、それぞれ道路の左側端、中央又は右側端に寄ろうとして手又は方向指示器による合図をした場合におい

ては、その後方にある車両は、いかなる場合であっても当該合図をした車両の
進路を妨げてはならない。（道路交通法）

　正しくは、その後方にある車両は「その速度又は方向を急に変更しなければ
ならないこととなる場合を除き」、当該合図をした車両の進路の変更を妨げて
はならない、であり、いかなる場合であってもではありません。

⑤「写し」

<出題例>
自動車は、自動車検査証又は当該自動車検査証の写しを備え付け、かつ、検査
標章を表示しなければ、運行の用に供してはならない。（道路運送車両法）

　正しくは、自動車は、「自動車検査証」を備え付けなければなりません。「写
し」を備えることはできません。

⑥「省略することができる」

<出題例>
事業用自動車が高速自動車国道において、路肩に停車中の車両に追突したため、
後続車6台が衝突する多重事故が発生し、この事故により6人が重傷、4人が
軽傷を負った。この場合、24時間以内においてできる限り速やかに、その事故
の概要を運輸支局長等に速報することにより、国土交通大臣への自動車事故報
告書の提出を省略することができる。

　正しくは、国土交通大臣に速報することにより、自動車事故報告書の提出を
「省略することはできません。」

索 引

著者紹介

山田 信孝 （やまだ のぶたか）

株式会社WINGジャパン代表取締役
東京ウイング社労士事務所代表
特定社会保険労務士、行政書士

運送業のコンサルティングに携わる傍ら、国土交通大臣の認定機
関として株式会社WINGジャパンの基礎講習・一般講習を実施し
ている。運行管理者試験「合格講座」（貨物・旅客）は、合格率
が高く、わかりやすいとの定評がある。関東のトラック協会、バス協会において、運行管
理者試験対策の講師を、長年務めている。
関東運輸局部長、観光庁室長、独立行政法人自動車事故対策機構審議役を歴任。
独立行政法人自動車事故対策機構第一種講師・第一種カウンセラー。産業カウンセラー。
主な著書に『運行管理教科書 運行管理者〈貨物〉テキスト＆問題集』（翔泳社）がある。令
和4年春の叙勲（瑞宝小綬章）受章。山口県出身。

株式会社 WINGジャパン
https://win-wing-japan.co.jp

東京ウイング社労士事務所
https://sr-yamada.jp

装丁　結城 亨（SelfScript）　　　DTP　株式会社明昌堂

運行管理教科書

運行管理者〈旅客〉テキスト&問題集 第2版

2018年10月19日　初版 第1刷発行
2024年 6 月19日　第2版 第1刷発行

著　　　者　　山田 信孝
発 行 人　　佐々木 幹夫
発 行 所　　株式会社 翔泳社（https://www.shoeisha.co.jp）
印刷　　　　昭和情報プロセス株式会社
製本　　　　株式会社国宝社